肖传国／张卫娣◎著

近代以来日本『实力主义』对外战略理念研究
——历史沉思与现实洞察——

时事出版社
北京

图书在版编目（CIP）数据

近代以来日本"实力主义"对外战略理念研究：历史沉思与现实洞察/肖传国，张卫娣著.—北京：时事出版社，2019.9
ISBN 978-7-5195-0323-9

Ⅰ.①近… Ⅱ.①肖… ②张… Ⅲ.①对外政策—研究—日本—近代 Ⅳ.①D831.30

中国版本图书馆 CIP 数据核字（2019）第 120495 号

出 版 发 行：时事出版社
地　　　　址：北京市海淀区万寿寺甲 2 号
邮　　　　编：100081
发 行 热 线：(010) 88547590　88547591
读者服务部：(010) 88547595
传　　　　真：(010) 88547592
电 子 邮 箱：shishichubanshe@sina.com
网　　　　址：www.shishishe.com
印　　　　刷：北京旺都印务有限公司

开本：787×1092　1/16　印张：17　字数：270 千字
2019 年 9 月第 1 版　2019 年 9 月第 1 次印刷
定价：98.00 元

（如有印装质量问题，请与本社发行部联系调换）

本书为吉林外国语大学学术著作资助出版

前　言

　　日本是中国隔海相望的近邻，地缘政治关系十分密切，但又错综复杂。近代以来，中国两度受其侵略，深受其害。因此，日本这个地处东方而心系西方的国度，我们必须认真研究，仔细揣摩。

　　基于此，本书选择了"实力主义"这一切入点，以期以点带面地管窥日本对外战略理念的成因、特点、影响等。对外战略是统治阶层在国家利益的驱动下制定的对国际关系的基本把握和行动指南，是一国在意识形态指导下、在战略文化影响下形成的对国际关系本质的根本认识和对国际秩序的根本主张。它包括基于对国际关系形势的认识而提出的对国际秩序的根本设计，以及构筑与维持这一秩序应采取的指导原则和手段。

　　近代以来，日本一直认为实力是构筑和维持一个以己为中心的世界秩序的根本手段。从思想渊源来说，日本重实力的对外战略理念是在对西方近代对外战略理念的接受中逐渐形成的。它主要包括两个方面的内容：一个是构筑以日本为中心的"同心圆秩序"，建立日本统治下的"和平"；一个是以实力为依托，用最强有力的手段来构筑和维持对日本有利的"同心圆秩序"。但这一时期由于过于崇尚"实力"，甚至将之异化为"正义"本身，导致"实力"失控，使日本变成一个军国主义国家，走上不归之路。

　　回顾历史，是为了更好地面向未来，把握未来的发展趋势。日本100

多年的近代历史，是一部对外扩张侵略史：把自己的"实力"运用于军事，把部队武装到牙齿，成为锋利的尖刀，去国外抢夺所需要的一切。日本通过"实力"的展示，的确多次"受益"，但"实力"失控使日本在侵华战争和太平洋战争中受到痛击，最后败降，不仅给中国等亚洲很多国家带来沉重的灾难，也招致了国家和民族独立自主的丧失和国民经济的崩溃，使近代化的成果毁于一旦。

令人担忧的是，近年来日本又加快了追逐"实力"的脚步。2010年，日本将防卫理念从"基础防卫"转向"机动防卫"。在这一理念的主导下，日本军事上逐步由"专守防卫"战略转向"主动先制""先发制人"战略，自卫队将发展成一支攻守兼备、名副其实的"军队"。当前，日本的一系列动向和举措，如日美同盟的转化升级、摆脱战后体制、推行"积极和平主义"战略、推进"和平宪法"的修改、解禁集体自卫权，无一不是在朝着追逐"实力"这一目标迈进。这说明日本还没有从历史上为追逐"实力"而屡屡失败的历史中汲取教训。因此，认真反省、反思这一理念，对日本来说至关重要。

在撰写本书的过程中，我们注重运用马克思主义唯物辩证法的观点和方法，客观对待历史问题，妥善处理历史与现实的关系，力争多维度、多侧面、多视角地深入分析，全面、立体地展现事实的本来面貌。在研究中，我们坚持以下几个原则：一是厚今薄古。对日本近代"实力主义"对外战略理念的历史回顾与沉思是本书的铺垫，对当今日本"实力主义"对外战略理念的现实描述与洞察是笔者关注的焦点。二是内外因兼顾。日本"实力主义"对外战略理念的形成，既有内因，也有外因，是日本政治、历史、文化以及当时的国际局势等多种因素合力作用的结果。三是透过现象看本质。透过日美同盟的转化升级、安倍晋三极力摆脱战后体制、推进"自由开放的印度洋—太平洋"战略、推行"积极和平主义"对外战略、加紧宪法修改的进程、解禁集体自卫权等这些看似毫不相干的现象，可以看出当今日本国家发展战略的基本规律和未来走向，甚至可以透视出历史的相近性。

本书由序章和上、下编三部分，共六章组成。在序章部分，主要对近代日本"实力主义"对外战略理念形成的内因和外因进行了概述，并对19世纪中期至20世纪初期的"实力主义"军事霸权构想进行了介绍。上编是"历史沉思"，由三章组成。第一章对明治维新后日本选择"实力主义"对外战略理念的时代背景、国际国内因素进行了论述，尤其重点剖析了日本近代启蒙思想家的思想转向与"实力主义"对外战略理念形成之间的内在逻辑关系。第二章着重对历史文化传统以及西方对外战略理念是如何合力催生日本"实力主义"对外战略理念的问题进行剖析。第三章主要探究了日本"实力主义"对外战略理念的践行过程及覆灭结局：由于过于崇尚"实力"，甚至将之异化为"正义"本身，导致"实力"失控，使日本变成一个军国主义国家，走上不归之路。下编是对当代现实的洞察，由第四、第五、第六章组成。第四章主要就日美同盟的转化升级、日印防务合作、"美日+1"安全机制等问题进行了分析。第五章针对日本联合机动防卫力量建设、空中—太空作战能力建设、网空军事实力建设等现代战争相关的几个尖端领域进行了深度解析。第六章主要针对反战后体制、"积极和平主义"战略、"自由开放的印度洋—太平洋"战略、解禁集体自卫权、修改宪法等几个热点问题进行了剖析。

本书部分内容曾以论文形式发表于国内期刊（已在书中标出），在收录于本书时做了一些修改和补充（有的地方对原标题也做了调整）。这些论文在发表时，各编辑部的领导和编辑老师给予了恳切的指导，提出了宝贵的修改意见，凝聚了他们的辛勤劳动和默默付出，在此深表谢忱！在撰写本书稿的过程中，参阅了中外大量的文献资料，得益甚多，直接引用的部分已经在文中注释中标注，但也有一些未在书中逐一注明，在此，笔者对原作者谨致谢意和歉意！

在本书撰写阶段，原解放军外国语学院的研究生赵雪、刘一思、张少杰、王强、李晓等同学，为本书的部分章节提供了许多有价值的素材；本书完稿后，吉林外国语大学的陈璐、韩佳荷、言俊玲、黄安琪同学，对书稿进行了校对，在此，向以上同学表示感谢！另外，本书在出版时，时事出版社的雷明薇女士也提出了许多宝贵意见，在此深表谢意！

由于资料和能力有限，书中疏漏和不妥之处在所难免，恳请广大读者给予批评指正！

作 者

2019年4月9日

目　录

序　章　/1

上编　历史沉思

第一章　近代日本"实力主义"对外战略理念的形成　/21
　　第一节　明治初年对西方政治制度的摄取　/21
　　第二节　明治初年的渐进政治改革　/26
　　第三节　近代初期日本的国权优先论　/32

第二章　近代日本"实力主义"对外战略理念探源　/51
　　第一节　日本历史文化中"尚力"理念的浸染　/51
　　第二节　近代西方"尚力"思想的镜鉴　/58

第三章　近代日本"实力主义"对外战略理念的覆灭　/71
　　第一节　"实力主义"对外战略理念的践行　/71
　　第二节　近代"实力主义"对外战略理念的终焉　/79

下编　现实洞察

第四章　日本新时期"实力主义"对外战略理念——"远交近攻"　/87
　　第一节　日美同盟的转化升级　/87

第二节　加强日印防务合作　/111
第三节　强化"美日+1"安全机制　/133

第五章　日本全方位加强军事实力建设　/144
第一节　强化联合机动防卫力量建设　/144
第二节　强化空中—太空作战能力建设　/149
第三节　加强网空军事实力建设　/153

第六章　日本"实力主义"对外战略理念的当代意义　/164
第一节　安倍的反战后体制　/164
第二节　推行"积极和平主义"战略　/197
第三节　实施"自由开放的印度洋—太平洋"战略　/209
第四节　推进宪法修改进程　/226
第五节　解禁集体自卫权　/244

参考文献　/252

序　章

一、近代西方国际政治思想与"实力主义"对外战略理念

近代以来，日本一直把"实力主义"作为对外战略的一个重要理念。对外战略理念是统治阶层在国家利益驱动下对国际关系的基本把握，是一国在意识形态指导下、在战略文化影响下形成的对国际关系本质的根本认识和对国际秩序的根本主张，以及基于此而制定的行动指南。它包括两个方面的内容：一个是基于对国际关系本质的认识而提出的对国际秩序的根本设计，另一个是构筑与维持这一秩序应采取的指导原则和手段。

日本一直认为"实力"是构筑和维持一个以己为中心的世界秩序的根本手段。近代日本"实力主义"对外战略理念的形成不是偶然的，既有内因，也有外因，是日本政治、历史、文化以及当时的国际局势等多种因素合力促成的结果。从内因上讲，日本是武家政治长期统治的社会，有着深厚的"尚力"传统。武士道精神在日本根深蒂固，家族制度的秩序意识使日本具有接受"弱肉强食"的文化根基。另外，日本确立了资产阶级政权，接受了西方资产阶级意识形态的大部分内容，这是"实力"原则得以确立的保证。从外因上讲，日本"实力主义"对外战略理念是在对西方近代对外战略理念的接受中逐渐形成的。

（一）对近代西方国际政治思想本质的认知

对近代西方国际政治思想本质的认知，是明治政府倾向"实力主义"

的重要原因。岩仓使节团赴欧美强国考察是日本"实力主义"对外战略形成的重要契机。明治维新伊始，明治政府的领导者和思想家们将西方视为"人间乐园"，认为日本不久之后就可以与西方列强平起平坐，成为其中的一员。但是他们的这种美梦在现实面前被打得粉碎。岩仓使节团赴欧的目的之一是与欧美各国修改不平等条约，收回主权，但是西方列强摆出一副傲慢姿态，拒绝与日本修改条约。使节团到达美国后，欲就修改条约问题同美国谈判，但美国设置层层障碍，最后日本只好放弃修改条约的计划。这是促使使节团向强权政治转变的重要契机。从这一事件中，使节团认识到在国际社会中起决定作用的是综合国力特别是军事实力，公法也只是强国欺凌弱小国家的借口。另外，使节团从德意志帝国的缔造者——普鲁士德国"铁血宰相"俾斯麦和参谋总长毛奇那里直接耳闻了《万国公法》的本质，认识到"实力外交"和强权政治这一西方近代政治思想的实质。

近代西方国家体系是一种以"势力均衡"为生存原则的国际秩序，认同的对外战略理念是以实力为依托，在全球范围内建立起以西方（具体表现为自己国家）为中心的同心圆等级结构。①

明治维新前后，日本通过各种途径了解到当时西方国际政治的现状，吸收了西方近代对外战略理念的内容。随着西方列强步入帝国主义阶段，日本对于国际秩序的理解更加深化，对"实力"是构筑和维持以己为中心的国际秩序的根本手段这一潜规则的认识更加深刻。因此，从根本上来看，日本并不真正认同国家平等观念，只是将反映此观念的国际法当作达到修改不平等条约目的的手段。也正因为如此，日本在明治维新后不久就将侵略朝鲜定为外交上的首要课题，遵从"失之欧美，取之亚洲"的强盗逻辑，无视亚洲邻国的主权和利益，大肆向邻国扩张。佐久间象山就提出，"日本要想不受到西洋各国的欺负，就必须建立强大的军事力量，由此在国际关系中占据优势。"② 日本思想界还提出了"海外雄飞论"，主张

---

① 臧志军："传统外交理念的创造性转换与面向 21 世纪的中日关系"，蒋立锋主编：《第二次中日青年论坛》，世界知识出版社，1998 年版，第 105 页。
② 高增杰："近代初期关于日本未来前景的两种探索"，《日本学刊》，1999 年第 4 期，第 89 页。

日本要跳出岛国的局限，用武力"皇化"全球，向世界各国"远航"。

"开国"之后，日本政界和思想界对国际政治思想的认识随着国际形势的发展而发生了很大的变化，对国际法失去了兴趣。其理由如下[①]：第一，当时的国际公法说到底是"欧洲国际公法"，有完全意义上的"法人资格"的只是欧洲主权国家，其他地方的人民、领土只是"物权"的对象，或者不过是如日本一样处于不平等条约下的"准禁治产者"。第二，当时的"欧洲国际公法"并没有否定战争本身，也不管哪一方是正义的，开战有哪些"正当事由"，只是规定了交战者的资格、俘虏的待遇、战争的手段，其主要目的是限制战争损失的程度。"开国"之后不久传入日本的国际法，是指1856年的《巴黎会议关于海上若干原则的宣言》、1864年的《改善战地武装部队伤者境遇的公约》、1868年的《禁止在战争中使用某些爆炸性子弹的圣彼得堡宣言》以及1899年的海牙公约和宣言。1907年第二次海牙和平会议重新修订战争法规及其惯例的目的只是"明立限界""使免残酷"，[②] 也不曾涉及到战争本身的是与非。

另外，明治九年（1876年）正是列宁所说的帝国主义阶段的起点，欧洲帝国主义时代开启，因此，帝国主义列强把东方诸国作为激烈争夺的主要对象，中国半殖民地的程度逐渐加深，日本修改不平等条约的努力均以失败而告终。这种情况下，日本政界的兴趣转向"强权政治"，寻求在弱肉强食的国际现实中生存的道路。

通过修改条约谈判的痛苦经历和惨痛教训，日本认识到：所谓"平等交往"，所谓"万国公法"，归根到底只能是幻想；只有实力才能解决一切，强权即实力，强权即公理。所以，明治政府毫不犹豫地选择了强权政治的道路。日本使节在就朝鲜问题与清政府交涉时，公然宣称："万国公法没有用"，国家间交往"取决于谁更强大，而不一定要依据条约"。[③]

[①] 坂本多加雄編：『「万国公法」と「文明世界」』，『外交フォーラム』，1991年第8期，第80—81頁。

[②] 王铁崖主编：《国际法》，法律出版社，1995年版，第625页。

[③] 小西四郎、遠山茂樹編：『明治国家の権力と思想』，吉川弘文館，1979年版，第156頁。

(二)启蒙思想家向"实力主义"的嬗变

以"明治十四年政变"为转折点,明治政府产生了以伊藤博文为中心的强权政权。他们力主镇压自由民权运动,建立天皇制中央集权制权力机构,将主张根据英国式宪法即时开设国会的首席参议大隈重信排挤出领导层,从此,以普鲁士·德意志立宪君主制宪法为模式制定宪法的指导思想正式确立,启蒙思想家的思想也随之发生了很大变化。加藤弘之于明治十四年(1881年)将原来宣传天赋人权思想的著作公开申请绝版,彻底与天赋人权思想决裂,开始鼓吹社会达尔文主义,并进而鼓吹国家主义和军国主义。他认为,自由要依附于权力,自由权与权力具有同时性,人民的权利从本质上来讲就是强者的权利。加藤最后得出结论:必须根据进化的程度,采取保守和渐进的办法,逐渐地"谋求权利的增进"。[①] 在这里,加藤用"进化主义"将复古观点重新包装,将国家权力看作是由神赋予的,臣民的权力是由君主恩赐的;并进而把明治政府作为现实的强者,将臣民的权力视为由强者赋予的,并最后推论出"实力就是正义"。

"明治宪法"的制定与近代西方思想密不可分。为了制定宪法,1882年伊藤博文率领宪法调查团对德奥进行了为期13个月的考察,主要听取了戈奈斯特(Rudolf Gneist,1816—1895年)、施泰因(L. V. Stein,1815—1890年)等德奥宪法学者对有关宪法的理论、运用情况,以及对日本宪法制定的意见等,这对日本"明治宪法"的制定起到了至关重要的作用。

施泰因和戈奈斯特对伊藤博文的建议要点如下:第一,巩固皇室的稳定,确保君权的强大。第二,排斥政党议会制,推崇普鲁士·德意志的立宪君主制。德意志宪法学者均排斥英国制度,力劝伊藤博文不要效仿。第三,强化内阁的行政权,使议会的权力虚无化。

正是接受了以上学者的建议,明治政府在伊藤博文的率领下模仿普鲁士·德意志式的立宪君主制,制定了君权强大、议会权力弱小的"明治宪

[①] 小西四郎、遠山茂樹編:『明治国家の権力と思想』,吉川弘文館,1979年版,第462頁。

法"。其具有如下特点：第一，国家主权属于天皇，规定了天皇所具有的"神圣不可侵犯的"神格权威和绝大权力，如"大日本帝国，由万世一系之天皇统治之"（第1条），"天皇神圣不可侵犯"（第3条），"天皇为国家元首，总揽统治权"（第5条）。第二，议会从属于天皇。议会不是最高立法机关，只是"协赞"天皇行使立法权（第37条）；议会通过的法律须经天皇的裁决方可生效（第6条）。第三，内阁只对天皇负责。宪法规定内阁的职责是"辅弼天皇，负其责任。所有法律敕令，须经国务大臣副署"（第55条），即内阁只对天皇负责，不对议会负责，议会无权决定内阁的去留，首相和大臣均由天皇任命。第四，军部独立于内阁之外，不受议会的制约。

可以看出，"明治宪法"体制是一个重视"实力"、便于对外扩张的"超然主义"政治体制。这一将君权和立宪两种理念合二为一的天皇制资本主义国家体制的确立，标志着近代日本"实力主义"对外战略理念的形成，从此以后的半个多世纪，日本开始了不断对外扩张、军刀满天飞的法西斯专政时期。

总之，"实力"对外战略理念是日本历代政治精英和思想家在日本传统思想的指导下，结合西方技术和殖民扩张之道，精心建立起来的。其终极目标是建立以日本为中心的国际新秩序。它既有民族传统文化做思想后盾，又有西方强权政治做理论支持。由于日本非常注重实力，所以日本始终坚持崇拜强者，认同强者，与强者结盟，和鄙视、欺凌弱者相统一的战略指导思想。

二、19世纪中期至20世纪初期的"实力主义"军事霸权构想

19世纪80年代以后，日本摒弃了英国式自由贸易战略，确定了通过"强兵"——增强军事实力以谋求霸主地位的国际政治战略，实施了"大陆战略"。这种战略思想规定了日本后来的发展道路，导致日本走上了长

达半个世纪之久的对外军事扩张之路。

（一）19 世纪中后期的军事霸权构想

幕府末期的佐久间象山提出的"力"的理论，对日本的国家进程产生了重大影响。

佐久间象山生活在日本封建社会的末期，深切感受到了日本幕府时代末期的种种社会矛盾，尤其是亲眼目睹了西方列强叩关的具体经过，经历了日本从东亚国际社会的外部环境向全球性世界国际格局转变的过程，看到了西方列强用暴力给国家带来的巨大利益，是"以暴易暴"思想的体现。

佐久间象山从当时的国际形势和国家间关系的认识出发，为日本在新的世界环境中的发展制定了战略目标。他通过对中国鸦片战争的观察认识到，在国际交往中，实力就是一切。这与中国先秦的"弱国无外交"思想如出一辙。而要想避免这种结果，唯有强兵，即建立强大的军事力量，成为世界"一等强国"。佐久间象山对于"西学东渐"在世界范围的传播已经有了比较清醒的认识。他在给梁川显岩的信中慨叹道："方今世界，仅以和汉学，业已无能为力，如不总括五大洲，宏大经济，则难以应付。"① 他的目光已经从东亚国际社会扩展到全球，并且摒弃了"夷狄野蛮化外"的偏见，认识到西夷——欧美诸国近代文明的发达程度。他曾经明确地说："哥伦布依靠究理之力发现新大陆，哥白尼提出地动说，牛顿归纳重力引力之实理，三人发明以来，万般学术皆得其根底，毫无荒诞之意，全部真实。由是，欧罗巴洲及亚美利加洲次第面目一新，创制蒸汽船、磁电报等，实夺造化之工，其状可怖可愕。"② 为此，他提出了一个重要的文化规范，认为"同力度德，同德量义"，即在残酷的国际较量之中，当双方的力量大体不相上下时，"德"才能成为决定两者优劣的重要因素。他特

---

① 佐久間象山編：『梁川星巌宛』，『日本思想大系』55 卷，岩波書店，1981 年版，第 374 頁。
② 佐久間象山編：『梁川星巌宛』，『日本思想大系』55 卷，岩波書店，1981 年版，第 374 頁。

别强调国家生存中"力"的关键意义，非常注重从增强"力"的角度来思索和规划日本未来的前途。

正是出于这样一种崇尚军事力量的理念，佐久间象山从军事力量的角度重新解释了中国古代的历史现象。佐久间象山提出："虽称文王之美，亦不过云大国畏其力，小国怀其德。"实质上，佐久间象山这一解释充分反映出他对于国家关系的观察和认识。在他看来，所谓"文王之美"，并不是道义上的称赞，也并非发自内心的讴歌。之所以"文王称美"，是因为拥有一定军事力量的大国惧怕周国的强大军事力量，即"畏其力"，因此不敢轻易侵侮。至于"小国怀其德"，也是因为畏惧周国的强大军事力量而同时没有受到过分压迫的缘故，"怀其德"者，无非接受它的保护而已。在此，国际关系中至关重要的因素是"力"，即军事实力。其中心思想是"无其力而能保其国者，未之有也"。佐久间象山认为，实行"王道"也必须尽量坚持扩充军事力量的实践原则，国家的核心力量是建立庞大的军事力量，以便在国家关系中占据优势。

按照对国际关系观察的结果，佐久间象山为实现他倡导的"世界第一等之强国"这一目标得出的结论是：日本要想不受到西洋各国的欺侮，就必须建立强大的军事力量，这样在国际关系中才能占据优势。为了实现"世界第一等之强国"的理想，佐久间象山特别强调军事力量的作用。他不但自己积极学习西方军事技术，研究大炮原理，试制大炮，希望由此增强日本的军事力量，而且屡次建言，希望朝廷倾注力量建立强大的海军。他认为已有俄国先例可循，只要认真采取措施并加以落实，一定可以建立"大船"，以供实际使用，使得日本拥有向世界扩展的军事实力。

总之，佐久间象山所设计的道路是积蓄力量，扩充军备，走"东方英伦大国"之路。建立军事力量，通过军事实力的威慑与压迫参与国家关系中的角逐这一战略路线，从基本原则方面为近代以后的日本发展道路规定了方向。

19世纪80年代，日本帝国初具规模、对外战略开始形成后，英国式自由贸易战略遭到摒弃，而德国式依靠实力的国家战略得到广泛认同。这构成了日本帝国对外战略思想的核心,确定了通过"强兵"来增强军事实力以谋求霸主地位的国际政治战略。

中江兆民从理论的角度探讨了日本的战略选择,提出了三种战略构想。这三种构想基本反映了19世纪后期日本知识界对国家战略的基本思索。

在《三醉人经纶问答》一书中,中江虚构了"洋学绅士""豪杰君""南海先生"三个各具不同思想倾向的人物:"洋学绅士"是通晓西方近代思想的学者,代表着西方式民主制思想,主张民主共和、世界联邦的理想;"豪杰君"坚持实力主义,主张向外扩张而富强国家,代表着向外膨胀的国权主义;"南海先生"则是中间论者,提倡实行介乎二者之间的君主立宪制,代表着注重渐进改良的现实主义。中江借三人之口,分析、对比了当时日本正在流行的三种典型的战略构想,解析了日本是走军国主义路线,还是走和平发展路线,是对外扩张,还是睦邻友好等重大问题。

"洋学绅士"主张和平发展。"洋学绅士"坚持以"义理"为基础、以共和政治为保证的永久和平论,提出了小国日本的和平发展战略。他认为,实力强大的大国"养有百万精兵,排列千百艘军舰"[①]称雄世界并非难事,但是实力弱小的小国没有称雄于世界的资本,因此小国应当走和平发展之路,应当以"民主制度""经济富裕"和"学术精湛"取胜于别国。他论证道:"据弱小之邦,与强大之邦相交,奋不足彼万分之一有形腕力,如将鸡卵投向岩石一般。""彼自明。然则彼固无不具有文明原质之理义心之理。然则我小邦者,何不以彼心慕而未能履行之无形理义为兵备。以自由为军队,为舰队,以平等为堡塞,以友爱为剑炮,届时天下岂有当者。"其中民主制度是保证国家走和平道路的前提,自由、平等是世界的普遍价值,所以如果小国建立了可以向大国夸示的民主制度,就会得到大国的尊敬。发展学术和增强经济实力是小国得以自强的手段。在他看来,经济实力的增强是日本获取国家独立的重要途径,国际关系中最为重

---

① 中江兆民:《三醉人经纶问答》,商务印书馆,1990年版,第21页。

要的关系是强国与弱国的关系,而区分强弱的标准很大程度在于"货物生产"的多寡,"戎阵之争"终究不外乎"生产之竞争"。①

为了顺利执行这一路线,中江认为"平等且自由,是制度之极则"。他指出:"夫推政事进化之理而考虑时,自由之义,未可以此为尽制度之美,必更获平等之义始得大成者。""洋学绅士"通过从进化主义历史观对欧洲和亚非拉地区进行比较的结果,认为欧洲隆盛的原因就在于"自由大义"。他认为,之所以英、法、德、俄四国强盛,学术精致,农工商贾昌盛,军力强盛,是因为"自由大义"打下了坚实基础,这是东西方文明产生重大差异的原因之所在。

这条路线是中江终生孜孜以求的一条路线,但遗憾的是明治政府走向了其反面。

再看一下"豪杰君"的对外扩张论。"豪杰君"从弱肉强食的社会达尔文主义出发,主张战争乃不可避免之事,只有物质力量强大的"文明国"才能战而胜之。他认为,从生物本性上讲,凡生活于天地间的生物无不以猎取而谋生存,凡生物越聪明的越勇猛,越愚蠢的越怯懦,"喜胜厌败"是动物的本性,因此战争不可避免。他从列强争霸的现实考量,认为船坚炮利是获取国家利益的必要手段。他指出:"且见近日欧洲诸强国之所为。俄、英、德、法,互嗔目,交抚腕,视机将发之势,恰如堆积爆发剂在地上滚转。一时轰然迸裂之时,千百万兵卒欲蹂籍欧洲之野,百千艘斗舰欲搅破亚细亚之海。于此时如区区提倡自由平等,述四海兄弟之情,真乃陆秀夫之论语也。(中略)方今,宇内万邦相竞尚武,凡学术所得,种种精妙效果,皆资以供戎马之用,益益极其精锐。"②

"豪杰君"认为,国际法并不能保证国家的安全,只有诉诸武力。他认为,之所以"普法之兵涨硝烟于欧洲之郊,英俄之军扬尘于亚细亚大陆,簸澜于亚细亚海洋",均不是依靠《万国公法》。因此,他主张,"垂

---

① 『又同志社私立大学ノ設』,『中江兆民全集』第14卷,岩波書店,2001年版,第293—294頁。
② 中江兆民:《三醉人经纶问答》,商务印书馆,1990年版,第41页。

临沉没之小艇"，必须立刻转移到"颓然不动之大舰"，抛弃弱小邻邦，依靠"安稳之大邦"。基于上述主张，"豪杰君"提出了割占中国大陆，使日本由"小邦"变为"大邦"的对外扩张论。

"豪杰君"所提出的侵略其他贫弱大国使日本迅速致富的对外征伐论，与后来日本所奉行的军国主义路线是完全吻合的。

最后看一下"南海先生"的现实主义主张。"南海先生"不赞同"洋学绅士"的和平发展论，也不赞同"豪杰君"的对外扩张论，提出了以睦邻友好为基础、以自卫为目的的现实主义战略。

"南海先生"认为对欧美列强不必过于忧虑。其理由如下：第一，国际道义不允许。万国讲和之论虽未可实行，但诸国交际之间，道德渐广，腕力渐狭，此乃自然之势。第二，世界列强实力均衡，相互牵制。德、法、英、俄四国强弱之势大抵相当，彼均被迫遵守公法。第三，列强国内诸权分立，相互制衡。"邦国者，众意欲之集合，有君主，有百僚，有议院，有庶民，其机关极其错杂，故决其趣向，起其运动不如一个人轻便。"他认为虽然欧洲诸国犹如虎狮，但由于"其议院，其新闻纸犹如铁网。而又有诸国均势之义，有万国公法之约，隐然胶着于其手足"，所以，"狰狞的虎狮终年只能张嘴吐舌，不能随意咬人"。[①] 因此，他提出了全民自卫的对策，提出了如下结论："彼果不虑他国之评，不惮公法之议，不顾议院之论，敢狡焉来袭，我惟竭力抗御，国人皆为兵，或据要胜拒守，或不意出而侵击，进退出没，变化莫测，彼为客我为主，彼为不义我为义，我将士，我卒徒，敌忾之气益益奋扬，岂有遽不能自己防守之理耶。"[②] 在此基础上，他还提出了以和好为主的对外良策，指出："只要不伤害国家威信，绝不耀武扬威"，"无论世界任何国家都要与之和好，万不得已时，也要严守防御的战略，避免远征的劳苦和费用，尽量减轻人民的负担"。[③] 基于这一主张，"南海先生"批驳了"豪杰君""侵占中国"的理论。他说："若

---

① 中江兆民：《三醉人经纶问答》，商务印书馆，1990年版，第55页。
② 中江兆民：《三醉人经纶问答》，商务印书馆，1990年版，第56页。
③ 中江兆民：《三醉人经纶问答》，商务印书馆，1990年版，第58页。

夫如支那国，言其风俗习尚，言其文物品式，言其地势，亚细亚小邦者当与之敦好固交，可务求无相互嫁怨。（中略）支那国土之博大，人民之蕃庶，实为我之一大贩路，混混无尽利源也。如不虑此，徇一时张扬国体之念，以琐碎之违言为名徒腾争竞，吾见尤非计也。"①

在上述中江所提出的三种战略中，"豪杰君"的扩张主义战略占据了正统地位。这也为20世纪初期的帝国主义思潮的泛滥埋下了伏笔。

（二）20世纪初期的军事霸权构想

1. 德富苏峰的"大日本膨胀论"

20世纪初期，是日本帝国主义思潮泛滥的时期。德富苏峰的"大日本膨胀论"就是其中的代表。

早在1895年底，德富苏峰就撰写了《大日本膨胀论》一书，宣扬带有社会达尔文主义观点的膨胀论，赞美日本的扩张，认为战争的国际意义是"予世界上的顽迷主义者一大打击，并将文明之恩典注入野蛮社会"。在其《征清的真正意义》一文中表现得更为露骨，文中写道："清朝冥顽不化，阻碍大日本顺应历史潮流及理论上本可拥有的前途，反临之一暴慢无道。与清朝之战，乃清朝自愿与我为敌，我国之战，乃欲保全我正当之国权，振作我国运，及扩大我民族势力。"他还鼓吹"膨胀的日本，不独凭之以兵力，亦必须凭之以商权"，"进入19世纪后期，正如商业是一种战争，战争亦是一种商业"，并预见"此种奇妙的兵商二要素的结合"，到20世纪后将会更加突出。因此，甲午战争对日本来讲是天赐良机，可以"在东洋建立国民膨胀的根据地，打通膨胀的沟渠，排除膨胀的障碍，让世界认识膨胀的日本"，在国际上可"与其他膨胀的各国国民处于对等的地位，在世界的大竞场上进行角逐"，在国内可达到"巩固国民的统一，深化国民的精神"之目的，从而使"三百年来收缩的日本，飞跃为膨胀的日本"。

---

① 中江兆民：《三醉人经纶问答》，商务印书馆，1990年版，第59页。

德富苏峰不仅著书立说鼓吹帝国主义，甚至还于1897年加入松隈内阁，出任参事官，推行帝国主义政策。面对"变节"的指责，他辩解道："无力之公理不能战胜有力之强权。欲实现公理，须有使之实现之实力。因而，予归依于实力之福音"；"吾之观点由和平主义发展为帝国主义乃彰明较著之事实，但切莫忘记，此种发展（第一）与甲午战争前后日本之地位有所不同，（第二）与世界之大势日益趋向帝国主义此二事实紧密相关"。1916年，德富苏峰在《大正青年与帝国之前途》一文中，极力鼓吹"日本帝国之使命乃彻底推行亚细亚门罗主义"，"亚细亚门罗主义即日本人处理亚细亚主义"，并声称"荡扫白阀之跋扈"。在此后整个战争时期，德富苏峰始终支持政府的对外侵略扩张政策。他于1942年曾担任大日本言论报国会及日本文学报国会会长职务，并在次年因宣传"皇室中心主义"和法西斯思想有功而被授予"文化勋章"。

2. 高山樗牛的"日本主义"

为帝国主义高唱赞歌的，除德富苏峰外，还有高山樗牛。他把"万世一系之国体"论和日本人的"民族性"与帝国主义结合起来加以说明，并使之合理化。

高山樗牛在1897年与井上哲次郎等人一道共同建立"大日本协会"，创刊机关杂志《日本主义》，提倡"君民一体、忠君爱民、对外扩张"的"日本主义"，被称为"年轻的帝国主义旗手"。高山认为甲午战争将"日本在世界上的地位和命运"这样一个重大问题摆在日本国民面前，而日本主义正是"为回答这个疑问而产生的主义"。他认为虽然日本主义与国粹主义均有以日本国家、民族为最高价值观念的国家主义思想，但两者的根本不同在于，明治二十年代的国粹主义与欧化主义之争"其眼界，囿于国内"，而日本主义则要求开阔视野，"考察广袤世界中一国的地位"。国粹主义思想"集中在内争，而今后应向外"，不应满足于"保存国粹"，并采取抗拒西洋思想的"排外主义"，而应当"发挥吾日本建国的远大理想，实现我国民的宏大抱负"，自觉地成为"膨胀的国民"。因此，"吾所谓的日本主义，一言以蔽之，是以日本的国性国体为第一要义，并调和、同化外来一切势力的主义"，其依据是"国民的特性，其目的是国体的发挥"，而"君民一家是吾国体的精神，此实根据我皇族皇宗之宏远丕图，万世臣民所应景仰者。故，皇族皇宗乃日本国民之宗家，应以无上敬意奉之，日本主义崇奉皇族，以体现建国之抱负"。至于日本国民的特性，高山解释说："吾国民是公明开阔的人民，有为进取的人民。退缩保守及忧郁悲哀非其本性。因此，日本主义以光明为旨，崇尚生命，……亿兆出于一姓，上下一心，对内相亲，对外常扩展国威，故自古以来，未曾遭受外侮。这正是吾国民冠绝万邦的缘故。"

高山樗牛在1897年10月发表的《我国体与新版图》一文中公然写道："我认为吾国民最有资格作膨胀的国民"，因为日本有"君民同祖、忠孝一致的国体"，就像古罗马帝国最盛时期一样，"一族人民结成的国体及国情，使世界四隅俱纳入一个主权之下。罗马的基础在于国家的干部或主脑"。他在1899年3月发表的《作为殖民国民的日本人》一文中又进一步写道："今日本人面临作为殖民之国民而必须认识自己天职之大好时机，国内人口之增加，工商业之发展，海运事业之进步，随同世界交通之发达，无一不促进此时机之发展。此刻，追忆吾人之祖先作为殖民之民族永垂于历史之最显著、最成功之光辉业绩，并非无关紧要。"在同时发表的《帝国主义与殖民》一文中，高山正式用帝国主义代替膨胀主义或殖民主义，认为"殖民事业的扩展是国民性情的正常发展"，并宣称"历史向吾表明一原理，即不伴随帝国主义之征服或殖民，则常以失败告终"，从而将帝国主义的殖民扩张合理化。

当时，日本舆论知识界大多转向了帝国主义一方。在政界和经济界，不仅存在着帝国主义的军事扩张意识，也充斥着帝国主义的经济扩张意识。山路爱山发表过《吾为何信仰帝国主义》《吾所谓的帝国主义》等文章，倡导"平民帝国主义"。浮田和民发表《帝国主义与教育》《伦理性帝国主义》等文章，宣扬"立宪帝国主义"。东京帝国大学教授户水宽人等七位博士连名投书政府，指责政府对俄外交软弱，主张对俄一战，并通过报纸杂志发表文章和进行游说等活动制造战争舆论。明治政权主要人物山县有朋在1901年主张同英德缔结同盟时曾说，"此同盟一旦完成，即可维持东洋的和平，扩张我国通商权利，振兴工业，挽回经济颓势，而且将来不难在福建、浙江一带设定势力范围"。明治时代的实业界代表人物涩泽荣一也认为甲午战争以后，"东洋政治情况大变，商业情势也于往昔大异。在目前处境中，我认为除了注意政治与军备外，工商业也应振奋图强，要使日本工商业成为东洋中心，必先在中、韩设立据点"。由此可见甲午战争后帝国主义思潮在日本的盛行。

（三）"大陆战略"

日本的近代"大陆战略"，是指日本立足于用战争手段侵略和吞并中国、朝鲜等周边大陆国家，以求称霸亚洲、征服世界的国家战略。

日本的"大陆战略"始于甲午战争，但其思想基础是本多利明的"殖民论"、佐藤信渊的"中国征服论"和吉田松阴的"海外雄飞论"等。本多利明最早提出"殖民论"。他认为日本土地有限，物产不丰，难以满足人口增长的需要，只有效法西方殖民主义者，从事海外贸易和殖民扩张才是唯一出路。因此，他极力主张推行殖产兴业政策，认为这是"国君天职"，并提出富国四大急务，其中开发属岛尤为重要。本多提议开发的属岛，范围很广，除日本周边诸岛外，还有鼓岛、马绍尔岛，甚至主张"将日本国迁往堪察加地区，赐与本国之国号，使居假馆并置郡县，命诸有司抚育附属土地，自东洋所在之近岛逐次开发，并渡海开垦海上多数岛屿，借抚育、交易以获致土人信服，悉皆成为我国国力扶植之土地"。[①] 继本多利明之后，进一步发展其"殖民论"的代表人物则是佐藤信渊。佐藤思想的核心是"中国征服论"，佐藤思想体系是以"'皇国'是世界唯一中心"为命题而论证的。这在他的《混同秘录》中阐述得相当明确，他首先明示日本之所以以中国为最适宜的侵略对象的根据，并切望首先进军辽东半岛以开侵略中国之端绪。为达到此种目的，日本可将全国划分为八个地区，

---

① 本多利明编：『経済放言』，『日本経済大典』第20卷，明治文献，1967年版。

并在研究各地区的地势、人口、产业等条件及特点的基础上，具体论述了各地区向辽东半岛以外地区进攻的最佳方案。其侵略步骤，先从辽东半岛开始，随后，自朝鲜攻向北京，再向华中、华南等方向推进。中国"既已划入版图，其他如西域、暹罗、印度等国渐慕其德，并畏其威，必将隶为臣仆。故由皇国统一世界万国，并非难事"。[1] 佐藤信渊所提的"中国征服论"是一个比较完整的扩张主义思想体系，它不仅确定了侵略目标，而且规定了侵略步骤和完成这些步骤的方法，并鼓吹日本天皇亲征和全国总动员。佐藤信渊的侵略思想，是幕末以来日本儒学家的富国强兵论及尊攘思想的延续，是日本"大陆战略"的思想基础。

佐藤信渊死后，美、英、俄各国先后迫使日本政府签订了不平等条约，日本的危机日益严重。当时，攘夷之士大多主张"海外雄飞论"，欲借向外发展解决当前的危机。幕末长州藩士吉田松阴便是这种"海外雄飞论"的典型代表。吉田松阴在《幽囚录》（1854年）写道："若要国家保持强盛，不应仅仅满足于不失去已经得到的，而应当进一步获取目前还未到手的。现在必须加紧进行军备，一旦军舰、大炮得到充实，便可开拓虾夷，封立诸侯，乘隙夺取堪察加半岛、抢占鄂霍次克海，晓谕琉球……警示朝鲜……北则割据中国的东北，南则掠取台湾及菲律宾群岛，显示渐次进取之势。"[2] 吉田松阴的"海外雄飞论"是佐藤信渊思想的继承和发展。吉田松阴的侵略主义思想，虽然当时未被政府采纳，但其影响却很深远。他的思想直接影响了其得意门生木户孝允、伊藤博文、山县有朋等明治维新的重臣。木户孝允的"征韩论"，山县有朋的"利益线论"，无不直接师承于吉田松阴的对外扩张主义。

甲午战争后，日本的"大陆"战略逐步得到实施。日本通过《马关条约》获得了中国辽东半岛的租借权，但是同样把辽东半岛作为南下政策的俄国同法、德一起给日本施加压力，迫使日本将辽东半岛归还清朝。当时

---

[1] 佐藤信渊编：『宇内混同秘策』，『日本思想大系45 佐藤信渊』，岩波书店，1977年版，第431—436页。

[2] 古川万太郎编：『近代日本の大陸政策』，東京書籍，1991年版，第49頁。

日本还不能与俄国抗衡，于是接受了三国的提议。甲午战争后，俄国开始侵略中国。明治二十九年（1896年）之后，俄国从清朝获得了东清铁路的租借权以及旅顺、大连的租借权，然后又将触角伸向朝鲜半岛。明治三十三年（1900年），作为海军停泊地，俄国租借了对马海峡的马山。而且俄国趁着中国义和团运动，调动兵力，最终霸占整个辽东半岛。

在利益受到俄国的侵蚀后，日本开始重新构建它的"大陆战略"。明治三十三年，山县有朋在《北清事变善后策》中提出了"南方经营"（南进）和"北方经营"（北守）两大政策，将此作为今后日本的国家战略。"南方经营"就是在日本控制下的福建、浙江以及台湾这一三角地带，进行贸易、工业，使其成为日本军事的根据地。"北方经营"就是原来的"大陆政策"。日本要想获得朝鲜半岛的支配权，便不得不与俄国决战。但是俄国实力雄厚，以当时日本的国力和军事力，是无法与俄国抗衡的，因此朝鲜问题先搁置一边，优先发展南方，而对"北方经营"来说，就是等待时机。① 这就是向"北守南进"政策的转换。

至此，明治初期"征韩论"以来潜在的"大陆政策"以及后来新出现的"南方政策"，从甲午战争开始变得更加明显。但是，由于俄国对中国辽东半岛的军事压力，日本将"大陆政策"转换为"北守南进"的战略。

日俄战争结束后，日本陆军开始排除列强，独占辽东半岛的各种权利。明治三十八年（1905年），桂内阁的外务大臣小村寿太郎在《日俄媾和条约预定案》中强调："日俄爆发战争的原因就是为了保全'满洲'和朝鲜，是为了日本自卫和拥有权利不可或缺的。"因此，他提出了以下三个绝对条件。第一，韩国交由日本自由处理；第二，基于辽东半岛保全主义，俄军撤退；第三，辽东半岛的租借权以及东清铁路支线全部转让给日本。② 1905年他又在《关于满洲条约缔结文件》中提出了四个要求，并使其条约化。第一，清朝没有日本的许可不得将辽东半岛领土割让于他国；

---

① 大山梓編：『北清事変善後策』，前揭『山県有朋意見書』，原書房，1957年版，第260—264頁。

② 『日本外交年表并文書・上』1865年，原書房，1978年版，第236頁。

第二，辽东半岛十四个主要城市向从事工商业的外国人开放；第三，辽东半岛的租借权和东清铁路支线以及与其连带的一切权利转让给日本；第四，必须认可国策公司进入辽东半岛经营铁路、煤矿事业的必要条件。①明治三十九年（1906年），作为国策公司日本设立了"南满州铁道股份有限公司"。该公司不仅经营铁路，还经营矿山、水运、电器等附带产业。后来又设立关东都督府，任命现役陆军将官，给予其租借地管理权和租借地军事保护权，甚至还有一部分外交权。日本在经济上独占了辽东半岛南部地区铁路、矿山、森林、电器以及其他商业活动；政治上获得了租借地、附属地的征税权以及治外法权；军事上获得了保护该地区铁路的驻兵权等。日本在辽东半岛南部地区获得了广泛的权利。

日俄战争的胜利使日本自信心大增，从此日本政府和军方都积极推进"大陆政策"，尤其是积极推进其经营政策。近卫文麿上台后重新炮制了"大陆政策"（即"国际正义论"）。其基本方针是：谋求"基于国际正义的真正和平"，"国际正义非到公平分配世界领土之时，是不可能彻底实现的"；"在没有达到实现国际正义之前，我们日本属于'没有资源的国家'之列，我们不能不保障我民族自身的生存权。日本的大陆政策就是基于保障这一生存权的必要而制定的。现在国际正义尚未实现，这就是为我国提供实行大陆政策属于正当的依据"。② 其逻辑是：日本属于没有资源的国家，为了保障大和民族的生存权，日本必须实行"大陆政策"。日本意欲继侵占东北、肢解华北之后，将推行更大规模的对外侵略扩张，以求重新瓜分世界。

因此，太平洋战争初期日本取得胜利后，东条英机不失时机地抛出了"大东亚共荣圈"论。③ 其基本内容是："作为建设皇国大东亚新秩序之生存圈应予以考虑的范围，是以日满华为主干，包括原德国委任统治诸岛、法属印度支那及太平洋岛屿、泰国、英属马来、荷属东印度、缅甸、澳大

---

① 『日本外交年表并文書·上』1865年，原書房，1978年版，第251—252頁。
② 近衛文麿：『第一回日本内閣の指導精神』，日本國際政治學會編：『國際政治』，1989年第91期，第39—40頁。
③ 臼井勝美編：『日本と中国—大正時代』，原書房，1972年版，第101頁。

利亚、新西兰、印度。""帝国资源圈为日本、'满洲'、中国及西太平洋地区,在此地区内力求扩大生产自给;澳大利亚、新西兰、印度等地是它的补给圈。""由帝国指导建设新秩序的大东亚地区"为"日满华及东经90度至180度之间、南纬10度以北的南北诸地区"。① 这样,日本把"利益线"一下子推进到了除西伯利亚、印度、澳大利亚、新西兰之外的整个东亚、东南亚和西太平洋地区。从此,日本"大陆政策"跨进了又一个新的阶段。

---

① 『日本外交年表并文书·上』1865年,原书房,1978年版,第435—438页。

上　编

历史沉思

第一章

近代日本"实力主义"对外战略理念的形成

第一节 明治初年对西方政治制度的摄取

一、人文思想在日本的传播

自幕末以来,日本先后掀起了学习和吸收"南蛮学""兰学""洋学"等西方人文思想的运动,明治维新后更是掀起了全国规模的"文明开化"运动,使合理主义、实证主义、功利主义、批判主义等人文思想在日本迅速传播。西方人文思想在日本的传播,一般分为三个时期。

第一个时期(1868—1877年),是思想启蒙时期,主要是英法的功利主义、实证主义和天赋人权思想的传播时期,穆勒、孔德、边沁、孟德斯鸠等主要思想家的著作被介绍、翻译到日本。特别是英国思想家穆勒的《自由论》《议会政治论》《经济学原理》和《功利主义》等著作均被译为日文出版,其实证主义和功利主义思想得到广泛传播,其著作被广泛传阅,有的甚至被当作教科书使用。法国的天赋人权政治思想被移植到日本,并广泛传播,产生了深远的影响。这一时期日本产生了许多翻译、介绍、传播西方人文思想的启蒙思想家。日本的启蒙思想家,首推福泽谕吉,他参考威兰特的《伦理学》写成的《劝学篇》,脍炙人口，是当时的畅销书。他在《劝学篇》的篇首写道："'天不生人上之人，也不生人下之人。'这就是说，天生的人一律平等，不是生来就有贵贱上下之别的"，信奉自然法思想，宣传"天赋人权""人人平等"。他还特别强调个人独立的重要性。他的著名命题"一身独立才能一国独立"，"人民的独立精神"才是"文明的精神"，概括了"人之平等"与"国之平等"的关系。福泽把个人能否独立提高到一个国家能否独立的高度来认识，他指出："为了抵御外侮，保卫国家，必须使全国充满自由独立的风气。"更值得注意的是，他进而把人际的自由、平等和独立，扩展到国家间的，即国与国的自由、平等和独立，把"天赋人权"发展为"天赋国权"思想。

在这一时期，穆勒的功利主义道德观也在日本广泛传播。日本启蒙思想家接受这一观点后，提出了许多战略性思想来启蒙近代国民意识。福泽谕吉在他的著名启蒙力作《文明论概略》中明确提出："争利，固然为古人所讳言，但是，要知道争利就是争理。今天，正是我们日本与外国人争利讲理的时期。"他强调，日本要争取民族独立，实现"文明开化"，就必须要以西洋文明为目标。另一位著名启蒙思想家西周，针锋相对地批判"存天理、灭人欲"的封建道德观，吸收功利主义的伦理思想，论证了追求财富的正当性。这一时期，孔德和穆勒的实证主义亦在日本广泛传播。日本启蒙思想家吸收实证主义后，提出了"实学"。福泽谕吉宣扬实证主义，批判儒教、国学等"虚学"，主张民众均学习习字、地理、历史等有实用的学问，提倡学习引进近代科学技术成果的"实学"。

第二个时期（1877—1887年），是斯宾塞进化论哲学广泛传播时期。福泽谕吉此时开始阅读斯宾塞的进化论著作，其思想从早期的信奉自然法思想转化为社会达尔文主义式的"禽兽世界"的"弱肉强食"理论，在国际政治领域中强调"胜者为王，败者为寇"的实力政策。当时，留美归国后出任东京大学哲学系教授的外山正一等人，依据达尔文和斯宾塞的进化论学说，以东京大学为中心鼓吹进化论哲学。斯宾塞进化论哲学本身就具有两个侧面，在日本则被两大思想派别各取所需地解释阐发，成为这一时期引人注目的特殊现象。斯宾塞进化论所强调的人的自然权力，与天赋人权相通，被自由民权论者视为"自由民权的教科书"，广泛传播。而斯宾塞进化论又依据适者生存的法则，企图将现实资本主义社会秩序合理化。日本专制主义官僚派思想家则以此作为"社会达尔文主义"的依据，反对天赋人权说。卢梭的思想在日本也得到了广泛传播，其思想被系统地引进吸收，对自由民权运动产生了极大影响。他的《社会契约论》于1882年被中江兆民以《民约译解》为题，译为汉文并加注出版。卢梭的《社会契约论》所强调的人民具有反抗权和革命权的思想，为自由民权运动提供了有力的理论武器。

第三个时期（1887—1897年），是以理想主义为中心的德意志近代哲学思想广泛传播的时期。黑格尔哲学、康德哲学，对日本思想界产生了很大的影响。1890年井上哲次郎留德回国后，在东京大学执教33年，系统宣讲德国哲学，力图综合德国国家主义与传统的儒学道德，表现出露骨的反启蒙主义和国家至上主义色彩。

随着西方资产阶级思想家的主要著作被译为日文在日本出版，西方人文思想在日本被广泛介绍和推广普及，日本启蒙思想家们在全面系统学习各种西方思想的基础上，著书立说，建立了富有日本特色的理论和学说，社会影响极大。比如，中村正直翻译了斯迈尔斯的《自助》（*Self-help*），以《西国立志编》为题出版，书中强调的"自主自立，不依赖他人"的"自助"精神，影响了几代人。此书成为日本最受欢迎的书籍之一，据说曾销售100万部，到20世纪20年代仍在重印发行，被称为"明治的圣书"。福泽谕吉始终博览西洋群书，结合日本的国情，写出了很多富有启发国民智力和治国方略的巨著，如参照威兰德的《伦理学原理》、巴克尔的《英国文明史》、基佐的《欧洲文明史》、穆勒的《议会政治论》和《自由论》，写出了著名的《文明论概略》。而他的《劝学篇》则更为普及，总计销售340万部。当时日本总人口约3000多万，平均十人一册，其影响之大，不难想象。井上毅曾这样形容福泽谕吉著作的影响力："福泽谕吉的书一出，天下少年靡然相从，撼其胸膛，浸其肺腑，父不能制其子，兄不能禁其弟"。①

从西方人文思想在日本传播的轨迹可以清楚地看出，从明治初年开始，边沁、穆勒的英国功利主义和自由主义，法国的"天赋人权"思想和卢梭的自由主义人权说，美国达尔文、赫胥黎、斯宾塞的进化论和实证主义，斯泰因、比特曼的德国国家主义，黑格尔、哈特曼、康德等的德国观念论，奥伊肯、帕格森的理想主义等先后在日本传播，被消化和改造吸收。但几经冲突和选择，日本执政者终于在明治二三十年代将吸收西方文化定位在德国国家主义和传统的儒学道德的结合上。英法系统的功利主义、自由主义、天赋人权说等思想均受到排斥，而德国的国家主义思想则逐渐占据了统治地位。这是很耐人寻味的课题。

二、对西方立宪制的译介

随着西方人文思想在日本的传播，对欧美国家政治制度的评介也逐渐兴盛起来。最早在日本介绍欧美议会制度的日本人是青地林宗。在他于1827年奉幕府之命翻译的荷兰文书籍《舆地志略》一书中，曾极为简略地提到英国的议会制度。1851年，箕作阮甫在《八纮通志》中对西方议会制度也有一段描述。1860年，日本万延遣美使团的副使淡路守村垣，在美国目睹了美国国会的辩论情况，在《航海日记》中写道："突然，其中一人起立，大声斥骂，并作手势，如同狂人一般……正当众议之中，无休无止评议国政之时，那位身着紧身衣裤之人大声斥骂之状，副统领立于高处之景，宛如我国日本桥之鱼市。"② 1863年遣欧使团中的高岛佑启在其著作《欧西纪行》中谈到英国国会的情况时说："如此方正之场所，其权虽国帝亦莫如何。故论理无一定时，将其议论登上报纸，以国民之评论见诸报端……以是巴力门（是英文 parliament 的音译，意为国会或议会）之政治诚公平也，国人亦无不心服。"福泽谕吉对英国的议会制度论述道："……

---

① 鹿野正直著，卞崇道译：《福泽谕吉》，三联书店，1987年版，第106、109页。
② 绵贯哲雄：『閉ざされた日本』，大明堂，1993年版，第11页。

据云英国有所谓政党，晴天白日之下争执政权之授权。如斯则英国允许处士横议，直接诽谤现时政府亦不论罪乎？如此乱暴能维持一国之治安，实令人万万不可思议。"① 1862 年，越前藩主松平春岳此时已经意识到日本幕藩体制的弊端和西方政治制度的优良，论述道："满清、日本之制度，政府自掌权柄，恣用赏罚黜陟。观西洋各洲之历史，有巴力门与高门士（是英文 commons 的音译，意为国会或议会中的下院），国中之政事登公共之议论，使其赏罚黜陟。生杀与夺亦然。虽英王法帝亦不得自由为之。进皇朝之制度亦应为之一变，于京都、江户分别创建巴力门与高门士。" 1866 年，倒幕领导者之一的坂本龙马在倒幕政治纲领——"船中八策"中，详细论述了日本应结合本国实际情况，学习摄取西方政治制度，将日本"尊王论"与西方议会政治相结合，是救亡图存的必由之路。他论述道："天下政权奉还朝廷，政令应出自朝廷，……设上下议政局，置议员，参赞万机，万机应决于公议。……察方今天下形势，征诸宇内万国，舍此则无救时急务。"② 他的这一主张，为明治政府的施政总纲——《五条誓文》的颁布打下了基础。1870 年，日本的德国政治学研究第一人加藤弘之，全面系统地介绍了欧美近代政治制度原理及人民国家间相互的权利与义务关系。"那么，如何才能使权利与义务两者相互结合、有效地施行呢？核心乃制定宪法。所谓宪法，乃于政府与臣民之间及臣民相互之间，为使彼此能相互尽自己之本分，敬重他人之权利，并能保证各自之权利，不受他人之伤害，制定彼此诸业之规律也。"③

  1874 年兴起的自由民权运动，使日本向近代民主制度迈进了一大步。因"征韩论"而下野的前参议板垣退助、副岛种臣等爱国公党领袖联合签名发表了《设立民选议院建议书》，他们批评了明治政府的"有司专权"，提出振兴国家之道"唯在张天下之公议"，设立"民选议院"。围绕"民选议院"的设立问题，在传播欧美民主思想和政治制度的政治家中，产生

---

① 伊田熹家：《日中两国近代化研究》，北京大学出版社，1997 年版，第 65 页。
② 于桂芬：《西风东渐》，商务印书馆，2001 年版，第 193 页。
③ 伊田熹家：《日中两国近代化研究》，北京大学出版社，1997 年版，第 66 页。

了以加藤弘之为首的"时机尚早论"派和以大井宪太郎为首的"立即实行论"派两个派别。"时机尚早论"派认为：西洋的"民选议院"虽然是至善至美之制度，但远非像移植汽车、电信那样简单，必须同本国的社会历史文化和国民文明开化的程度密切结合起来，不能将西方民主政治立即移植到日本来。"立即实行论"派则认为："缙绅华族"和"地方官"不是民众的真正代表，应仿效欧美的选举方法，选出代议士，让其会集于议院并代表全体国民商议国家大事。但这两派争论的焦点，不是要不要吸收、移植西方政治制度，推行民主政治，而是何时移植，怎样吸收，如何与日本的国情相结合的问题。这一争论不仅没有遏止西方民主政治在日本的传播，相反却极大地推动了日本民主化的进程。

第二节　明治初年的渐进政治改革[①]

从明治维新至《大日本帝国宪法》颁布的二十余年里，明治政府进行了一系列政治改革。当推进这些改革时，明治政府在对可能产生的成本效益进行权衡和选择的过程中循序渐进地（有时是间歇式地）向前推进，把政治稳定作为改革顺利进行的基本前提。其特点是渐进性和累积性，欲通过这种渐进的改革所产生的累积效应，使日本逐渐脱离幕府时代（封建社会）形成的那种非制度化的、不稳定的、极具人格化色彩的体制特征。其实质是通过建立天皇制专制主义的权力机构，建立强大的国家政权。

从当时日本所处的国际环境以及日本自身的国力等方面来综合考虑，这一国策的设定是合理的，有其历史的必然性。近代初期，明治政府在渐进模式下所推行的政治改革，是其为了顺利地、高速地、高效地推行富国

[①] 本节内容曾发表于《外国问题研究》2009年第3期，题为《日本近代初期的渐进政治论的成因》。在此有所删减。

强兵的近代化政策，营造一个安定团结的政治环境而推行的体制变革，也是明治政府为重建统治合法性而做出的理性选择，更是明治政府为了休养生息、积蓄实力而采取的权宜之计。

一、对国内形势的判断和对近代国际政治思想本质的认识

（一）国内的基本形势

明治维新后，新政府推翻了长达300年的封建幕府统治，结束了闭关锁国的政治体制，走向了"文明开化""富国强兵"的近代化道路。刚成立的明治政府还不够成熟，既没有强大的军队，又没有充足的财力，处于极端不稳定的政治状态中，甚至出现了政局失控的混乱局面。因此，政令得不到很好的贯彻，国民对新政府产生了不信任感和动摇情绪，甚至出现了用言论或武力颠覆政府的过激言行。正如大久保利通明治二年描述的那样："内外大难，皇国处于生死存亡之秋，间不容发。去年以来，兵乱渐平，呈一时平稳之势，但大小牧伯各怀狐疑，天下人心愤然、混乱，较之百万兵戈更为可怕。"[①]

在进行政治体制改革的过程中，先后出现了多次士族叛乱，甚至出现了倒幕维新最大功臣之一的西乡隆盛领导的武装割据。政府内部相继出现了"征韩论"和"征台论"，导致政府领导人之间出现裂痕。由于"松方财政"实行通货紧缩和增加税收等政策，加速了农村的两极分化，自耕农丧失土地，导致19世纪70年代以后农民起义不断（主要有明治七年的"佐贺之乱"、明治九年的"神风连之乱"）。明治七年（1874年）爆发了全国规模的自由民权运动。自由民权运动来势凶猛，并且越发显露出与明治政府的设想和步骤不相协调的迹象。让明治政府最不能容忍的是，自由

---

① 日本史籍協会编：『大久保利通文書』第3卷，東京大学出版会，1969年版，第161—162頁。

民权运动不断地向上下两个方向渗透。所谓向上渗透，主要是指政府领导层内部出现了同情和支持自由民权运动的苗头和势力；所谓向下渗透，主要是指自由民权运动呈现出与农民武装斗争相结合的趋势，从而引起了政局的剧烈动荡。

因此，岩仓具视把当时的日本比喻为一个"欲开的蚌壳"。如果一下子开得太猛，不考虑其特点，上壳急开而使下壳受到激烈振荡，无法保持平衡，势必上壳翻转而为下，下壳变为上，如此则躯体晃动甚至颠倒。在这种局势下，明治政府认为只有逐渐地进行改革，才能顺利地推行富国强兵的近代化政策。

（二）启蒙思想家对民智的判断

包括福泽谕吉在内的大多启蒙思想家都认为，人民的知识水平还很低，文明程度尚不高；人民依然为"愚民"，是"知识贫乏，不知独立不羁为何物，也不知如何一身独立"的"无知文盲"，所以要进行启蒙。在此种情形下，不能实行激进的改革，必须假以时日，待开化程度提高后方可实行。加藤弘之主张不能"不视时势、不察人情地乱申公议舆论"，认为人民的开化程度是使议会制度有效发挥作用的前提条件，对开设民选议院坚持"时机尚早论"，主张"在开化尚浅的国家，不得已而用专制政体，且必须限制臣民的权利"。[①] 他指出："欲使我国开化未全的人民，共议国家大事，并采取公议制定天下的制度——宪法，这无异于缘木求鱼。"[②] 他得出下述结论："开化未全的日本"，应该像普鲁士那样，"渐趋良方，逐步改革"，"逐渐启迪人民知识，渐变政体"。[③] 中村正直对人民的描写是极具典型性的，他指出："虽然戊辰以来容纳人民的器具（政体）与以前相比具有了良好的形状，但人民仍旧是旧时代的人民，是具有奴隶根性的人民，是下骄上媚之民，是无学文盲之民，是贪恋酒色、不学无术之民，是

---

① 明治文化研究会编：『明治文化全集』第5卷，日本評論社，1992年版，第98頁。
② 明治文化研究会编：『明治文化全集』第5卷，日本評論社，1992年版，第369頁。
③ 明治文化研究会编：『明治文化全集』第5卷，日本評論社，1992年版，第369—370頁。

不知天理、不省职分之民，是知识浅薄、目光短浅之民。"① 西周羡慕西洋文明之发达，认为日本"不开化"的原因在于"人民之愚"。津田真道认为日本的"开化者"仅占日本全国人口的千分之一，全国大多数人民仍然为"旧习之人"，是"谜于地域极乐、因果报应、五行方位等无根之说之愚民"。

他们认为，正因为人民群众是"不开化"的"愚民"，所以须由政府引导他们走向文明开化，而给与群众太多的民主权利，会扰乱和破坏国家秩序，无法形成安定团结的政治局面，从而妨碍"自上而下"的近代化路线方针政策的贯彻和实施。

（三）对近代国际政治思想本质的认识

明治维新后，国家的目标是保持国家独立，实现富国强兵。明治初年，明治政府派出庞大的"岩仓使节团"（明治政府几乎倾巢出动）奔赴欧美主要强国，欲与欧美各国修改不平等条约。他们本打算按照国际关系的一般准则，通过正常的渠道取消幕末与西方签订的不平等条约，但由于各缔约国以种种借口，百般刁难，未能如愿。在艰苦的谈判过程中，西方列强摆出的那种"逞鸱枭之欲，视我人民如雅雀，如童稚，如卑屈之奴隶"②的傲慢态度，深深刺痛了日本的民族感情，也使明治政府领悟到弱小就会受欺侮的道理。特别是普鲁士"铁血宰相"俾斯麦和参谋总长格拉夫·毛奇的演讲，给使节团以强烈的震撼和冲击。俾斯麦讲道："方今世界各国，皆谓以亲睦礼仪相交，此全系表面文章，而背地里则强弱相凌，大小相侮……人们常说：公法乃以保全列国权利为常典，实则当大国争利而于己有利时，并不要求执行公法；而若于己不利，则翻脸示以兵威。"③格拉夫·毛奇进一步阐明了实力对于维护国家利益的重要意义："用法律、正义、自由之理，保护国内尚可，保护境外则非兵力不可。万国公法也系

---

① 中村正直编：『人民の性質改造之説』，明六雑誌第30号，第201页。
② 大津淳一郎编：『大日本憲政史』第2卷，原書房，1969年版，第561页。
③ 升味准之辅：《日本政治史》第1册，商务印书馆，1997年版，第118—119页。

于国力强弱,局外中立而独守公法者,乃小国之所为。至于大国,不以国力则难以实现其权利。"①

残酷的现实给他们以极大震动,使他们认识到"实力外交"和强权政治这一西方近代政治思想的实质,即在弱肉强食的"禽兽世界"和"狼与狼的战争"的无政府状态中,实力是第一位的,有了强大的国力,才能保证国家的独立。这促使他们向强权政治转变。如福泽谕吉,自幕府末期至明治初期一直醉心于自然法思想,宣传自由、平等的思想,但随着明治政府在外交上的受挫,他开始放弃自然法思想,转向了社会达尔文主义的"弱肉强食"观。他从根本上不相信国际法,认为再多的国际法抵不过几门大炮,几项条约赶不上一筐弹药,只能用实力来求生存。因此,他强调实力政策,并抛出了"脱亚入欧"理论,构筑起了跻身世界列强、欺凌亚洲邻国的极端国家主义和扩张主义的战略构想。

二、天皇制政权主导下的国家发展战略

历经明治初年的内外交困之后,为了聚拢人心,建立统治基础,明治政府将天皇君权的绝对权威和立宪主义两种理念合二为一,确立了天皇制资本主义这一近代国家体制。这一体制是天皇君权内核与立宪外壳的巧妙嫁接,是把西方近代立宪主义嫁接在源自古代世界的神政的、家长式的观念上。正是有了这种嫁接,才使得明治政府建立了一个自上而下顺利推行近代政策的运转体制,有了强大的精神"靠山",可以随心所欲地支配政权。

明治政府把皇室当作欧洲的基督教,作为国家统合的"基轴",将其置于权力的顶点,使之发挥统合国民的精神支柱的作用。伊藤博文指出:"在我国,唯一可以当作基轴的,就是皇室。"② 也就是说,为了从恢复正常的政治秩序,匡正混乱的社会状态,借助天皇的"宸断"来达到"万机

---

① 升味准之辅:《日本政治史》第 1 册,商务印书馆,1997 年版,第 340 页。
② 『枢密院会議議事録』第 1 巻,東京大学出版会,1984 年版,第 156 頁。

一新"和"人心纠合"。正如岩仓具视所描述的那样："多年来人心乖戾。若欲纠合人心，只有一凭宸断。"① 他们将国家统合的支点，放在具有宗教性权威和超越性地位的天皇上面，使之发挥像欧洲基督教那样的作用——以神的超然权威要求人们尽服从命令的义务，也就是将人们对神的从属性、崇拜性，类比为人民对君主（国家）的服从关系，从而建立政教合一的统治秩序。也就是说，为了巩固政权，出于挟天子以令诸侯的策略需要，为自己的统治赢得一个合理的"大义"名分，便把天皇当作"玉"紧抱不放。实际上，明治政府"并不想让天皇统治，而只是要他使大臣们的决定生效而已"。②

为了实现天皇制政权的法律化和制度化，就必须实行立宪主义。在摸索立宪模式的过程中，日本国家发展战略也逐渐明晰起来，即摒弃英法的自由主义、民主主义模式，以普鲁士·德意志的立宪君主制为模式，渐进推进政治改革。为此，明治政府于明治十五年派遣伊藤博文奔赴德奥进行宪法调查。伊藤宪法调查团在德奥的宪法调查为日本近代国家战略的确立奠定了基础。正如伊藤博文在给岩仓的信中所写到的那样："在德意志跟从戈奈斯特、施泰因两位老师，了解到了国家组织的基本理论，确立了巩固皇室基础、永保国家大权的大政方针。"③ 这个原理由两部分组成：一个是日本的国体，另一个是西方的立宪思想，是二者巧妙的统一体。伊藤勾画出了以皇室为宪法政治基础的近代国家构想，即用日本的"皇室"代替在欧洲发挥社会整合功能的宗教（基督教），将它所具有的宗教性和权威性这一精神整合功能与政治统治功能合二为一。伊藤论述了把皇室作为日本国体的基轴的必然性："在我国，宗教之力甚微，无一物可作立国之基础……在我国，唯有皇室可作为基轴。"④ 伊藤博文从德奥两国学者施泰因和戈奈斯特那里懂得了日本所应采取的国家体制应是君主立宪制。这一体

---

① 日本史籍協会編：『岩倉具視関係文書』第1巻，東京大学出版会，1968年版，第197頁。
② 赖肖尔：《日本人（中文版）》，上海译文出版社，1980年版，第89页。
③ 春畝公追頌会編：『伊藤博文伝中巻』，原書房，1949年版，第296—297頁。
④ 春畝公追頌会編：『伊藤博文伝中巻』，原書房，1949年版，第157頁。

制要求君主是国家元首,位于立法权之上,没有君主的许可,任何法律也不能成立,任何命令也不能发布。伊藤宪法调查团从德奥两国还了解到,普奥、普法战争以后,法国的自由主义、民主因素不利于统治,必须加以排斥。在欧洲,抽象的自然法思想正在向历史法学转换。以天赋人权和社会契约论为主的抽象的自然法思想,是反政府的、反对现行体制的在野思想,推崇激进的议会主义。这些理想化的理论,到了19世纪中期以后,在欧洲已经度过了巅峰时期,失去了昔日犀利的锋芒,取而代之的是更为具体、更具现实意义的历史主义和实证主义。总之,伊藤在自由主义的发祥地欧洲,不仅得到了与明治政府渐进主义路线的要求相适应的理论和实践知识,还从德意志宪法学者那里学到了对付自由民权的"稳健的保守思想"。[1] 这一思想的核心就是强化天皇制政权和内阁的行政权,使议会的权力虚无化。强化行政权的具体措施有下述两条:一是"大臣钦任",即由天皇直接任免大臣,二是在议会不批准预算时沿用上年度预算。使议会的权力虚无化的措施有三种:第一种是限制立法机构的权力,第二种是对议会的解散权,第三种是在国会中设立第二院以对抗民选议院。

在明治维新后,历次政治改革中的指导思想始终未变,就是建立以行政权为中心的高度集权行政体制,以增强政府的权力。

第三节　近代初期日本的国权优先论[2]

一、日本近代启蒙思想家的国权优位制

明治初期,日本近代启蒙思想家虽然吸收了近代西方的自然法思想和

---

[1] 大久保利謙编:『明治憲法の制定過程』,至文堂,1966年版,第175頁。
[2] 本节内容曾发表于《解放军外国语学院学报》2010年第4期,题为《近代初期日本的国权优先论及其逻辑》。在此内容有所增加。

社会契约论，但二者在逻辑结构上有很大不同：西欧近代启蒙思想是把自然状态的、平等的个人作为出发点，个人是国家主权的拥有者，国家和政府只是人们订立契约的产物，国家存在的目的在于保护人民的幸福和安全。个人既是出发点又是目的，而国家只是保障和实现个人利益的手段和工具。日本近代启蒙思想的逻辑结构是：天→国权→人权→国权。也就是说，非人的、神秘的、至高无上的"天"，把对个人的统治权下放给了国家，国家是出发点，也是目的，个人则是被动的、从属的。①

日本近代启蒙思想家坚持国家权力对于个人权利的优位制，强调个人权利对于国家权力的依赖关系。在他们看来，个人与国家间存在双向互动的权利义务关系，即个人有自由、独立的权利，但它需要国家的保护和劝导，这是国家的义务和责任；受国家保护的自由、独立的个人，必须为国家的独立和富强尽力，这是国民的职责和义务。福泽谕吉把个人的自由、平等和独立，扩展到国家的自由、平等和独立，把"天赋人权"演变为"天赋国权"，从而要求每个国民都要对国家效力。正因为如此，他要求日本国民要把富国强兵视为自己的任务，积极发挥自己的能量，指出："如果我们日本人从此立志求学，充实力量，先谋个人的独立，再求一国的富强，则西洋人的实力又何足惧?!"② 他要求日本国民要尽到自己的职责："爱国应该和爱自己的家一样。为了国家，不仅要牺牲财产，就是牺牲生命也在所不惜，这就是报国的大义。"③ 小野梓也强调个人的"私权"要受到国家的"公权"的制约。小野将权力观念分为"天性上的权利自由"和"交际上的权利自由"。他所主张的是后者，对前者进行了激烈的批判，认为"天性上的权利自由"只会扰乱"交际上的权利自由"。④

矢野文雄认为在"人类天赋的性行"中，主要有"生存抗争的天性""喜爱群居的天性"和"发明幸福的智力"，但是"生存抗争"这一自然

---

① 肖传国：《近代西方文化与日本明治宪法》，社会科学文献出版社，2007年版，第24页。
② 福沢諭吉编：『福沢諭吉著作集』第3卷，岩波書店，1959年版，第27頁。
③ 福沢諭吉编：『福沢諭吉著作集』第3卷，岩波書店，1959年版，第30頁。
④ 小野梓、権利之賊编：『小野梓全集』第2卷，早稲田大学出版部，1978年版，第17—23頁。

的自由，要不断受到"公共利益"和"最大幸福"这一社会"道理"的制约，并提出了"单独利益"和"公共利益"两个概念，主张后者优先于前者。总之，支配他们权利观念的东西，不是个人的"单独利益"，而是"公共利益"；不是个人利益的观念，而是公共秩序的观念。他们要求的与其说是个人主义，倒不如说是国家主义，他们所主张的是如何才能使政府与人民化为一体，如何与国家权力保持一致，服从国家的自由这一国家主义理念。

"明治十四年政变"①后，大多启蒙思想家彻底与天赋人权思想决裂，并进而鼓吹国家主义和军国主义。加藤弘之于明治十四年将原来宣传天赋人权思想的著作公开申请绝版，彻底与天赋人权思想决裂，鼓吹社会达尔文主义。如前文所述，福泽谕吉从信奉自然法思想转向以"强权政治"为支柱的霸权思想后，福泽认为所谓"人人平等""国国平等"的想法只不过是一种美好的理想和憧憬，是一种脱离实际的、不可能实现的幼稚的设想和空洞原则，在"以强凌弱，以智治愚"的"禽兽世界"，"天然的自由民权论"是行不通的，是与现实背道而驰的，只有"人为的国权论"才是实用的、现实的。所以他得出结论：用天赋人权的自然法思想来观察现实世界是不合时宜的迂腐论，用"生存竞争""优胜劣败"和"弱肉强食"的进化论的观点来分析观察现实世界才是实际的、准确的。②

从这里可以看出，他们强调的不是个人的"单独利益"，不是伸张个人的自由和独立这一自由主义理念，而是"公共利益"，即如何才能使人民与政府融为一体，如何使国家强大，如何与国家权力保持一致这一国家主义理念。从这种逻辑出发，他们主张日本要避免"欲把欧美积数百年而逐步取得的全部权利，一朝移之于东洋"的激进举动和"轻躁急遽的手

---

① 主张根据英国式宪法即时开设国会的首席参议大隈重信一派被排挤出政府，产生了以伊藤博文为中心的力主镇压自由民权运动、建立天皇制中央集权力机构的新政权，确立了以普鲁士·德意志的立宪君主制宪法为模式制定宪法的指导思想。

② 福沢諭吉編：『時事小言』，『福沢諭吉全集』第4卷，岩波書店，1959年版，第159—166頁。

段",根据进化的程度,采用保守和渐进的办法,逐渐地"谋求权利的增进"。①

通过一系列的摸索,明治政府找到了适合日本的最佳近代化模式,即天皇制中央集权导引下的政治渐进主义和经济激进主义。他们认为,在当时的内外环境下,唯有渐进地推进改革,建立强大的行政权（中央政权）,才能高速、高效、高质量地推进近代化,而议会、民主、自由等只能妨碍和干扰行政决策的集中统一。

二、明治初年启蒙民权思想的变异

古今中外,国权与民权是历来无法回避的一对矛盾,如何在其中进行选择和权衡,是困惑思想家和当政者的最棘手的问题之一。近代初期,日本启蒙思想家在开始译介西方的自由、平等、权利等民权思想时,把国权放在首位,把民权置于从属的地位,使民权服务于国权。因此,从西方译介过来的启蒙思想发生了变异:把人际的自由、平等和独立扩展到国家间（即国与国）的自由、平等和独立,把"天赋人权"异化为"天赋国权",并进一步异化为"国权主义"。

明治初年,被译介到日本的西方思想主要有三大潮流:一种是福泽谕吉所代表的英国功利主义思想,主张个人的独立、自尊与自由;一种是以中江兆民所代表的法国自由主义思想,宣扬天赋人权的平等思想;还有一种是加藤弘之所代表的普鲁士·德意志国家主义,主张国权对于人权的优位。在这三种思潮中,法国的启蒙民权思想在明治初年一度被奉为"行动的圭臬",但在"明治十四年政变"后随着明治政府将国家发展的模式锁定在普鲁士·德意志国家主义与传统的儒学道德相结合的立宪君主制后,功利主义、自由主义、天赋人权等思想逐渐失去了主导地位。②

---

① 植手通有编:『日本名著34「西周・加藤弘之」』,中央公論社,1988年版,第445、462页。

② 肖传国:《近代西方文化与日本明治宪法》,社会科学文献出版社,2007年版,第160—164页。

这种思想的变异，在加藤弘之身上得到了充分体现。幕府末期和明治初期，加藤弘之推出了几部政治学著作，大肆宣传天赋人权和自由主义思想。他认为要求自立自主的精神和"施发独立不羁之情的权利"是天赋人权。他批判国学者将天皇神格化的倾向，[①] 还指出，国家的目的是"安抚民众、谋求民众的福利"。正因为他站在天赋人权的立场上，所以他认为人具有"各随其愿、追求幸福"的天性，这种"追求不羁独立之情"是上天赋予人类的权利，国家和政府的成立也是为保护个人的自然权利而产生的。所以，加藤认为安抚民众，谋求民众的福利，保护人民的生命、权利和私有财产，是政府的义务，政府不应干涉人民的私事，应尊重其自由权。

加藤还从自然法的天赋人权的立场，展开了反封建的立宪主义思想。他介绍道："自从我读了西方法律和政治书籍后，信仰卢梭所主张的天赋人权思想，把人天生就是平等的，拥有相同权利的学说，奉为真理，并已经把共和政体作为世上至高的光明美好的政体。"[②] 加藤弘之对天赋人权等西方思想的介绍，对西方的议会论、政体论、立宪思想和天赋人权思想所做的诠释，均有进步意义，对后来的自由民权家（植木枝盛等）产生了深远的影响。

但是，以"明治十四年政变"为转折点，加藤转向了达尔文主义进化论，主张社会达尔文主义和国家主义。首先，加藤利用物理学的进化主义来反驳天赋人权主义。他说道："我欲用与物理学有关的进化主义来驳斥天赋人权主义。用进化主义驳斥天赋人权主义，也就是用实理驳斥妄想。"[③] 他认为社会的进化同生物界一样，遵循生存竞争、自然淘汰、适者生存、优胜劣败等法则，认为从生物进化主义的立场来看，所谓的人权、自由、人道等概念都是站不住脚的。

其次，加藤主张国家权力优先于个人权利。加藤只承认在国家的专制统

---

① 植手通有编：『日本名著34「西周・加藤弘之」』，中央公論社，1988年版，第385頁。
② 植手通有编：『日本名著34「西周・加藤弘之」』，中央公論社，1988年版，第488頁。
③ 植手通有编：『日本名著34「西周・加藤弘之」』，中央公論社，1988年版，第416頁。

治者的利害范围内的一切权力。他意欲把藩阀政府和明治政府的统治和权利加以正当化和理论化。他认为自由也要依附于权力,自由权与权力具有同时性,人民的权利从本质上来讲就是强者的权利。即便人民得到权利,如果没有保护它的足够权力,也成不了真正的权利。加藤最后得出的结论就是,日本要避免天赋人权论者的"欲把欧美人民积数十百年而逐步取得的全部权利一朝移之于东洋"的激进的狂妄举动和"轻躁急遽的手段",必须根据进化的程度,采取保守和渐进的办法,逐渐地"谋求权利的增进"。[1]

从这里可以看出加藤的权力观,即国家权力是神赋予的,臣民的权力是君主恩赐的,臣民的权利和自由绝不是生而有之,而是国家以法的形式公开确认后方可成立。他只不过是用"进化主义"将这一复古观点掩饰起来,把明治政府作为现实的强者,将臣民的权利视为强者赋予的。

三、人权与国权的变奏

(一) 从"天赋人权"向"国赋人权"的变异

日本近代启蒙思想家把西方自然法学派的"自由平等是人的自然本性"这一自然法思想引进到日本,创立了日本式的天赋人权思想,认为自由、平等、权利等是由上天赋予的,是根植于人的本性的,由人的情欲派生出来的。他们都是借用"天""道""人性"等儒教伦理来吸收和宣传西方自由平等的自然法思想的,因为他们虽然受到西方近代思想的浸染,但仍未彻底摆脱儒家的传统观念和思维定势,认为"天命""道""人性"与"法"是一致的。虽然人生来是平等的,权力是"天"赋予的,具有不受他人制约而自由行动的权利,但由于人性本身有强弱勇怯的不同,所以出现自身权利的大小厚薄,导致时常发生强凌弱、大压小的事件。要保护这种自然的、理想的状态,摆脱弱肉强食的"禽兽"世界,就需要国家用权力来保护个人的权利,维持本来的正常秩序。

---

[1] 植手通有编:『日本名著34「西周・加藤弘之」』,中央公論社,1988年版,第462頁。

日本摄取西欧自然法思想是以"性法"来实现的。① 加藤弘之指出，"自由权乃天赋之求安宁幸福之最重要者"以及"不羁自立"之情是人的"天性"，人人都具有施行其性情的权利和"天赋任意自在的权利"。② 加藤认为，国家是为了保全人民的"安生之道"，是基于人的天性的"不得已而为之之道"。他列举了三条理由：第一是为了保护人民的"安生之道"；第二是人具有天生自然自由的观念；第三是人与人之间具有"强弱勇怯"之别。他的逻辑结构是：追求"安生"是人类普遍存在的属性，而追求"不羁自立""任意自在"的天性，常使人陷入对立和不安，因此，必须从"自然状态"转向"社会状态"。

小野梓也从摆脱弱肉强食的自然状态的必要性，论述了国家产生的必然性，指出："国家产生的根源，实则在于人天生具有恐怖之心。彼此相侵相争，即所谓弱肉强食，因此，当时人们诚惶诚恐，不得安宁，便结成社会，相互保护。这是当时部落产生的缘由，国家的产生亦源于此。"③

加藤和小野将国家成立的主要原因，置于保持秩序、保证个人安全上，认为国家本来的任务就是保证人民的"三件大事"——生存、富裕和平等（小野）及生命、权利和私有（加藤）。他们的逻辑是：生存，这一人的自然欲望，导致了国家的出现，它是保护生存的有效手段；在创造国家时个人不是行动的主体，国家才是生存不可或缺的条件，这就构成了国家统治正当化的根据。也就是说，国家是天赋人权的保护者和实施者，是政治秩序的主体。这样，人权与国权就出于同一原理，即都根植于人的天性，并且人权不能自主地、自动地实现，必须依赖国家的保护和劝导。这样，"天赋人权"在理论上就转换成了"天赋国权"，在现实中转换成了"国赋人权"，实现了第一次转换。

西周、福泽谕吉等启蒙思想家也未逃脱"天赋国权"论的樊笼。西周批判"存天理、灭人欲"的封建道德，提出了"人世三宝说"，认为人追

---

① 石田雄编：『日本近代政治思想史の中の法と政治』，岩波書店，1976 年版，第 113 頁。
② 明治文化研究会編：『明治文化全集』第 5 卷，日本評論社，1992 年版，第 89—90、118 頁。
③ 小野梓编：『小野梓全集』第 1 卷，早稻田大学出版部，1978 年版，第 45—46 頁。

求"三宝"乃理所当然。但他同时又指出,人的"三宝"有"强弱、贤愚、富贫"的差别,需要政府来保护和劝导。因此他认为政府起源于人们的"为群之性",而不是人们能动地形成的。福泽虽然承认人民是契约的主体,法律的根据在于国家与人民订立契约,"凡属人民,均应一身肩负两种职责:一方面应在政府领导之下,充当一个公民,这是客体的立场;另一方面全国人民要共同协商,结成一个成为国家的公司,制定法规,并付诸实施,这是当家作主的立场"。① 但是,在福泽的观点中,人民当家做主的前提条件是模糊不清的,全国人民组成的政府与人民完全一体,没有产生矛盾和对立的余地;人民作为政治主体的方式也是暧昧的,没有明确提出人民参与政治的方法和措施,具有浓厚的"统治契约"的性格,并要求人民成为同意遵守政府法令的人民。这样,"由设定虚构的契约,明治国家以此为媒介从'天'而降。在原理上完全是人为产物的国家,现实中却成为既存的普遍存在的国家"。② 福泽的这种日本化的契约观,是用来证明国家的合理性,并以此来限制个人的权利。这与西方启蒙学者的社会契约论把自我保护置于自然权的中心位置,把国家置于为实现上述目的而追求合理手段的思考过程中,即看成抽象的个人订立契约的结果,以此来论证个人的权利和国家的人为性,为资产阶级争取政治权利的自然法合理思想完全不同。

(二)"人权"向"国权"的回归

受启蒙思想影响的自由民权思想也暗含着向国权思想转化的因子。自由民权论者认为,社会秩序的安定是个人存在不可或缺的前提条件,国家秩序应该优先于个人自由。小野梓强调个人的"私权"要受到国家的"公权"的制约。小野将权力观念分为"天性上的权利自由"和"交际上的权利自由"。他所主张的是后者,对前者进行了激烈的批判,认为若一味主张"天性上的权利自由",只会扰乱"交际上的权利自由"。③ 矢野文雄认

---

① 福沢諭吉編:『福沢諭吉著作集』第3卷,岩波書店,1959年版,第61頁。
② 崔世广:《近代启蒙思想与近代化》,北京航空航天大学出版社,1989年版,第118页。
③ 家永三郎編:『植木枝盛選集』,岩波書店,1974年版,第53頁。

为，在"人类天赋的性行"中，主要有"生存抗争的天性""喜爱群居的天性"和"发明幸福的智力"，但是"生存抗争"这一自然的自由，要不断受到"公共利益"和"最大幸福"这一社会"道理"的制约，并提出了"单独利益"和"公共利益"两个概念，主张后者优先于前者。就连最彻底的民权论者、自由民权运动的理论倡导者植木枝盛所主张的民权（自由主义）中也包含国权（国家主义）的因素。植木枝盛引用卢梭的名言"人类天生下来就是自由的，人可以说是自由的动物"来论证人权的合理性和不可侵犯性，但他主张的民权中隐含着强烈的爱国意识，即国家独立的愿望、与国家权力的一体化意识以及国民的共同目标。虽然植木枝盛认为实现国家自由的途径是伸张民权，但他同时还认为民权必须建立在国权之上，指出："国家安危与每一个人的安危息息相关，一国若安，个人亦安；一国若危，个人亦危。"① 所以他认为国家的每一个人都应该振奋起来。

从这里可以看出，支配他们权利观念的不是个人的"单独利益"，而是"公共利益"；不是个人利益的观念，而是公共秩序的观念。由此观之，虽然自由民权思想家广泛深入地宣传了自由、平等等天赋人权的自然法思想，但在实际中他们并没有把人民的基本人权放在首位，也没有把人民视为政治的能动主体，他们所主张的是如何才能使政府与人民化为一体，如何使国家强大，如何与国家权力保持一致，服从国家的自由这一国家主义理念，而不是伸张个人的自由和独立这一自由主义理念。

四、启蒙思想家的转向②

明治维新后的前几年，日本上下掀起了向西方学习的大规模的近代化

---

① 家永三郎编：『植木枝盛選集』，岩波书店，1974年版，第53页。
② 根据《日本大百科全书16》（小学馆，1990年）的解释，日语中的"转向"有三个意思：广义上是指从一种思想、信仰转到另一种信仰；狭义上是指坚持自由主义和民主主义立场的团体或个人，转向支持国家主义和军国主义反动体制的立场；最为狭义的意思是特指1935年前后，共产主义者由于受到国家的镇压从而变节、投降，放弃原有的思想和信仰，倒向支持军国主义的行为。这里是指第二个意思。

运动。"文明开化"的思想指导者是以"明六社"为中心的一批启蒙思想家，他们是文明开化的积极宣传者和身体力行者。借助"文明开化"的强劲东风，在以"明六社"为中心的启蒙思想家们的努力下，西方人文思想在日本得到了广泛传播。在明治初年至明治十年（1877年）的十年间，英法的功利主义、实证主义和天赋人权思想在日本得到了广泛的吸收和传播。西方主要思想家穆勒、孔德、边沁、斯迈尔、韦兰、巴克尔、吉本、孟德斯鸠等人的著作被介绍、翻译到日本，其理论和思想被广泛传扬。法国的天赋人权政治思想被移植到日本，产生了深远的影响。

虽然启蒙思想家所宣传的自由、平等、权利等思想，对启蒙被封建思想压抑的广大民众，唤醒他们的自由、平等、权利意识起到了极大作用，但由于他们受到当时社会历史条件和自身思想状况及阶级属性的制约，他们的思想有极大的脆弱性和局限性，缺乏前后的连贯性和一致性，共发生了两次转变：第一次是明治七至八年的初步转变，从开始信奉自然法思想，宣传"天赋人权""人人平等"，转为把人际的自由、平等和独立，扩展到国家间的，即国与国的自由、平等和独立，把"天赋人权"发展为"天赋国权"思想，进而出现第二次转变，即明治十四年的彻底转变，转向了保守的传统道德主义和对外侵略主义。正因为如此，在对待开设国会和制定宪法的问题上，他们采取了保守的态度、渐进的方法。"人权"和"国权"的关系问题，是缠绕在近代日本启蒙思想家身上的重大问题，也是近代日本国家建设中体现的两种政治倾向。在对待人权与国权的关系上，日本很多启蒙思想家最后都转向了国权优先的立场，将国权置于人权之上，甚至使之绝对化。就连有"日本近代启蒙思想之父"的福泽谕吉，最后也彻底地转向了国权主义甚至拥护军国主义的立场上去了。

为了实现文明开化的目标，明治初期政府采取了较为开明的立场。不仅吸收了天赋人权学说，在某些场合，连主权在民论这种民主主义思想、自由主义思想也都吸收过来了。但当自由民权运动把启蒙学者所输入进来的天赋人权转化为革命理论，发动起民主主义革命时，明治政府就开始撤回过去的"开明态度"，走向了与自由民权运动为敌的反面。明治政府主要从下述几个方面来对抗自由民权运动①：第一是全面否定以天赋人权说为基础的那种认为人类生来就是平等的人类观，力图使人承认人类本身天生的差别和由于后天的社会阶层而造成的差别；第二"是反对天赋人权说把国家看作原子论的个人几何体这种机械论的观点，用有机体说的国家观来同它对立起来"；第三是把以天皇为中心的权力机构绝对化。明治政府向着保守化方向的转化，也左右了加藤弘之的政治思想的方向。加藤弘之为了迎合明治政府的思想和策略的变化，便从最初主张天赋人权的思想启蒙家，转变成否定天赋人权说、主张社会达尔文主义进化论的御用学者。他的这一思想变化，与明治政府思想政策的变化轨迹是完全一致的。

加藤弘之从天赋人权说、社会契约说转向达尔文进化论的过程，以明治十五年发表的《人权新说》为标志，大概可以分前后两个时期：前期为主张天赋人权时期，后期为主张达尔文进化论时期。前期以英法系统的天赋人权思想为主，后期则以德意志式的国家有机体说为主。之所以将加藤的思想以明治十五年的《人权新说》为界分为前后两个时期，这是因为：首先，《人权新说》是他从初期启蒙思想家的立场转向保守主义的公然的"转向宣言"，规定了他的思想转向的本质；其次，该书公开发表的时机，正好是思想上开始转向保守的明治政府跟与之针锋相对的自由民权运动斗争的高峰期，是明治前期思想史上最为惊心动魄的一幕；再次，加藤著述《人权新说》的目的，正是为了批判天赋人权思想。

第一，天赋人权时期：加藤弘之于1861年写出了他的第一部介绍西方天赋人权思想的著作——《邻草》。在这部著作里，他从天赋人权的立场，主张人生而平等，认为应该实行限制政府专制的立宪政治。关于创作该书的目的，他自己是这样记述的："（在《邻草》中）我叙述的是，西洋各国议会制度是为了防止和监督政府的专制。我认为应改革幕政而写此书，由于不能直接地描述，所以就借助中国改革之名，因此将书名定为《邻草》。"② 该书将政体分为君主政治和官宰政治，前者以上下同权、后者以

---

① 遠山茂樹等编：『近代日本思想史』第1卷，青木书店，1959年版，第161页。
② 加藤弘之編：『隣草』，『明治文化全集』第3卷，第44页。

万民同权为理想的政体。最后得出结论：日本（书面上是清朝）要改革政体，应采取上下分权的政体。

明治维新后，加藤弘之连续写了关于立宪政体的三本书——《立宪政体略》《真政大意》《国体新论》，继续介绍和传播立宪思想和天赋人权思想。在明治元年写成的《立宪政体略》中，他极力赞美立宪政治的好处，并暗示日本也应该引进这种制度。该书最大的特色是第一次使用了"立宪政体"一词，解释了三权分立的概念，论述了两院制，阐述了司法独立的重要性。他指出："一定要首先制定公明正大、坚固不摧的国宪，万机均应以此为基准。还应赋予臣民参与国事的权利。由于君权可能走向专制，所以应将天下大权分为三种，分别配备官员，由君主统帅。第一类为立法权，第二类为施政权（行政权），第三类为司法权。"[①] 最后还论述了国民的"公私权"，指出承认国民权利的只有立宪政体。

在明治政府高唱文明开化、积极摄取西方文化的高潮中，加藤弘之于明治三年写了《真政大意》，更加明确地阐述了作为立宪政治基础的天赋人权思想。在该书中，他首先区分为"治法"即宪法制度和"治术"即治安之术，并说明了两者的因果关系，指出只有二者紧密地结合在一起才能达到"治安的治术大意"即真正大意。他站在天赋人权的立场拥护文明开化政策，批评那些要求恢复"太古质朴风俗"论调的腐儒俗吏之辈，指出："天喜爱世人。赐予人类幸福乃天意。从人的躯体结构到精神才智的灵妙，绝非禽兽可比，其天生有诸多情感。首屈一指的是喜爱独立不羁之情，它能带来幸福。"他认为这种"要求自立自主的精神"和"施发此情的权利"乃天赋人权："大凡所谓人之知识者，乃后世所渐渐开发，随之，世间渐渐形成开化文明。举凡百工技艺厚生有用之术，逐渐前进，此乃万国自然之理，鉴之历史，了如指掌。夫既如此渐渐开发而来，则无论如何亦不能入往古蒙昧之世，谓之为质朴之风俗，此亦自然之理。"[②] 他认为保

---

① 加藤弘之编：『立憲政体略』，植手通有编：『日本名著34「西周・加藤弘之」』，中央公论社，1988年版，第334页。
② 加藤弘之编：『真政大意』，植手通有编：『日本名著34「西周・加藤弘之」』，中央公论社，1988年版，第367—368页。

护臣民的生命、权利和私有财产的"治术的方法",就是制定宪法。宪法用以使政府与臣民、臣民相互之间,彼此各尽本分,并保护臣民使其不受他人侵害。

加藤弘之天赋人权思想三部曲的压卷之作,是明治七年写的《国体新论》。他在该书中阐述的关于天皇制的观点,为自由民权的人民主权说的产生打下了基础。他批判国学者将天皇神格化的倾向为"吐露卑屈之心的愚论,欧洲称具有这种卑屈之心的人民为'心之奴隶'。我国人民同天皇为同一人类,应该具有自由精神"。并进一步指出:"君主是人,人民也是人,决不是另类。造成权利天壤之别的缘由,到底为何?"① 他还指出,国家的目的是"安抚民众、谋求民众的福利"(第二章),"国家要以民众为主眼,以追求人民的安宁和幸福为目的,君主和政府均是为达到这一目的而存在"。在第四章中论述了"君主和政府对人民的权利义务以及立法司法制度",指出保护人民的生命、权利和私有财产,是政府对人民的权利和义务,不应干涉人民的私事,应尊重其自由权,这就是建立立法府以及司法府独立的立宪政体的缘由。正因为他站在天赋人权的立场上,所以他认为人具有"各随其愿、追求幸福"的天性,这种"追求不羁独立之情"是上天赋予人类的权利,国家和政府的成立也是为保护个人的自然权利而产生的。他所论述的政府与人民、君主与臣民的关系不是单向的,而是围绕保护人民的"生命、权利和所有"这一目的的相互的权利义务关系。

加藤弘之从自然法的天赋人权的立场,展开了反封建的立宪主义思想。他对天赋人权等西方思想的介绍,对西方的议会论、政体论、立宪思想和天赋人权思想所做的诠释,均有进步意义,对后来的自由民权家产生了深远的影响。但是,"明治十四年政变"后,他的思想发生了巨大变化。这种变化,也体现在他对西方思想的翻译活动中。他于明治八年翻译了彼德尔曼的《各国立宪政体起立史》,明治九年翻译了里拜尔的《自由自治》,致力于引进英法式天赋人权思想,然而他在翻译了《自由自治》后

---

① 加藤弘之编:『国体新論』,植手通有编:『日本名著34「西周・加藤弘之」』,中央公论社,1988年版,第385页。

就再没有从事英法思想的介绍。此后，他放弃了初期所信仰的天赋人权思想，不遗余力地投身于对社会进化论思想的摄取。

第二，转向后的思想：明治十五年，加藤弘之出版了《人权新说》这本小册子，其思想彻底与天赋人权思想决裂，向着达尔文主义进化论急行。加藤弘之的思想变化，不是"直线式"地从初期的自然法天赋人权思想移向达尔文主义进化论的，而是从关注文明史开始，受到其他西方思想的影响才发生转向的。关于思想变化的契机，加藤弘之在自己的《经历谈》中是这样表述的："读了布伦丘理等温和派学者的书以后，不再把卢梭等人的激进理论当作真理，我发现把共和政体视为至高无上政体的观点是错误的。"① 也就是说，吸收布伦丘理的思想是加藤弘之思想变化的起点。后来他又读了巴克尔的《文明史》，吸收了达尔文、赫凯尔、斯宾塞的进化主义学说。他在自传中讲道："我47岁的时候，即明治十五年，我写成并出版了《人权新说》这本小册子。这是我的思想彻底改变后所写的第一本书。说到我的思想彻底改变，那究竟是怎么回事呢？原来是因为我读了英国文明史大学者巴克尔的著作之后，才开始明白了所谓形而上学那种东西实在是荒唐无稽的，感觉到如果不依靠自然科学，便不能辨明任何事物。后来又读了达尔文的进化论、赫克尔和斯宾塞等的进化哲学的书后，我的宇宙观和人生观就彻底改变了。"② "宇宙观和人生观彻底改变"后，加藤弘之就把原来依据天赋人权思想而写成的《真政大意》和《国体新论》两部著作申请绝版，并于明治十四年11月22日在《邮政报知新闻》上刊登广告，将自己思想变化的事实公诸天下。他申请绝版的理由，除了自身思想变化的原因外，还有来自政府的压力③。从这里可以看出，随着自由民权运动的高涨，明治专制政府已经不允许这种天赋人权理论继

---

① 加藤弘之编：『国体新論』，植手通有编：『日本名著34「西周·加藤弘之」』，中央公论社，1988年，第488页。
② 加藤弘之编：『加藤弘之自叙伝』，太空社，1991年复刻版，第47页。
③ 加藤后来在自传中透漏："有个国学者或者叫保皇派的人这样警告说：我看了《国体新论》后，觉得这种观点不合适，不是日本臣民所应该有的，政府也不会置之不理的，将这种作者留在大学校长的位置上也是不妥的……于是，有关方面就给我带话来说：这种书不能让它继续存在下去，你自己申请绝版吧；你自己不申请绝版，政府就命令绝版。"

续"造谣惑众"了。《人权新说》发表的历史背景,恰恰是"明治十四年政变"后,当时制定"明治宪法"的基本方针已经确定。加藤弘之配合明治政府的这种政治方向的转化,抛弃了天赋人权思想,转向"渐进的、右翼的、保守的、上层的立宪主义"[1] 国家思想。

加藤弘之用明治十五年发表的《人权新说》代替《真政大意》和《国体新论》等,用达尔文主义代替天赋人权思想,也就是说,加藤弘之在展开保守的、渐进的政治论时,采用的是用欧美思想克服欧美思想的方法,即用达尔文主义和社会进化论来对抗自然法思想和社会契约论。他在批判卢梭的社会契约论即自由民权的"激进论"时,采用的不是传统的儒家思想,而是与自由民权的思想来源完全相同的欧洲理论和概念。《人权新说》第一章是"论天赋人权出于妄想的理由",他用从各个角度来论证他所主张的哲学基础的方式,来反驳天赋人权。他把"用实验进行研究"的"实理"的学问与停留在学者主观范围的"妄想主义"对立起来,利用物理学的进化主义来反驳天赋人权主义。他说道:"我欲用与物理学有关的进化主义来驳斥天赋人权主义。用进化主义驳斥天赋人权主义,也就是用实理驳斥妄想,将它击得粉碎还是什么难事吗?"[2] 在他看来,"实理之学"就是"进化主义"。所谓"进化主义"(即社会进化论),是一种受到达尔文生物学上进化论的影响并把它适用于分析和解释国家与社会的政治社会学说,该思想认为社会的进化同生物界一样,存在生存竞争、自然淘汰,遵循适者生存、优胜劣败等法则。也就是把动物界的生存竞争、自然淘汰等进化现象,作为优胜劣败而加以公式化,把它引申为永世不易的自然规律,然后把它适用于人类的社会现象。他从这种生物上的进化观点,得出下述结论:"我们的遗传和变化的优劣等差,既然长久不灭,永无尽期,那么,由这个优劣等差所生的竞争胜败,也就可以保有其长久不灭,永无尽期。由此观之,我们人类既各有其优劣等差,因而也就发生无数的

---

[1] 田畑忍編:『加藤弘之の国家思想』,河出書房,1939年版,第41頁。
[2] 加藤弘之編:『人権新説編』,植手通有編:『日本名著34「西周・加藤弘之」』,中央公論社,1988年版,第416頁。

优胜劣败的作用,这是万物法的一大定规,也是永久不变不易的原理,所以说我们人类绝不是一生下来就有自由、自治、平等、均一的权利,这岂不是昭然若揭吗?可是,妄想主义者却不知道这昭然若揭、无可争辩的实理,不断主张天赋人权主义,认为我们每一个人的天赋固有的自由、自治、平等、均一的权利,不是他人所能剥夺和侵犯的。其愚其妄,可谓真堪发噱。"① 也就是说,从这种生物进化主义的立场来看,所谓的人权、自由、正义、人道等伦理概念,都是可笑的妄想。

国家权力优先于个人权利。加藤只承认在国家的专制统治者的利害范围内的一切权力。他在第二章"论权利的发生和增进"中写道:"我相信,我们应该承认,我们的权力是在掌握专制大权的统治者即最大优者的保护下成立了国家的时候才产生的……而且,国家不能离开我们的权利而独立,我们的权利也不能离开国家而单独产生。由是观之,国家与我们的权利,可以说是专制者为了全体及每一个人的安全,在不得已的情况下才开始设定的。"② 他在这里所说的"强者的权利",就是意欲把处于"优者"和"强者"位置的藩阀政府和占据权力宝座的明治政府的统治和权利加以正当化和理论化。他认为权利就是权力,自由也要依附于权力,自由权与权力具有同时性,人民的权利从本质上来讲就是强者的权利。即便人民得到权利,如果没有保护它的足够权力,也成不了真正的权利。

他的权力观是:国家权力是神赋予的,臣民的权力是君主恩赐的,臣民的权利和自由绝不是生而有之,而是国家以法的形式公开确认后方可成为权力。他只不过是用"进化主义"这一看似科学的外衣将这一复古观点掩盖起来,把明治政府作为现实的强者,将臣民的权力视为强者赋予的。他认为"实力就是正义"。这种观点与"明治宪法"制定者的理论是一致的,因此可以说,"明治宪法"体制的理论,首先是由加藤的《人权新说》来扫清道路的。

---

① 加藤弘之编:『人権新説編』,植手通有编:『日本名著34「西周·加藤弘之」』,中央公论社,1988年版,第436—437页。
② 加藤弘之编:『人権新説編』,植手通有编:『日本名著34「西周·加藤弘之」』,中央公论社,1988年版,第445页。

加藤最后得出的结论，就是日本要避免天赋人权论者的"欲把欧美人民积数十百年而逐步取得的全部权利，一朝移之于东洋"的激进的狂妄举动和"轻躁急邃的手段"，应该根据进化的程度，采用保守和渐进的办法，逐渐地"谋求权利的增进"。最后，他还点出了他之所以这样主张的目的，即："我不得不希望今天的民权论者力求避免急躁过激，养成扎实敦厚的风气，真正成为社会的优者，永远充当皇室的羽翼。"①

总之，加藤弘之的天赋人权思想是明治政府初期的文明开化政策和殖产兴业政策的思想反映和理论化，当明治政府所采取的巩固国家权力基础的行为和努力吸收凝聚下层能量的行动，招致下层反政府势力的抬头，上层权力（藩阀势力）与下层势力（民权运动）发生矛盾——主张人生而平等的天赋人权思想与当时的明治政府领导层所构想的国家体制的理念开始明确表现出不一致的时候，加藤弘之就丢弃了天赋人权思想，率先采取进化主义，用优胜劣败的法则来论证明治政府中央集权统治的正统性，并以此来谋求维持和强化现实政权。

五、崇仰国权优先论的动因

启蒙思想家崇仰国权优先论的动因，可以从以下几个方面来考虑：

第一，与明治政府所推行的近代化战略的转变相辅相成。如前文所述，明治初期日本思想界和政界大致存在三种模式，但通过对西方文化的考察和对日本国内形势的把握，"明治十四年政变"后，主张根据英国式宪法即时开设国会的首席参议大隈重信一派被排挤出政府，产生了以伊藤博文为中心的力主镇压自由民权运动、建立天皇制中央集权制权力机构的新政权，建构起了普鲁士·德意志式的立宪君制这一政治体制。随着国家战略的转变，启蒙思想家的思想也随之发生了变化。加藤弘之彻底与天赋人权思想决裂，开始鼓吹社会达尔文主义和国家主义；西村茂树则转向了

---

① 植手通有编：『日本名著34「西周・加藤弘之」』，植手通有编：『日本名著34「西周・加藤弘之」』，中央公论社，1988年版，第462页。

传统的道德主义和儒教主义，致力于传统道德的复活与改造；福泽谕吉也开始信奉社会达尔文主义式的弱肉强食观，强调实力政策，构筑起了跻身世界列强、欺凌亚洲邻国的极端国家主义和扩张主义的战略构想。

第二，面对弱肉强食的"禽兽世界"和"狼与狼的战争"的无政府状态，明治政府的领导者和思想家们认识到了"实力外交"和强权政治这一西方近代政治思想的实质。明治维新伊始，明治政府的领导者和思想家们，雄心勃勃，意欲实行西方式的三权分立政治，并派出庞大的岩仓使节团（明治政府几乎倾巢出动）奔赴欧美主要强国，将西方视为理想社会、"人间乐园"。但是他们的这种美好梦想，被现实打得粉碎。岩仓使节团所到之处均遭碰壁，与欧美各国修改不平等条约的计划落空。严酷的现实给他们以极大震动，使他们认识到"实力外交"的含义，促使他们向强权政治的霸权思想的转变。福泽谕吉自幕府末期至明治初期一直醉心于自然法思想，宣传自由、平等的思想，但随着明治政府在外交上的受挫，他开始放弃自然法思想，转向了生存竞争、优胜劣败的进化论思想。福泽认识到欧洲近代国际政治思想实际上只适用于基督教徒内部的"公法"，对于其他民族只不过是制造"道义"的工具，所谓"人人平等""国国平等"的想法只不过是一种美好的理想和憧憬，是一种脱离实际的、不可能实现的幼稚设想和空洞原则，而现实政治是残酷的、讲求实际的。所以，他得出以下结论：在"动辄起竞争之恶念，以强凌弱，以智治愚"的"禽兽世界"，"天然的自由民权论"之"正道"是行不通的，是与现实背道而驰的，只有"人为的国权论"之"权道"才是实用的、现实的。①

第三，明治政府出于应对"危机"的现实考虑，从富国强兵这一最高国家利益出发，采取了稳定发展的求实求稳的"软着陆"政策。明治新政权建立后，在进行政治体制改革的过程中，先后出现了多次士族叛乱，甚至出现了倒幕维新最大功臣之一的西乡隆盛的武装割据，最后导致西南战争的爆发。政府内部相继出现了"征韩论"和"征台论"，政府领导人之

---

① 福沢諭吉編：『時事小言』，『福沢諭吉全集』第4卷，岩波書店，1959年版，第159—166頁。

间也开始出现裂痕。由于"松方财政"实行通货紧缩和增加税收等政策，加速了农村的两极分化，自耕农丧失土地，导致19世纪80年代以后农民起义不断。再加上自由民权运动汹涌澎湃，自由民权的社团和组织林立，私拟宪法草案层出不穷。这些都动摇了政局的稳定。岩仓具视把当时的日本比喻为一个"欲开的蚌壳"，如果一下子开得太猛，不考虑其特点，上壳急开而使下壳受到激烈振荡，无法保持平衡，势必上壳翻转而为下，下壳变为上，如此则躯体晃动甚至颠倒。在这种局势下，新成立的明治政府只有建立一个强大的中央政权，营造一个安定团结的政治环境，才能顺利地、自上而下地、渐进地推行富国强兵的近代化政策。也正因为如此，明治政府在引进西方的政治制度时，极力强化行政权力，削弱立法权，使之从属于行政权。他们认为，唯有强大的行政权，才能高速、高效、高质量地推进近代化，而议会、民主、自由等只会妨碍和干扰行政决策的集中统一，降低效率，主张无谓的空论。所以为了确保近代化战略的顺利实施，他们便迫不及待地建立天皇制专制主义的权力机构，建立强大的国家政权。

明治政权建立后，日本最大的课题是保持国家的独立，建设与欧美列强相对抗的富强国家。要完成这一战略目标，就迫切需要日本建立一个强大而稳定的政权，以驾驭和调度近代化的进程。因此，在处理民权与国权即自由民主与稳定发展的关系上，明治政府从富国强兵的最高国家利益出发，采取了稳定发展的求实求稳政策。从当时的世界局势和日本所处的国际环境以及日本自身的国力等方面来综合考虑，这一国策是合理的。这也是后发达国家实现近代化的一个通用模式。

― 第二章 ―

近代日本"实力主义"对外战略理念探源

近代日本"实力主义"对外战略理念的形成,既与日本"尚力"的历史文化传统密切相关,也与其对西方对外战略理念本质的认知有关,是内外因"合力"的结果。

第一节 日本历史文化中"尚力"理念的浸染

自古以来,日本自称"神国","神国"观念强烈。"神国"观念是非理性观念产生的温床,是日本"实力主义"对外战略理念产生的历史文化基础,也是日本多次发动对外侵略战争的思想基础。其逻辑结构是:"神→天皇→日本→世界",即日本是"神的子孙",是世界上"最优秀的民族",理应雄飞海外,成为"世界的主宰"。因此可以说,"皇国"意识催生了日本的"实力主义"思想,也是"日本挑战华夷秩序,构筑以己为中心的'同心圆秩序',并进而假构'大东亚共荣圈'的内在驱动力"。①

一、"皇国史观"导引下的"尚力"传统

所谓"皇国史观",是指主张日本是"以天皇为中心的神的国家",大和民族是由神选定的民族,是"天照大神"的子孙;天皇是现实人间的神,是国家一切的中心,"八纮一宇"是最高理想;以天皇的名义统一世界是"人类走向恒久和平的大道";日本民族所进行的战争,是为完成历史的使命而进行的"圣战"。②

"皇国史观"源于"神国"观念。日本最古老的书籍——《古事记》和《日本书纪》中记载了天皇作为"神的子孙"统治日本的故事。神道教义进一步阐释了皇统与神统的内在关联性:日本是"神造之国",日本民族是"神"的后裔,"天照大神"是"万世一系"天皇的祖先,天皇是其在人间的代表,是"活的人神"(即"现人神")。从此,"神国"观念流布于世,13 世纪伊势神道的经典《倭姬命世记》、14 世纪南北朝时代的《神皇正统记》都自称"大日本神国"。19 世纪后半叶,明治政权的统治者们将"神国"与"皇国"观念相结合,鼓吹日本国是"天神"所生,为"天神"所保佑,大和民族是世界上"最优秀的神族",理应统治世界。"皇国史观"的核心,是将天皇、国土、种族和宗教等说成是世界上"最优越的",将日本军国主义发动侵略战争说成是"自存自卫"和"解放亚洲"的"正义之举",将为侵略战争卖命视为"效忠天皇""为国捐躯"。从此以后,"神国"与"皇国"一体的观念潜移默化、深入日本人心里,成为日本人的民族心理。几次战争的胜利也助长了日本民族的"神国"思想和优越意识。元朝时,忽必烈率领的元军由于不习水战,又遇暴风雨的袭击而败北,日本认为这是"神助",将之称为"神风""天野明神出阵"。通过甲午战争和日俄战争,日本以"蕞尔"小国打败大清帝国和沙

---

① 张卫娣:"浅析近代日本'尚力'对外战略理念的成因",《日本研究》,2013 年第 2 期。
② 肖季文:《日本:一个不肯服罪的国家》,江苏人民出版社,1998 年版,第 13 页。

皇俄国，其民族自豪感和优越意识极度膨胀。

　　这种"神国"意识繁衍了非理性的观念和信仰。在日本，宗教意识十分浓厚。据统计，信仰各种宗教的教徒比日本总人口还多。不仅如此，几种大的宗教，除了短暂的冲突外，基本上都能"相安无事"，和睦相处，因为它们在日本找到了共同点或契合点，即对某个特定对象（一般是"神"，也可以具体为天皇）的非理性认同和盲目崇拜。虽然近代以后日本摄取了很多西方的理性要素，但这些要素并未渗透到日本人的内心世界，也并未撼动其思想信念和情感世界。李泽厚在论述日本的神道观念与理性观念的关系时指出："日本神道观念始终十分浓厚，其与经验论结合所致力的是外在理性的建立，即对行为规范、姿态仪容等礼文细节的坚决确立和严厉执行，而并未着重内在心性的塑造，特别是没有致力于各种意念、情欲的理性化和合理化。日本人对理性、思辨、推理等缺少兴趣和能力，其情感受理性的规范、渗透、交融，或者说其理性化、合理化的程度也不大，它保留着更多的自然情欲、本能动力的原始状态和非理性的因素。"①日本文化的这一感性（即非理性）特征，与美国文化人类学家本尼迪克特在《菊与刀》中描述的"野蛮无礼，凶残冷酷，好斗嗜杀，极端的自我放纵和发泄"这种日本文化的双重性是一致的。本尼迪克特指出："日本人生性极其好斗而又非常温和；黩武而又爱美；倨傲自尊而又彬彬有礼；顽梗不化而又柔弱善变；驯服而又不愿受人摆布；忠贞而又易于叛变；勇敢而又懦怯；保守而又十分欢迎新的生活方式。"②这种理性观念的淡薄和普遍性原理的缺失，导致日本人崇尚凶猛和神秘，唯"力"是从，甚至将"力"本身视为正义。

　　这种非理性原则与重视感性互为表里。日本人缺乏理性和思辨，感性色彩浓郁。日本一学者指出："日本人心性的特长，不在于对事物进行逻辑的、哲学的推理，更不在于排列种种思想去建立庞大的思想体系。

---

① 李泽厚：《世纪新梦》，合肥安徽文艺出版社，1998年版，第61页。
② 鲁思·本尼迪克特著，吕万和、熊达云、王智新译：《菊与刀》，商务印书馆，1990年版，第2页。

这是因为日本人没有经过抽象化的熏陶，所以在他们知识的历史上就没有显示出思维的深刻性。日本人最擅长的是用直觉把握最深的真理，并借表象将此极为现实地表现出来。"① 日本人重视的是"缘约"而非契约，讲究"义理"和"人情"，所以把情面、义气等品质看得很重，把"契约"视为装潢门面的形式，不过于认真，而背离义理、人情才是不可饶恕的。

"皇国"意识导引下的非理性原则，与武家社会的核心价值观紧密相连。自1192年第一个武士政权——镰仓幕府建立至明治维新的670余年间，日本一直是武家政治长期统治的社会，有着深厚的"尚力"传统，用以支撑统治阶级精神的核心价值观是武士道。由于武士阶级是社会的统治阶级，所以武士道就更受到尊崇，其精神易于普及到社会各阶层。武士道的形成有其物质基础。武士家臣的唯一收入是主君赏赐的俸禄，这决定了武士家臣必须效忠主君。这种恩情关系后来逐渐脱离物质关系，作为纯粹的道德观念和思维模式延续下来。在漫长的武家统治过程中，逐渐形成了忠诚、信誉、义理、勇猛的信念，崇尚勇猛和冒险的献身精神，并且凝聚为崇拜并盲从偶像，迷信并炫耀武力，崇尚并践行优胜劣汰和弱肉强食价值法则等核心价值观和基本行为方式，这又进一步铸成了日本的恃强、尚力、好斗和不怕死的国民性。这种核心价值观是日本"实力主义"产生的社会基础。李际均指出："日本这种疯狂的侵略扩张和残暴的战略文化并没有外部逼迫的条件，完全是自我培育的民族意识的怪胎。从旧武士阶级分化出来的资产阶级化的'士族'，成为日本政治、经济、军事和思想文化上层领域的主导力量。"②

二、宗教中的"尚力"理念

日本传统宗教——神道教与日本国家的发展历程紧密相关。它"是日

---

① 郭洁敏：《和魂——日本人的独特性之根本》，《东亚文化论坛》，上海文艺出版社，1998年第3期。

② 李际均：《论战略》，解放军出版社，2002年版，第29页。

本社会中最持久、最普遍的特有信仰，它所追求的国家观与世界观经过长期的宣扬浸润，已经内化在日本民族的思想体系和价值体系之中"。① 神道教的这种政治整合功能根植于"皇国"意识导引下的"神国"观念，源于以"实力主义"为核心价值观的武家社会。

自古以来，日本自称"神国"。日本史籍《古事记》和《日本书纪》中记载了日本民族和日本国起源的故事。故事把"天照大神"奉为日本最高神，日本天皇是他的直系子孙，他不但是日本的最高统治者，而且还是"世界之大君"。会泽正志斋在《新论》一书中指出："日本乃是'大地之元首'，作为'万国之纲纪'而照临宇内，负有皇化万国的使命。"② 佐藤信渊写下了《宇内混同秘策》，宣称日本乃"大地最初生成之国，世界万国之根本"，扬言要"以神州之雄威，征蠢荒之蛮夷，混同世界，统一万国"，他设想了一个叫作"八纮一宇"的国际秩序。明治维新初期提出的"拓万里之波涛""布国威于四方"等口号也是基于"皇国史观"而来的。

日本传统宗教神道教也宣扬相同的内容，神道教最高之神为"天照大神"，天皇是"天照大神"的子孙。神道教的发展与日本国家的发展进程直接相关。日本国是由氏族、部落发展而成的，因而宗教活动也是以家族和村社为单位进行的。随着国家的建立，由神氏族、神部落的观念扩大到"神国"观念，又由于对自然、祖先和英雄的崇拜而培养起来的报恩、尽忠、尽孝的道德意识，进而扩展到对"神国"天皇尽忠的观念。可见神道教在日本起到了明显的政治整合作用，它通过对祖先神的崇拜来表达与强化日本民族同宗同祖的一体性，表达一种强烈的民族自我认同感，强烈的集体意识，表现出只要有利于本国本族则不计一切的潜在民族利己主义心理。这种心理是日本民族异于其他民族的一大特色，也是非常容易集体倒向某一外部目标的心理基础。

---

① 张卫娣："浅析近代日本'尚力'对外战略理念的成因"，《日本研究》，2013 年第 2 期。
② 信夫清三郎著，周启乾译：《日本政治史》第 1 卷，上海译文出版社，1982 年版，第 187 页。

日本是武家政治长期统治的社会,有着深厚的"尚力"传统。武士道精神在日本根深蒂固,它使日本具备接受"弱肉强食"原理的文化根基。自镰仓幕府建立至明治维新期间,用以支撑统治阶级精神的就是武士文化,即武士道。武士道起源于中世纪日本武士对领主、藩主的绝对忠诚,注重信、义、勇三条准则,崇尚武力和冒险以及大无畏的献身精神,并且形成了以崇拜偶像、推崇武力、崇尚优胜劣汰和弱肉强食价值法则为基本特征的核心思想。

武家社会的长期统治,形成了其特有的核心价值观。这种价值观融化到日本国民的灵魂之中,"哪怕是思想最先进的日本人,只要揭开他的外衣,就会发现他是一个武士"。[①] 这种核心价值观是日本"实力主义"产生的社会基础。

在日本,佛教与神道找到了一个重要的契合点,即对某种不可言说的对象("神")的非理性的认同和追求。这与本尼迪克特在《菊与刀》中所指出的日本文化的两面性和日本人的双重性格是完全一致的。也就是说,非理性主义的神秘"和魂"与日本军国主义密切关联,法西斯主义大肆鼓吹的"八纮一宇""万世一系"就是"皇统、神统合一"思想的延伸。这种非理性的"神道—皇国"观念和信仰,催生了日本"实力主义"对外战略理念。

三、知识阶层的"尚力"思想

日本很多文人、思想家推崇"实力",认同强者。幕末学者佐久间象山通过对中国鸦片战争的观察认识到,在国际交往中实力就是一切,只有建立强大的军事力量,成为世界"一等强国",才能摆脱被欺压蹂躏的梦魇。为此,他提出了"同力度德,同德量义"的文化规范,即在残酷的国际较量之中,当双方的力量不相上下时,"德"才能成为决

[①] 新渡户稻造编:『武士道』,岩波书店,1969年版,第32页。

定两者优劣的重要因素。他不只是一般地探究"道""德""义"的价值，而是注重它们的前提条件，即"力"的高下。他特别强调国家生存中"力"的关键意义，非常注重从增强"力"的角度来思索和设计日本的未来。

幕末长州藩士吉田松阴主张日本要通过军事实力来"雄飞海外"。他在《幽囚录》中写道："若要国家保持强盛，不应仅仅满足于维持已经得到的，而应当进一步获取目前还未到手的。现在必须加紧进行军备扩充，一旦军舰、大炮得到充实，便可开拓虾夷，封立诸侯，乘隙夺取堪察加半岛、抢占鄂霍次克海，晓谕琉球……警示朝鲜……北则割据中国的东北，南则掠取中国台湾及菲律宾群岛，显示渐次进取之势。"① 吉田松阴的侵略主义，虽然当时未被政府采纳，但其思想影响却很深远，直接影响了其得意门生木户孝允、伊藤博文、山县有朋等明治维新的重臣。木户孝允的"征韩论"，山县有朋的"利益线论"，无不直接师承于吉田松阴的对外扩张主义。

德富苏峰在《大日本膨胀论》一书中宣扬带有社会达尔文主义观点的膨胀论，赞美日本的扩张，认为战争的国际意义是打击世界上的顽迷主义者，并将文明注入野蛮社会。他宣扬皇室中心主义，宣扬"优胜劣汰是天理，人民应服从征服者"。② 德富苏峰极力鼓吹帝国主义，推行帝国主义政策，他认为"无力之公理不能战胜有力之强权"，要实现公理，就必须有使之实现的实力。

这些"尚力"思想和传统，是日本挑战华夷秩序，构筑以己为中心的"同心圆秩序"，并进而假构"大东亚共荣圈"的内在驱动力。

---

① 古川万太郎编：『近代日本の大陸政策』，東京書籍，1991 年版，第 49 頁。
② 德富苏峰编：『皇室の尊栄』，『国民之友』第 238 号第 15 卷，第 153 頁。

第二节　近代西方"尚力"思想的镜鉴[①]

一、对近代国际体系本质的认知

不同的战略思维主体之所以会产生不同的战略思维特点，这与它们处于不同的认知环境有关。

近代西方国家体系是一种以"势力均衡"为生存原则的国际秩序，认同的对外战略理念是以实力为依托，在全球范围内建立起以西方为中心的同心圆等级结构。这个体系有三个特征：第一，相互承认对方是拥有主权的国家，体系是由许多大小不一的国家相互之间横向的关系所构成，在那里没有一个凌驾于其他国家之上的强大中心，构成国际秩序的基本准则是各国间的并列关系（至少在法律上是平等的）。第二，以国际法为准则处理彼此之间的关系。第三，根据"势力均衡"的原则谋求本国的国际地位。这个体系内部包含着一种可以被称为扩张机构的东西。每当其内部出现试图称霸的势力，以及每当对这种企图反复进行抵抗而力求恢复"势力均衡"时，其结果都会导致对外扩张。在那里，国家主权形式上的平等关系和实力上各国间的不平等关系同时并存。

对近代西方国家体系本质的认知，是通过岩仓使节团1872年对欧美诸国的考察来实现的。这一认知是日本"实力主义"对外战略理念形成的重要契机。

明治维新伊始，明治政府的领导者和思想家们将西方视为"人间乐园"，认为日本不久就可以成为西方列强中的一员，与其平起平坐了。但

[①] 本节内容曾发表于《解放军外国语学院学报》2012年第5期，题为《近代德国对日本重"实力"战略文化的影响》。在此有所修改。

是他们的这种美梦在现实面前被击得粉碎。岩仓使节团赴欧的目的之一是修改与欧美列强签订的不平等条约,收回主权,但是西方列强摆出"逞鸱枭之欲,视我人民如雅雀,如童稚,如卑屈之奴隶"①的傲慢态度,拒绝与日本修改条约。使节团与美国谈判修改条约问题时,美国始终以日本没有国书和全权委任状为由拒绝谈判,当使节团派人远涉重洋取回国书时,美国又让日本以开放内地作为附加条件,设置层层障碍,最后谈判破裂,日本只好放弃修改条约的计划。这一事件给雄心勃勃且踌躇满志的使节团以沉痛一击,使他们开始领悟到弱小就会受欺侮的道理,认识到"实力外交"的含义。

通过聆听普鲁士德国"铁血宰相"俾斯麦的演讲,使节团的这一认识更加深刻。在欢迎使节团的晚宴上,俾斯麦讲道:"方今世界各国,皆谓以亲睦礼仪相交,此全系表面文章,而背地里则强弱相凌,大小相侮……人们常说:公法乃以保全列国权利为常典,实则当大国争利而于己有利时,并不要求执行公法;而若于己不利,则翻脸示以兵威。本无常规可守。小国孜孜以条文与公理省察自己,不敢越雷池半步,以努力维护自主之权,当敌方簸弄凌侮之政略,亦每每难能自主。"②俾斯麦从"大国"与"小国"在对待《万国公法》上态度的不同,来揭露"弱肉强食"这一欧洲国际政治的实质。普鲁士德国参谋总长格拉夫·毛奇进一步阐明了实力对于维护国家利益的重要意义:"用法律、正义、自由之理,保护国内尚可,保护境外则非兵力不可。国际法也系于国力强弱,局外中立而独守公法者,乃小国之所为。至于大国,不以国力则难以实现其权利。"③

使节团从德意志帝国的缔造者那里直接耳闻了国际法的本质,认识到"实力即强权"这一西方近代政治思想的实质,即在弱肉强食的"禽兽世界"和"狼与狼的战争"的无政府状态中,只有以实力为依托,以国家利益的最大化为目标,建立起以自己为中心的同心圆的世界体系,才能保证

---

① 大津淳一郎编:『大日本憲政史』第2卷,原書房,1969年版,第561頁。
② 升味准之辅:《日本政治史》第1册,商务印书馆,1997年版,第118—119页。
③ 升味准之辅:《日本政治史》第1册,商务印书馆,1997年版,第340页。

国家的独立；在国际社会中起决定作用的是综合国力特别是军事力量，国际法也只是强国欺凌弱小国家的口实。

明治初期，国家平等观念虽然也曾传到了日本，日本统治阶层还曾将国际法作为与列强修改不平等条约的工具，将汉译《万国公法》奉为权威经典，并把它作为与西方列强进行外交斗争的重要武器。[1] 但随着国际形势的发展，日本统治阶层对西方国际政治思想的认识发生了很大的变化，对国际法失去了兴趣。其理由如下[2]：第一，当时的国际公法说到底是欧洲主导制定的，有完全意义上的"法人资格"的只是欧洲主权国家，其他地方的人民、领土只是"物权"的对象，或者不过是如日本一样处于不平等条约下的"准禁治产者"。第二，当时的欧洲国际公法并没有否定战争本身，也不管一方是正义的，开战有哪些"正当事由"，只是规定了交战者的资格、俘虏的待遇、战争的手段，主要目的是限制战争损失的程度。"开国"后不久传入日本的国际法，具体是指1856年的《巴黎会议关于海上若干原则的宣言》、1864年的《改善战地武装部队伤者境遇的公约》、1868年的《禁止在战争中使用某些爆炸性子弹的圣彼得堡宣言》以及1899年的海牙公约和宣言。1907年第二次海牙和平会议重新修订战争法规及其惯例的目的只是"明立限界""使免残酷"，也不曾涉及到战争本身的是与非。另外，明治九年（1876年）正是列宁所说的帝国主义阶段的始点，欧洲帝国主义开始起步，因此帝国主义列强把东方诸国作为争夺的主要对象，中国半殖民地的程度逐渐加深，日本修改不平等条约的努力均以失败告终。这种情况下，日本政界的兴趣转向"强权政治"，寻求一条在弱肉强食的国际现实中生存的道路。

通过修改条约谈判的痛苦经历和惨痛教训，日本认识到：所谓"平等交往"，所谓"国际法"，归根到底只能是幻想；只有实力才能解决一切，强权即实力，强权即公理。所以，明治政府毫不犹豫地选择了强权政治的道路。日本使节在就朝鲜问题与清政府交涉时，公然宣称："《万国公法》

---

[1] 李玉、汤重南：《21世纪的中国与日本》，北京大学出版社，1996年版，第17页。
[2] 坂本多加雄编：『「万国公法」と「文明世界」』，『外交フォーラム』，1991年第8期。

没有用",国家间交往"取决于谁更强大,而不一定要依据条约"。① 从根本上来说,日本并不真正认同国家平等观念,只是将反映此观念的国际法当作达到修改不平等条约目的的手段,国家平等观念没有动摇日本欲成为"八纮一宇"大帝国的信念。也正因为此,日本在明治维新后不久就将侵略朝鲜定为外交上的首要课题,执行"失之欧美,取之亚洲"的强盗逻辑,无视亚洲邻国的主权和利益,大肆向邻国扩张。在面临西方列强叩关的压力下,日本政治精英认识到实力的重要性。佐久间象山提出,"日本要想不受西洋各国的欺负,就必须建立强大的军事力量,由此在国际关系中占据优势。"② 日本思想界还提出了"海外雄飞论",主张日本要跳出岛国的局限,用武力"皇化"全球,向世界各国"远航"。

二、启蒙思想家"实力主义"思想的萌芽

以"明治十四年政变"为转折点,明治政府产生了以伊藤博文为中心的新政权。他们力主镇压自由民权运动,建立天皇制中央集权制权力机构,将主张根据英国式宪法即时开设国会的首席参议大隈重信排挤出领导层,确立了以普鲁士·德意志立宪君主制宪法为模式制定"明治宪法"的指导思想。从此,启蒙思想家的思想也随之发生了变化。

加藤弘之于明治十四年将原来宣传天赋人权思想的著作公开申请绝版,彻底与天赋人权思想决裂,鼓吹社会达尔文主义,并进而鼓吹国家主义和军国主义。首先,加藤利用进化主义来反驳天赋人权论。他指出:"我欲用与物理学有关的进化主义来驳斥天赋人权主义。用进化主义驳斥天赋人权主义,也就是用实理驳斥妄想。"③ 他认为社会的进化同生物界一样,遵循生存竞争、自然淘汰、适者生存、优胜劣败等法则:"我们的遗传和变化的优劣等差,既然长久不灭,永无尽期,那么,由这个优劣等差

---

① 小西四郎、遠山茂樹編:『明治国家の権力と思想』,吉川弘文館,1979 年版,第 156 頁。
② 高增杰:"近代初期关于日本未来前景的两种探索",《日本学刊》,1999 年第 4 期,第 89 页。
③ 植手通有編:『日本名著34「西周・加藤弘之」』,中央公論社,1988 年版,第 416 頁。

所生的竞争胜败，也就可以保有其长久不灭，永无尽期。由此观之，我们人类既各有其优劣等差，因而也就发生无数的优胜劣败的作用，这实乃万物的一大定规，永恒不易的原理。"① 他认为从生物进化主义的立场来看，所谓的人权、自由、人道等概念都是站不住脚的。其次，加藤主张国家权力优先于个人权利。加藤只承认在国家的专制统治者的利害范围内的权力。他写道："我们的权力是在掌握专制大权的统治者即最大优者的保护下成立了国家的时候才产生的……而且，国家不能离开我们的权利而独立，我们的权利也不能离开国家而单独产生。由是观之，国家与我们的权利，可以说是专制者为了全体及每一个人的安全，在不得已的情况下才开始设定的。"② 他认为，自由要依附于权力，自由权与权力具有同时性，人民的权利从本质上来讲就是强者的权利。加藤最后得出的结论：必须根据进化的程度，采取保守和渐进的办法，逐渐地"谋求权利的增进"。③ 在这里，加藤用"进化主义"将复古观点重新包装，将国家权力看作是由神赋予的，臣民的权力是由君主恩赐的，进而把明治政府作为现实的强者，将臣民的权力视为由强者赋予的，并最后推论出"实力就是正义"。

福泽谕吉的转向，更具典型性和影响力，从著名的启蒙先锋、坚定的自由主义者蜕变为国家主义、军国主义的坚定信奉者和最初的施行者。从国际国内环境来说，明治八年至九年间西方列强继续压迫日本，并且坚持不修改不平等条约。岩仓使节团修约努力的失败，更使福泽对日本的国际地位及前途担忧，他痛切地指出："要立日本国，必须废除治外法权。如保留治外法权，即意味着抛弃日本国。"④ 当时列强争夺的重点在东亚各国，这更让他对日本的前途产生忧虑。他据此提出："天然的自由民权论

---

① 植手通有编：『日本名著 34「西周・加藤弘之」』，中央公論社，1988 年版，第 436—437 頁。
② 植手通有编：『日本名著 34「西周・加藤弘之」』，中央公論社，1988 年版，第 455 頁。
③ 植手通有编：『日本名著 34「西周・加藤弘之」』，中央公論社，1988 年版，第 463 頁。
④ 福沢諭吉编：『条約改正論』，『福沢諭吉選集』第 5 卷，岩波書店，1981 年版，第 374 頁。

为正道，而人为的国权论为权道"，"我辈从权道也"。① 福泽在明治十四年撰写的《时事小言》中指出，日本已经达到文明国的程度，国内政治已巩固，须将目光转向海外，振兴国权。从此，他从早期信奉自然法思想，逐渐向达尔文主义的弱肉强食观转变，强调实力政策，鼓吹对外侵略，并抛出了"脱亚论"，构筑起了跻身世界列强、欺凌亚洲邻国的极端国家主义和扩张主义的战略构想。为此，福泽强调：发展经济、增强国力和提高军事实力是提高日本国际地位、走向世界的重要因素，实力是决定国家命运和国际地位的决定性因素。他认为，在"弱肉强食"的"禽兽世界"，"最终诉诸之途惟在死拼兽力"。他从根本上不相信"国际公法"，认为只有用实力才能求生存，指出："百卷万国公法不如数门大炮，数册和亲条约不如一筐弹药。"② 因此，福泽强调：在充满商战和兵战的时代，要实现民族的腾飞，必须推进"富国强兵"政策。所以他倡导日本要两手一起抓：一手抓经济，即必须首先增强经济实力，因为世界各国之间的"贸易工业之战更广于兵战，日夜无休无止"，"伸张国权之源在于财政"；一手抓军事，即"强兵"，因为当今世界是"胜者为王败者为寇"的"禽兽世界"，"凡世界各国之战争，胜者无不正其名，败者无不蒙其罪名"，所以在与世界各国的"交际"中"兵力不可缺少"，必须"发展海陆军"。③

在"转向"的过程中，福泽悟出了西方国际思想的两个准则：一是国际社会是一个弱肉强食的"禽兽世界"，处于"狼与狼战争"的无政府状态；二是欧洲近代国际政治思想是只适用于基督教徒内部的"公法"，对于其他民族只不过是制造"道义"的工具，是侵略与欺凌的口实，因此它十分虚伪，具有内外分明的两重性。通过严峻和残酷的现实、福泽看到了西方列强以强凌弱的强盗行径，发现了他们在道义上的双重标准：口头上

---

① 福沢諭吉编：『時事小言』，『福沢諭吉全集』第4卷，岩波書店，1969年版，第159—166页。
② 福沢諭吉编：『条約改正論』，『福沢諭吉選集』第5卷，岩波書店，1981年版，第37、636页。
③ 福沢諭吉编：『時事小言』，『福沢諭吉全集』第4卷，岩波書店，1969年版，第304、327页。

高喊"博爱""平等",实际上在印度、非洲等地大量杀害当地无辜居民,进行惨无人道的殖民统治。正因为福泽看穿了近代西方思想的本质,看清了所谓"人人平等""国国平等"的想法只不过是一种美好的理想和憧憬,是一种脱离实际的、幼稚的设想和空洞原则,而现实政治是残酷的、讲求实际的。所以,他得出结论:在"动辄起竞争之恶念,以强凌弱,以智治愚"的"禽兽世界",天然的自由民权论之"正道"是行不通的,只有"人为的国权论"之"权道"才是实用的、现实的;用天赋人权的自然法思想来观察现实世界是不合时宜的迂腐论,用"生存竞争""优胜劣败"和"弱肉强食"的进化论观点来分析观察现实世界才是实际的、准确的。①

许多启蒙思想家和政治家从初始的自由主义向民族主义、国家主义和军国主义的转向,为"明治宪法"的制定打下了基础。

三、对西方"实力主义"宪法思想的吸收

"明治宪法"与日本"实力主义"战略文化也有较大的关联。制定"明治宪法"的指导思想从英法模式转向德意志模式,从某种程度上来讲就是从民主主义转向集权主义和强权政治。天皇制专制主义权力机构的建立,就是为了建立强大的中央政权机构,推行强权政治。

(一)对普鲁士"实力主义"宪法思想的吸收

为了制定宪法,1882年伊藤博文率领宪法调查团对德奥进行了为期13个月的考察,主要听取了戈奈斯特、施泰因等宪法学者有关宪法的理论、运用情况以及对"明治宪法"制定的意见等,这对日本"明治宪法"的制定起到了至关重要的作用。施泰因和戈奈斯特对伊藤博文的建议如下:第一,巩固皇室的稳定,确保君权的强大。他们都主张钦定宪法。戈奈斯特在谈到钦定宪法的"现实利益"时指出:"宪法是国家的基础。制定英国

---

① 福沢諭吉編:『時事小言』,『福沢諭吉全集』第4卷,岩波書店,1969年版,第159—166頁。

式的宪法即开设国会,任何国家都容易做到,但那于国家无益。我认为日本天皇陛下处于极其幸福的地位。这是因为日本不是被人民强迫而匆忙制定宪法,可以在参考各国宪法、充分考察后再制定。日本政令均出自政府之手,所以,不必经人民认可再制定国宪,以钦定宪法命令之即可。"[1] 由于国内革命,英法等国不得已制定国约宪法,从而导致政局混乱,国会变成了无益论争的场所,而钦定宪法则可避免这种麻烦。通过德意志宪法学者戈奈斯特和施泰因的讲义,伊藤博文认清了德意志立宪君主制的实质是加强君权而非削弱君权。他总结道:"德意志是纯然的立君国,不会因在国会人数的众寡而动摇政府的根基……因此,制定宪法、开设国会并非分割君权,君主应位于宪法之上。"[2] 第二,排斥政党议会制,推崇普鲁士·德意志的立宪君主制。德意志宪法学者均排斥英国制度,力劝伊藤博文不要效仿之,力荐普鲁士·德意志的立宪君主制。对英国思想的排斥,主要集中于英国软弱的君主制和政党议会制两点。戈奈斯特指出,正是英国国王的软弱无权,给国家带来不幸,使国家陷入危笃的境地。第三,强化内阁的行政权,使议会的权力虚无化。戈奈斯特认为,为了建立令行禁止、上意下达的中央集权体制,就必须强化内阁权力。他为日本树立了效仿的榜样:"在中央政府组织中,日本必须加强大臣的权力。模仿德法即可……德意志大臣是保障中央政府权力的基础,该组织对保证国政改革极为有利,也可保障行政的自由。"[3] 关于强化行政权,施泰因对伊藤建议如下:"行政权在任何国家都不是具有自行运动机制的独立体制。行政不只是在法国是立法部的承担者,在英国也是政党的承担者。在德意志,行政部完全是国君的臣僚,仅秉承国君的意志,不具有其他权力。如果仅秉承他人的意志,不管其所秉承的是国君的意志还是立法部的意志,由于均是他人的意志,所以其行动会受到限制,这会产生弊端。对行政部的行动加

---

[1] 明治文化研究会编:『明治文化全集』第4卷宪政篇,日本評論社,1992年版,第435页。
[2] 春畝公追頌会编:『伊藤博文伝』,中原書房,1940年版,第305页。
[3] 明治文化研究会编:『明治文化全集』第4卷宪政篇,日本評論社,1992年版,第441页。

以限制，会削弱国权。"

正是接受了以上学者的建议，以伊藤博文为核心的明治政府模仿普鲁士·德意志的立宪君主制，制定了君权强大、议会权力弱小的"明治宪法"。其具有如下特点：第一，国家主权属于天皇，规定了天皇所具有的"神圣不可侵犯的"神格权威和巨大权力，如"大日本帝国，由万世一系之天皇统治之"（第1条），"天皇神圣不可侵犯"（第3条），"天皇为国家元首，总揽统治权"（第5条）。第二，议会从属于天皇。议会不是最高立法机关，只是"协赞"天皇行使立法权（第37条），议会通过的法律须经天皇的裁决方可生效（第6条）。第三，内阁只对天皇负责。宪法规定内阁的职责是"辅弼天皇，负其责任。所有法律敕令，须经国务大臣副署"（第55条），即内阁只对天皇负责，不对议会负责，议会无权决定内阁的去留，首相和大臣均由天皇任命。第四，军部独立于内阁之外，不受议会的制约。

"明治宪法"共76条，其中46条抄袭或照搬了1850年的《普鲁士宪法》和1871年的《德意志帝国宪法》，因此，二者具有共同特征，即君主和内阁拥有极大的权力、否定三权分立原则、议会的权力较小等。它是一个把君主主权与国民主权合二为一的二元并存机制，一方面站在否定君主专政论的视角，极力主张依法治国的法治国家论，另一方面又否定三权分立、国民主权的宪政理论，容忍君主的大权。因此，在"明治宪法"体制中，天皇具有双重性，即无限的权威和有限的权力。宪法条文刻意渲染天皇超凡脱俗和不可抗拒的精神权威，并把它进一步绝对化和无限化，以确立其核心和枢轴地位。内阁和军部一方面坚持国家政权建设必须始终以天皇为中心，利用天皇无限的、绝对的权威，另一方面通过架空、分割、隔离等[①]方式对天皇的大权进行限制，使天皇置身于权力的实际运作之外，以便于驾驭天皇所总揽的统治大权。

"明治宪法"体制是一个"实力主义"、便于对外扩张的"超然主义"

---

① 武寅："论明治宪法体制的内在结构"，《历史研究》，1996年第3期，第138—139页。

政治体制。这一将君权和立宪两种理念合二为一的天皇制资本主义国家体制的确立，标志着近代日本"实力主义"对外战略的形成。从此以后的半个多世纪，日本进入了不断对外扩张、军刀满天飞的法西斯专政时期。

（二）摄取普鲁士"实力主义"宪法思想的动因

"明治宪法"体制的确立，在日本历史上是一个划时代的转折点，它标志着给日本思想特别是政治思想和法律思想以很大影响的英美法思想的势力开始衰退，以模拟普鲁士宪法为契机，迎来了全面、大规模摄取德国思想的鼎盛时期。从 19 世纪 80 年代起至 20 世纪初期，以宪法的颁布为象征，包括民法、商法在内的全部法律，都继承了德国法的传统。1871 年由于德国在普法战争中的胜利以及德国法律顾问勒斯勒（H·Rosler）来日，明治政府开始重视德国。1881 年成立了以留学德国的北白川宫能久为总裁的德国学协会，其中网罗了桂太郎、加藤弘之、西周、井上毅等德国学派的重量级人物，目的是广泛传播德国文化，翻译、出版有关德国法政的学术书籍。1882 年伊藤博文赴欧调查宪法时首选普鲁士德国。1883 年创办了德国学协会学校，培养有志于德国学的人才。1884 年起，日本留学生开始被派往德国。1887 年，德国哲学家布塞（Ludweig Busse）接替英国人库铂（Cooper）和斐诺罗莎（Fenollosa）讲授哲学，德国哲学成为东京大学的学院哲学的主流。导致日本向德国法一边倒的原因，除了偶然的突发因素外，还有其必然的社会历史根源。

偶然的突发因素，有下述两点：一是农民暴动及在其基础上引起的自由民权运动。日本中部、四国、中国（日本中部地区旧称）、九州等地的农民，由于征兵抽去人力，又由于从原来的实物地租改为货币地租，负担加重，他们对明治政府的"新政"所抱有的甜美幻想开始破灭，于是，从 1871—1874 年，经常爆发空前规模和空前激烈的农民暴动。在此基础上，1874 年又爆发了要求设立民选议院的自由民权运动。围绕"设立民选议院建议"，反对者和赞成者之间展开了激烈的论战。"通过这一争论，以设立民选议院的根本思想——天赋人权说为根据的人民自由论，便迅速地扩大到知识分子之间，并且利用各种形式浸透到广大群众中去。"二是由于"明治十四年政变"，一向主张根据英国式宪法即时开设国会的参议大隈重信一派被排挤出政府，产生了以伊藤博文为中心的新政权。这个新政权为了镇压自由民权运动，不遗余力地致力于天皇制绝对主义权力机构的合法化。参加制定宪法和教育敕语的井上毅，在呈递给政府的文书里分析说，之所以造成"全国大势，不满情绪极为高涨"，是由于与大隈重信等反对派有联系的福泽一派的天赋人权说，并提出用思想对抗思想的主张："复兴汉学，教之以'忠爱恭顺之道'；同时又奖励德国学术，以打击革命思想的温床——英法学术'直往无前之势'。"其"奖励德国学术"的理由，就是为了"使天下人心稍存保守风气"，"自由民权运动越是利用穆勒、斯宾塞、卢梭等英法式的自由主义来猛烈攻击政府，政府也就不得不越发倾向于德国式的国家主义"。

　　导致向德国法一边倒的必然的社会历史根源，可以从下述方面考虑。在欧洲诸国中，只有德国是"政府即是王室政府"，这正好是明治政府所追求的理想的国家体制。正如宪法起草人之一的金子坚太郎所说："德国正处于势力鼎盛的时代，它于1870年打败了法兰西帝国，重新建立了德意志帝国，大宰相俾斯麦辅助威廉一世皇帝，震撼欧洲。同时，德意志帝国在世界的宪法国中间也是君权最强大的国家，其宪法为世界所共知……"伊藤博文也注意到了其"赫赫帝权"，他坚持认为起草宪法的目的就是强化君权，尤其是尊重君权。宪法明文规定："日本帝国由万世一系的天皇统治之"，"天皇乃神圣不可侵犯之帝国元首"，强调皇权至上，其保守程度甚至超过了德国宪法。正因为如此，日本民法舍弃了法国民法，因为它带有个人平等、亲族关系淡薄、财产不固定、不利于保护家督等民主主义色彩，从而导致革命不断、政局不稳，选择了具有保守色彩的德国民法，因为它适合日本的贵族政体和君主政体，具有加固政治基础的功能。小林直树在论及这一点时指出："德国法和法学，无疑具有符合明治体制要求的性质和长处。第一，德国几乎与日本同时期形成近代统一国家，开始向资本主义发展的时机早于日本,因此,最适合作为近代法制化的先进的榜样。第二,以普鲁士强大的军事国家体制和以此为基础的强大的帝权,对于以天皇制意识形态为原理来推进富国强兵政策的明治国家来说,德国具有其他欧洲国家所难以找到的范例价值。第三,两国尔后也采取了类似的发展方向,都是对内国权优先、对外采取帝国主义的扩张政策,因此,在进行涉及全法体制的技术输入时没有产生很大的矛盾。第四,日本为了维持和加强以官僚为中心的统治结构,具有严密逻辑和坚实概念的德国法学的精细的解释即操作技术,是十分有效的。第五,上述诸条件相互作用,更加致力于德国法的模仿,努力摄取其法学技术。对德国法的学习,还成了向官僚、司法界、教授'登龙门'的有力手段。这一倾向呈循环扩大之势。"①

最后,从哲学思想方面来分析一下向德国法一边倒的必然性。从明治20年代开始,德国理想主义哲学即德国唯心论哲学,已经代替启蒙时期的英法系统的"天赋人权"思想、功利主义思想、明治初期的进化论哲学,占据了日本主流哲学的地位。"最典型的绝对主义官僚思想家、东京大学首任校长加藤弘之一方面接受达尔文—斯宾塞主义,另一方面又积极地提倡普鲁士德国凭借绝对主义权力自上而下的近代化方式,把它应用于我国……依靠绝对主义天皇制的权力推行的自上而下的近代化,越发不可避免地促进了对俾斯麦的普鲁士德国的接近。"② 从康德到黑格尔的德国理想主义哲学,在东京大学的讲坛,通过外籍教师在上述背景下被引进和介绍过来。从明治20年代以后,日本讲坛哲学界的主流,向德国哲学一边倒。德国新理想主义哲学即新康德学派的哲学,作为适合于日本的哲学而积极引进和介绍,是有其必然性的:"在当时的德国,新康德学派的认识论哲学,尤其是西南学派的价值哲学正处在全盛时期。这个新康德学派的认识论哲学,是以俾斯麦的统一国家为出发点,为了

---

① 小林直樹编:『ドイツ公法学の日本に対する影響』,鈴木禄弥、五十嵐清、村上淳一编:『概観ドイツ法』,東京大学出版会,1971年版,第37頁。
② 近代日本思想史研究会:《近代日本思想史》第1卷,商务印书馆,1991年版,第158页。

赶上并超过先进国家、英法的资本主义，而把正在显示出飞跃发展的后进资本主义德国的小资产阶级世界观乃至人生观，从逻辑上加以组织化，并给予它以坚强的信念与理想。"① 这种性质的新康德哲学，正好符合了当时日本的社会潮流。

近代日本在建立近代宪政体制时，舍弃英法美模式，选择了更符合日本国情的普鲁士德国体制，这体现了日本在摄取西方文化时的主体性选择，也是日本摄取西方近代先进文化时的一个突出特点。

---

① 近代日本思想史研究会：《近代日本思想史》第 1 卷，商务印书馆，1991 年版，第 176—177 页。

── 第三章 ──

近代日本"实力主义"对外战略理念的覆灭*

日本奉行"实力主义"对外战略理念,崇尚"实力",曾试图依靠"实力"来构筑以己为中心的"同心圆秩序",建立以己为盟主的"大东亚共荣圈"。由于过于崇尚"实力",甚至将之异化为"正义"本身,导致"实力"失控,使日本变成一个军国主义国家,走上不归之路。

第一节 "实力主义"对外战略理念的践行

一、自恃"实力",构筑以己为中心的"同心圆秩序"

构筑以己为中心的"同心圆秩序"是日本亘古以来的孜孜追求,其终极目标是建立以己为盟主的"大东亚共荣圈"。"同心圆秩序"是对日本所

---

* 本章内容曾发表于《南京政治学院学报》2014年第3期,题为《日本"实力主义"对外战略理念评述》。在此有所删减。

设计的国际秩序的一种形象概括，就是运用国家实力，增加向心力，从而建立以本国为中心的秩序的过程。

（一）从"汉倭奴国"到挑战中华"天朝礼治体系"

打破"华夷秩序"，是构筑以日本为中心的"同心圆秩序"的先决条件。近代以前的东亚国际秩序，是以"华夷思想"为支撑的超稳定结构。在这个结构中，以中国封建王朝为中心，其他邻国如朝鲜、安南等为属国，以礼仪、礼义、礼治为运作方式，形成一种由中心到边缘的朝贡体制。在这个体制中，中国封建王朝统治者自认为是"中华"，视其他国家为"夷狄"。这一思想潜在于东亚各国深层的基本价值取向中。日本幕末的攘夷思想即来自于"华夷思想"。"攘夷论"者视西方列强为"夷狄"。不仅日本儒学者有"华夷思想"，鼓吹复古神道以及"神国"观念的国学者同样持有"华夷思想"，只不过他们主张日本是这个秩序的"中心"，认为日本也是"中华"。对"华夷思想"核心概念的转换，就是对"华夷秩序"的否定。日本打破"华夷秩序"大致可以分为以下三个阶段。

第一阶段：主动要求纳入中国封建王朝的册封体制。有关日本第一次纳入中国封建王朝册封体制的记载是在《后汉书·倭传》中，其中写道："建武中元二年，倭奴国奉贡朝贺……光武赐以印绶……"[①] 东汉光武帝赐给日本国王的金印上刻有"汉倭奴国王"的字样。三国曹魏时代，日本的邪马台国女王以"亲魏倭王"的名义列入魏王朝的册封体制之中。该阶段日本与中国封建王朝的关系有如下几个特点：第一，与中国打交道的都只是日本众多小国中的一个，他们向中国遣使奉贡的目的有两个：一个是政治上为了取得中国王朝的封号，在同日本境内其他小国较量时拥有某种优势；另一个是经济上为了获取同中国进行朝贡贸易的巨大利益。第二，日本主动要求进行"朝贡贸易"，中国的朝廷给予礼仪上的接待，双方的关系是非常表面化的。与朝鲜、安南等国相比，日本与中国封建王朝的朝贡

[①] 夏应元：《中日关系史资料汇编》，中华书局，1984年版，第2页。

关系并不那么紧密，而且由于双方内部的混乱还时有中断。

第二阶段：积极谋求与中国封建王朝对等交流。隋唐以后，中日政府间的交往开始密切起来。中国朝廷的兴趣和主动性增加了，日本亦自愿且大量地吸收中华文化。但日本自从作为一个统一的国家出现后就开始不甘于属国地位，力主两国对等。608年日本使臣所带的《国书》里有"日出处天子致书日没处天子"的表述，显示欲以对等地位进行交往的姿态。这主要因为日本统一后，政治、经济得到长足的发展，与中国的差距相应缩小，作为统一国家的意识逐渐增强，不再需要以中国王朝的封号来取得对境内其他小国的优势。600年至1200年间中日关系和平友好状态的形成，并不是因为日本对中国臣服。明朝初期，日本九州征西将军怀良亲王拒绝明太祖要求日本称臣的指令，道："臣闻三皇立极，五帝禅宗，惟中华之有主，岂夷狄而无君？乾坤浩荡，非一主之独权！宇宙宽洪，作诸邦以分守。盖天下者，乃天下之天下，非一人之天下也……"① 1368年，奉朱元璋之命向日本送达国书的使臣，被日本砍了脑袋。日本之所以有如此大的"底气"和"胆量"，一是因为怀良亲王执掌的南朝势头正猛，大有"一统江山、气吞八方"之势；一是因为借助"神风"抗击元朝远征军的成功，从而信心大增。可以看出，在明朝与日本平等的过程中，已经暗含了日本不甘于册封体制，意欲摆脱明朝控制的雄心。

第三阶段：正式挑战中国封建王朝的"天朝礼治体系"。日本室町幕府（1334—1573年）末期，丰臣秀吉自称"四海蒙威"，开始挑战东亚国际政治体系。1577年，他曾对织田信长说："臣更拜命征伐九州，亲平该地，并率军进入朝鲜，席卷明朝四百余州，以为皇国之版图。"② 1587年，他在给其爱妾的信中也流露出了此种野心："在我生存之年，誓将唐之版图纳入我之版图。"③ 执掌军政大权后，他积极扩军（共征集32万军人）备舰（命令沿海各大藩以每10万石出船2只），于1591年和1597年两次

---

① 夏应元：《中日关系史资料汇编》，中华书局，1984年版，第2页。
② 参谋本部编：『日本戦史』，村田書店，1978年再版，第11页。
③ 参谋本部编：『日本戦史』，村田書店，1978年再版，第11页。

入侵朝鲜。丰臣秀吉对朝鲜的侵略，是对明王朝中心地位的挑战，因为他不承认中国封建王朝是真正的"中华"，企图取代成为亚洲霸主。德川幕府（1603—1867年）时期，幕府先后两次颁布锁国令，其目的就是要打破东亚地区业已存在的国际秩序，进而建立一个以日本为中心的国际等级秩序，企图带领日本走出边缘地带，经过统治和奴役朝鲜，进而入主华夏，建立新的亚洲统治秩序。

从上述三个阶段的发展历程可以看出：日本对"天朝礼治体系"的认同感从开始就很淡薄，因而其所追求的所谓平等的真正意图，其实就是取中国封建王朝而代之，建立一个自己主宰的新秩序；在打破"华夷秩序"的过程中，其实力不断强大，其欲望不断增强。

（二）自称"中央之国"，假构"大东亚共荣圈"

打破"华夷秩序"后，为了确立以日本为中心的"同心圆秩序"，当时的日本学者提出了"神夷"观念，坚持"神国"日本是中心的诡论。

明治前后的许多学者坚持"日本中心论"，并进一步主张"皇化万国"和"雄飞海外"。山鹿素行称日本为"当天之正道，得地之中枢"的"中央之国"[①]，认为日本理应成为"世界之中心"，并具体描绘了以日本为中心的国际秩序。佐藤信渊鼓吹日本是"大地最初生成之国，世界万国之根本"的"日本中心论"，扬言要"以神州之雄威，征蠢荒之蛮夷，混同世界，统一万国"。[②] 他为此勾画的"八纮一宇"国际秩序路线图是："由皇国开发他邦，必由吞并中国而肇始……当今世界万国之中，皇国最易攻取之地，莫过于支那国满洲……故皇国之征服满洲，迟早虽不可知，但其为皇国所有，则属无疑，满洲一得，支那全国之衰微，必由此而始。故以鞑靼之后，始可逐次而图朝鲜、支那。"[③] 会泽正志斋在《新论》一书中指出："日本乃'大地之元首'，作为'万国之纲纪'而照临宇内，负有皇

[①] 信夫清三郎著，周启乾译：《日本政治史》第1卷，上海译文出版社，1982年版，第51页。

[②] 安藤昌益、佐藤信渊编：『日本思想大系45』，岩波書店，1969年版，第428頁。

[③] 安藤昌益、佐藤信渊编：『日本思想大系45』，岩波書店，1969年版，第430頁。

化万国的使命。"① 幕末藩士吉田松阴主张用实力"雄飞"海外，描绘了一幅依靠实力征服世界的侵略图："现在必须加紧进行军备，一旦军舰、大炮得到充实，便可开拓虾夷，封立诸侯，乘隙夺取堪察加半岛、抢占鄂霍次克海，晓谕琉球……警示朝鲜……北则割据中国的东北，南则掠取台湾及菲律宾群岛，显示渐次进取之势。"② 国学者本居宣长也主张日本必须"断绝与中国之无益关系，尊崇本国天皇，以大将军之威势，使彼国国王称臣，顺服于我"。③ 同为国学者的大国隆正坚持天皇是"地球上之真主"，主张日本是"本"，万国是"末"，日本要对万国打开"通路"。

他们的这些主张都曾直接或间接地服务于日本的对外扩张和侵略。如吉田松阴的"雄飞"海外思想，直接影响了其得意门生木户孝允、伊藤博文、山县有朋等明治维新的重臣。因此，明治维新的重要领导人物如大久保利通和木户孝允等都积极主张："天皇应当领导'与万国对峙'的日本，'安抚亿兆'，开拓万里波涛，布国威于四方，措天下于富岳之安。"④

至明治维新，日本基于"华夷思想"建立"以日本为中心的东亚秩序"的愿景，虽几经努力，但仍以失败告终。此后，明治政府按照"殖产兴业，富国强兵"的总方针，大力鼓励生产，发展企业，创立日本近代军事。待羽翼稍丰，便伺机向外扩张，展示其"实力"。自明治维新走上资本主义道路，经济实力得到增强后，日本政府即把"失之于欧美、取之于邻国"和"远交近攻""交强攻弱"定为国策，开始了以强凌弱、以富压穷的对外扩张征程。在1894—1895年的中日甲午战争和1904—1905年的日俄战争中，日本分别战胜了"天朝大国"中国和横霸欧洲的俄国。这两场战争的胜利，不仅使日本"富国强兵"之后的"实力"得以体现，也给日本打了一针强心剂，使其更加笃信"实力主义"原则，更坚定了以实力

---

① 信夫清三郎著，周启乾译：《日本政治史》第1卷，上海译文出版社，1982年版，第51页。
② 古川万太郎编：『近代日本の大陸区政策』，東京書籍，1991年版，第49頁。
③ 信夫清三郎著，周启乾译：《日本政治史》第1卷，上海译文出版社，1982年版，第54页。
④ 信夫清三郎著，周启乾译：《日本政治史》第1卷，上海译文出版社，1982年版，第201页。

重新构筑东亚秩序乃至国际秩序的信念。

第二次世界大战前,日本又企图用武力建立"大东亚共荣圈"。石原莞尔认为,要与西方的"霸道"进行决战,就必须建立以日本为中心、以天皇为最高价值的联盟。因此,日本在建立"大东亚"的过程中,积极突出日本社会与西方社会在结构上的相似性,极力奉行西方列强的进化论原则,甚至把暴力行为以"优胜劣汰"的理由加以合法化,认为战争可以"加快"文明的进程,是实现文明的手段。可见,日本所谓的"大东亚共荣",是日本为实施侵略扩张寻找的"文化理由",其目的就是要画一个以日本为中心的"同心圆",来对付不认同其"霸道"理论、对其有"威胁"的中国及更广大地区,掠夺这些地区的资源,将这些地区纳入自己的势力范围,以加大与西方殖民主义者争霸的砝码。日本的终极目标就是要以"大东亚共荣圈"的"同心圆"东亚秩序来代替由民族国家组成的国际秩序。

二、推行"实力"战略,不惜与万国对峙

(一)向西方近代"实力主义"国际政治理念的转变

明治维新前后,面对西方列强叩关的压力,日本面临一个两难困境:"为了建设日本的近代化,我们就不得不学会近代西方逻辑——与之相关的逻辑,即19世纪至20世纪的弱肉强食时代的西欧帝国主义逻辑。"[①] 也就是说,日本如果不认同西方的逻辑就会面临着亡国的危险,但想与西方对抗却又没有对抗的资本,在不得已的情况下,日本被迫打开了国门。此后,日本加入西方列强所设定的体系之中,按照它们所规定的游戏规则进行"游戏"。日本因为"兰学"发达,大量吸收了西方自然科学知识,实证科学的发展使日本的世界观发生了改变。另外,大清王朝在鸦片战争中

---

① 野村浩一著,张学锋译:《近代日本对中国的认识》,中央编译出版社,1999年版,第5页。

被西方"坚船利炮"打败的消息震惊了日本,使日本认识到"礼治"文明不足以保家卫国,"实力"才是解决问题的最终手段,因此,日本开始动摇以儒家文化为核心的"礼治"文明的信念,从崇拜中国文明转向蔑视中国文明。从此,日本实现了巨大转变:从基于儒学的基本理念构建的国际秩序观念,转向了西方近代文明观,从以文化道德的优劣在名分上区分华夷内外的国际观,转变到以实力的征服或被征服的弱肉强食的国际观。

明治维新后,明治政府曾欲以"天地之公道"即《万国公法》为准则加入国际社会,谋求修改与西方列强签订的不平等条约,1872年派出明治政府主要领导人率领的庞大代表团——岩仓使节团,对欧美主要强国进行考察。由于当时日本还比较弱小,所到之处均遭碰壁,修改不平等条约的计划落空。但普鲁士主要领导人在欢迎宴会上的祝酒词给他们以巨大的触动和震撼。他们从这里不仅了解到西方社会处于一个弱肉强食的"禽兽世界"和"狼与狼的战争"的混乱状态,更认识到实力对于维护国家利益的极端重要意义,只有以实力为依托,以国家利益的最大化为目标,建立起以自己为中心的"同心圆"的世界体系,才能保证国家的独立。

随着对国际秩序理解的深化和对《万国公法》认知的加深,日本逐渐对国际法失去了兴趣,对于"实力主义"本质的认识更加深刻。从根本上来说,日本并不认同国家平等观念,只是将反映此观念的国际法当作达到修改不平等条约目的的手段,国家平等观念没有动摇日本欲成为"八纮一宇"帝国的信念。从此,日本开始信奉"实力主义"原则和"弱肉强食"原理,采取"失之欧美,取之亚洲"的强盗逻辑,走上了用武力与万国对峙,以成为"八纮一宇"帝国的道路。

(二)走上与万国对峙之路

以福泽谕吉为代表的思想界从理论上对"实力主义"对外战略理念的强化,为日本走向与万国对峙之路打下了思想基础;"明治宪法"体制的完成,为日本推行"实力主义"对外战略理念奠定了制度基础。

在日本试图融入国际社会时所遇到的挫折和矛盾面前,在对待人权与国权的关系上，日本许多启蒙思想家们纷纷开始"转向"，从人权至上转向国权优先，从天赋人权的自然法思想转向"生存竞争、优胜劣败"的进化论思想。加藤弘之"转向"后，把原来依据天赋人权思想写成的《真政大意》和《国体新论》两部著作申请绝版，彻底与天赋人权思想决裂，开始推崇达尔文主义进化论。1885年，《时事新报》上刊登了极具影响力的小说《佳人之奇遇》，鼓吹"外伸国权"，其中写道："方今燃眉之急，与其内张十尺之自由，不如外伸一尺之国权。"①《时事新报》的主编就是鼓吹"脱亚论"的福泽谕吉。福泽将"天赋人权"变异为"天赋国权"后，更加强调富国强兵的重要作用，指出："如果我们日本人从此立志求学，充实力量，先谋个人的独立，再求一国的富强，则西洋人的实力何足惧?!"②福泽转向社会达尔文主义的"弱肉强食"观后，更加信奉"实力主义"原则，认为国际公法不如大炮，条约比不上弹药，因此在充满"商战"和"兵战"的时代，要实现民族的腾飞，不仅要大力发展经济，同时还必须发展军事，因为在与世界各国交往中"兵力不可缺少"，必须"发展我海陆军"。③甲午战争后，德富苏峰更加认识到"实力"的重要意义，写道："无实力的道理，胜不过有实力的不讲理，欲使道理能行得通，就必须要有使道理能行得通的实力不可。"④

他们向弱肉强食的"实力主义"的靠近，起到了涟漪作用，促使更多的知识分子走向扩张主义道路。高山樗牛于1897年创立"大日本协会"，并创刊了杂志《日本主义》，提倡对外扩张的"日本主义"。高山认为甲午战争将"日本在世界上的地位和命运"这样一个重大问题摆在日本国民面前，而"日本主义"正是"为回答这个疑问而产生的主义"。他在1897年发表的《我国体与新版图》一文中宣称日本"国民最有资格成为膨胀的国民"，公然将帝国主义的殖民扩张合理化。当时，日本舆论界和知识界弥

---

① 柴四郎："佳人之奇遇"，《学术研究》，1995年第6期，第77页。
② 福沢諭吉編：『学問の勧め』，『福泽谕吉著作集』第3卷，慶応義塾大学出版会，2002年版，第27页。
③ 福沢諭吉編：『福沢諭吉全集』第4卷，岩波書店，1969年版，第304、327页。
④ 日本近代思想史研究会：《近代日本思想史》第2卷，商务印书馆，1992年版，第33页。

漫着帝国主义的军事扩张意识。山路爱山发表过《吾为何信仰帝国主义》《吾所谓的帝国主义》等文章，倡导"平民帝国主义"。浮田和民发表《帝国主义与教育》《伦理性帝国主义》等文章，宣扬"立宪帝国主义"。东京帝国大学教授户水宽人等七个博士联名上书政府，指责政府对俄外交软弱，主张对俄一战，并通过发表文章、游说等活动，制造战争舆论。

日本近代国家政治体制，体现了"实力主义"对外战略理念的基本精神。《大日本帝国宪法》制定后的国家体制，是一个以拥有"神圣不可侵犯"的"神格权威"和"至高无上权力"的天皇为元首，将君主主权与国民主权合二为一的二元并存机制，是"一个以议会形式粉饰门面、混杂着封建残余、已经受到资产阶级影响、按官僚制度组织起来、并以警察保卫的军事专制制度"。① 它是一个多元的、富有弹性的政治机制，除了宪法规定的帝国议会、裁判所、枢密院、内阁和陆海军外，还有宪法所没有规定的元老院、军事参议院、参谋本部等重要部门。在这个体制中，天皇拥有超凡的精神权威和至高的权力，内阁具有强大的行政权力，军队拥有独立的统帅权，而议会的权力被极度挤压、弱化，这就使近代意义上的三权分立失去了制衡作用，为日本走上与万国对峙、"军刀满天飞"的法西斯道路奠定了体制基础。

第二节　近代"实力主义"对外战略理念的终焉

一、"实力"失控，走上不归路

"实力"的增减构成了日本国家行为的运行轨迹。日本认为，"实力"

---

① 马克思、恩格斯：《马克思恩格斯选集》第 3 卷，人民出版社，1972 年版，第 21—22 页。

是左右国际关系的唯一因素，拥有某种程度的实力就应拥有相应的国际地位和权力，获得相应的收益。依靠"实力"，日本得以"富国""强兵"，成为资本主义强国；也正是因为过于倚重"实力主义"，不仅以"实力"的追逐为目的，还将以之达到目的的手段异化为"正义"本身，导致"实力"失控，使日本走上不归之路。

在近代百年历史中，或者为了追逐"实力"，或者为了显示"实力"，日本多次发动战争，成为亚洲乃至世界上最富侵略性的国家。正如井上清、铃木正四在《日本近代历史》中所说的那样，近代世界历史上像日本"这样没间断地从战争走向战争的国家"，"除日本外找不到第二国"。[①] 从19世纪70年代中期开始，日本一次又一次发动对外侵略战争。1874年，刚刚走上资本主义道路的日本，发动了对中国台湾的侵略战争，从此拉开了长期侵略中国的序幕。1875年，明治政府派出"云扬"号闯入汉江河口进行武装挑衅，开始了近代对朝鲜的侵略；1894年发动甲午战争，索得巨款（从清政府获得战争赔款2.3亿两白银，是当时日本政府年度财政收入的3倍），攫取了中国台湾和澎湖列岛，并在中国获得一系列特权；1900年，参加"八国联军"入侵中国，向清政府索取赔款4.5亿两白银；1904—1905年，发动了大规模的对俄战争（即日俄战争），通过《朴次茅斯和约》攫取了包括中国旅顺、大连租借权在内的许多权利；1914年，借对德宣战之名，攻陷了中国青岛，侵占了胶济铁路全线，夺取了德国在中国山东的各种权益。通过第一次世界大战日本获得了在胶州湾及整个山东的各种权益；1918年，同美、英、法等国一起出兵西伯利亚，掠夺西伯利亚的丰富资源；1927—1928年，日本三次派兵入侵山东，制造了"济南惨案"；1931年9月18日，日军炮轰北大营的中国军队，制造了震惊中外的"九一八事变"，揭开了武装侵略中国的序幕；1937年，日本侵略军炮轰卢沟桥，开始了烧、杀、抢、掠、淫等极其凶残野蛮、长达八年的全面侵华战争，造成了3500多万中国军民的伤亡；1941年，为了实现独霸东亚、

---

① 梅棹忠夫著，杨芳玲译：《何谓日本》，百花文艺出版社，2001年版，第60页。

争霸世界的野心，日本海军偷袭美国海军基地珍珠港以及位于夏威夷瓦胡岛上的美国陆军和海军，制造了美国历史上最为惨痛的战争灾难。至1945年8月15日宣布投降，日本通过武力侵占了中国及东南亚的大部分地区。

在对外侵略扩张的过程中，日本惯用两个手段：一个是"借力"强者，另一个是显示"实力"。首先，"借力"强者，恃强凌弱。正是由于日本如此重视"实力"，它才在实力不够时处心积虑地"借力"于强者，这就造就了日本对外战略中的一个传统，即与强者结盟。在20世纪的近100年里，日本基本上一直与世界第一强国结盟：20世纪初，与英国结成日英同盟；第二次世界大战中，与德、意结为"德日意三国轴心"。与强者结盟，是日本结强者盟、恃强凌弱习性的再现，也是其发动对外战争的前兆。当其自感实力不足时，则通过结盟"借力"于强者；"实力"一旦增强，其野心就会膨胀，进行对外扩张和侵略。1894年同英国签订日英条约不久，发动了攻打清朝的战争；1902年与英国结成日英同盟，随后发动了日俄战争；1936年，日德签订"防共协定"后，发动了全面侵华战争；1940年，与德、意结成三国同盟后，发动了太平洋战争。因此，对日本与其他强国的结盟，必须加以警觉。

日本惯用的另一个手段是在对外显示"实力"时，往往采取先发制人的突然袭击战术。不宣而战或战而不宣，搞突然袭击和偷袭，是日本惯用的手法。如：甲午战争时，1894年7月25日，日本海军在朝鲜突然袭击清政府运兵船只，一周后才正式向清政府宣战。日俄战争时，1904年2月8日，日本海军突然袭击朝鲜仁川港和中国旅顺港的俄国舰队，两天后才向俄国宣战。在珍珠港事件中，日本将偷袭战术运用到了极致。1941年12月8日，日本海军偷袭美国太平洋海军基地珍珠港，偷袭成功数小时后才宣布同美国、英国在西太平洋进入战争状态。

日本100多年的近代历史，就是一部把自己的"实力"运用于军事，把部队武装到牙齿，直接去国外抢夺所需要的一切的对外扩张侵略史。日本通过"实力"的展示，的确多次受益，但"实力"失控使日本在侵华战争和太平洋战争中受到痛击，最后败降。不仅给中国等亚洲很多国家带来沉重的灾难，也招致了国家和民族独立自主的丧失和国民经济的总崩溃，使其近代化的成果毁于一旦。令人不解的是，从战后至今，日本仍然紧紧追随、依仗美国，妄图借助美国的力量控制整个东亚及东南亚地区，这说明日本还没有从历史上为追逐"实力"而屡屡失败的历史中汲取教训，正在走上一条危险之路。因此，认真反省、反思这一理念，对日本来说至关重要。

二、历史的沉思

中日之间综合国力的巨大"落差"导致了中国近代历史上屡遭日本侵略的悲惨局面，这是总结中国近百年受侵略、受欺凌的屈辱历史留给我们的惨重教训。

古往今来，所有的世界格局都是强国用"拳头"打出来的，是国与国之间实力较量的结果，在这种世界格局下不会有人牺牲本国的利益去维护别国的利益。要从根本上摆脱落后被动挨打的历史命运，实现中华民族的伟大复兴，就必须始终坚持先进生产力标准，增强国力。"打铁还需自身硬。"落后就会挨打，只有不断增强经济实力，提高综合国力，并通过外交手段增强软实力，不断争取国际政治话语权，才能抵御强敌，有效地防止历史悲剧的重演，使自己立于不败之地。

日本是个矛盾的国度，具有两面性和双重性，"可以既是狼，又是羊；对下级是狼，对上级是羊；对强者是羊，对弱者是狼；或今天是羊，明天是狼"。[①] 既然日本如此注重"实力"，如此崇拜强者、认同强者，因此，若要不想使日本的"狼性"发威，就必须增强"实力"，成为"强者"。历史已反复证明，随着"实力"的增强，日本社会文化中的军国主义"基因"会发生突变。今天，日本自恃"实力"强大，又有与美国建立的"牢固"同盟，"实力"大增，对华采取了强硬的外交战略，公然将中国的钓

---

① 薛君度、陆忠伟：《颠簸的日本》，时事出版社，2001年版，第351页。

鱼岛"国有化"。这是日本"实力主义"对外战略理念的又一次体现，是依靠"实力"对东亚国际秩序的再一次挑战，是安倍政权意欲"摆脱战后体制"的重要步骤。当前，日本极端民族主义和狭隘国家主义思潮泛滥，这为日本的政治和社会的整体右倾化提供了社会性环境和思想性基础。安倍政权正为修改战后"和平宪法"，为摆脱战后秩序束缚而摩拳擦掌。继2007年将"防卫厅"升格为"防卫省"后，又企图在修改宪法第九条后将自卫队改为"国防军"，并通过灵活宪法解释行使"集体自卫权"，为扩充军备、海外作战、与美军联合作战等修桥铺路。这是一种极其危险的信号，必须警觉。

下 编

现实洞察

—— 第四章 ——

日本新时期"实力主义"对外战略理念
——"远交近攻"

第一节 日美同盟的转化升级

为了日美两国能够顺利地实施旨在"共同保卫日本"的联合作战，促进两军在战术方面的协调沟通，提高两军一体化作战能力，两国不断增加联合军事演习的频率，提高军事演习的水平，日美联合军事演习出现了突出实战性、针对性、进攻性和多样性等新动向，并且其战略企图也日益凸显。

一、日美军事一体化[①]

日美联合军事演习是强化日美军事同盟体制的重要途径，也是体现日本军事政策的主要"风向标"。日本认为，为了使日美两国能够在日本

---

① 本节内容曾发表于《解放军外国语学院学报（社会科学版）》2010年第1期，题为《日美联合军事演习的新动向》。在此有所修改。

"有事"时顺利地实施旨在共同保卫日本的联合作战,或在发生"周边事态"① 和参与地区和国际事务时更加协调一致地行动,平时日美两国必须加强联合演训,以促进两军在战术方面的协调沟通,提高两军一体化作战能力。近年来,随着朝鲜半岛和台海局势发生变化,日美联合军事演习出现了新动向,其涉华战略企图也日趋明显。

(一) 日美联合军事演习日趋体现"新动向"

1. 立案日益贴近现实,突出实战性

纵观近年来日美举行的联合军事演习,其立案背景正随着世界和地区形势的发展变化而不断调整。冷战时期,日美联合演习的立案绝大多数是以苏联为假想敌,演习从实战出发,有针对性地演练日美联合抗苏的各种预案。冷战结束后,日本根据周边军事形势的变化,积极调整军事战略,在作战方向上开始由过去的重视北方向重视西南方转变,演习立案多以朝鲜半岛"有事"和"周边事态"为背景。近年来,随着日本与中国东海油气资源开发、钓鱼岛问题凸显,日本开始充当美国对华军事遏制战略的"先锋",日美联合演习主要针对上述变化实战性非常强。在日美"利刃2006"② 联合演习中,首先由美军发现"朝鲜开始为弹道导弹加注燃料",日美两军迅速采取防御措施。驻日美海、空军及日海上自卫队出动"宙斯盾"舰和其他舰艇以及侦查飞机加强在日本海海域的预警侦查。与此同时,一旦发现"中国的军舰聚集在东海海域",日海上自卫队迅速出动战机和舰艇进行截击,部署在九州的日陆上自卫队快反部队做好迎击的准备,日航空自卫队精锐的F-15型战斗机转场至冲绳的那霸空军基地和下

---

① 这是个日语专有词汇,来源于1999年5月24日日本参议院通过的《日美防卫合作指针》相关法案之一的《周边事态法》(另两个法案分别为《自卫队法修改案》和《日美劳务物质提供协定修正案》)。在《日美防卫合作指针》中,核心是《周边事态法》,其中规定允许日本在美军介入日本"周边"军事冲突时,派тру为美军提供海上搜救、后方支援等后方支持。日美公开声称,"周边"不是地理概念,而是军事属性,其着眼点是朝鲜半岛和台海"有事"。

② 代号为"利刃"的日美联合军事演习始于1986年,至1998年共进行了六次,近年来基本上每年一次。该演习由日本参联会和驻日美军司令部及太平洋美军司令部组织指挥,有时为指挥所演习,有时指挥所带兵演习。

地岛机场，伺机"与中国空中力量作战"。由此可以看出，日美演习的实战色彩越来越浓厚。

2. 作战对象越发明确，突出针对性

军事演习既是提高部队战备水平，用来检验和提高国家军事能力的一种手段，同时也是国家和联盟发送政治信息的一种途径，具有非常明确的指向性。冷战结束后，日本的防御对象由过去苏联的单一威胁转为"多元威胁"，日美联合军事演习的对象国也随之发生变化，应付周边地区冲突成为演习的重要内容。进入21世纪以来，日本对国家安全威胁做出新的战略判断，应对"多样化事态"和"新型威胁"开始成为日美联合演习的重点。特别是随着日本日益将中国视为"影响其长远发展"的战略对手，军事演习涉华成分越来越大。日本提出的"新型威胁"是指"大规模杀伤性武器和弹道导弹扩散、国际恐怖组织活动等"。日本认为的"多样化事态"是指"对日本的和平与安全带来影响的事态"，即岛屿侵犯、导弹攻击、周边地区发生危机等。因此，在近年来的日美联合军事演习中，不仅与日本有领土争端的国家经常被作为假想敌国，而且岛屿争夺战、导弹防御战、朝鲜半岛危机等都成为日美演练的重点。据日本共同社2006年12月31日报道，11月日美两国在硫磺岛附近举行的联合海上演习中，设置了专门针对中国的演习科目，假想中国"武装占领"了钓鱼岛。有分析人士认为，此前日本举行的类似演习还以"孤岛"演习为名，并不具体指明对象国家。而这次演习则是日美第一次明确将中国列为假想敌，日本借美国之力霸占钓鱼岛的意图已经逐渐从模糊走向清晰。

3. 演练规模不断扩大，突出进攻性

冷战结束后，日美联合军事演习不仅没有减少，反而演练次数增加，规模不断扩大。虽然有时参演人数不多，但参演单位多，组织指挥层次高，而且强调进攻性。1997年11月举行的空军联合"对抗北"演习，双方出动战机1000余架次，创参演飞机数量最多的纪录。有的联合演习美方出动兵力不多,但日本自卫队出动兵力却很多。① 如1998年10月的"对抗北"演习,美方出动飞机40架次,日方则出动飞机多达680架次。尤其是在和平与发展成为世界潮流的背景下,日美联合演习的次数反而日益频繁,演练规模不断扩大,参演水平不断提高,备受各国瞩目。2005年,日本自卫队出动各种舰艇80余艘,各型飞机170余架,约2.5万人参加联合演习。在2006年度日海上自卫队综合演习中的日美海军联合实兵演习,驻日美海军第72特混舰队全员参加,具体包括"小鹰"号航母打击大队、"考彭斯"号和"夏洛"号导弹巡洋舰、"约翰·麦凯恩"号和"哈尔西"号等6艘导弹驱逐舰、"阿什维尔"号和"海狼"号攻击潜艇以及第72特混舰队所属的所有海上巡逻机以及舰载机,参演的美军官兵多达8500人。日方则出动90艘战舰和170架战机参演,军舰不仅几乎倾巢而出,而且囊括了海上自卫队的精华,其中包括4艘装备"宙斯盾"系统的"金刚"级导弹驱逐舰、2艘"白根"级驱逐舰以及被称为准航空母舰的"大隅"号两栖登陆舰。日本军事分析人士针对日美2006年举行的代号"铁拳"演习情况明确表示,该演习使得日本自卫队一箭双雕,既学到了美军的作战技能,也向中国发出了信号。2007年11月5日日美举行的三军联合实兵演习,共计有3.1万人、100艘舰艇、450架飞机参演,② 不仅规模超越往年,而且突出应对弹道导弹和"岛屿入侵"作战演练,以中国为假定目标的指向性十分明显。③

4. 演练内容不断翻新,突出多样性

从日美联合演习情况看,日美正在改变过去把演练重点放在对付"大规模武装入侵日本"的做法,开始重视应对"周边事态"以及武装游击队和恐怖分子的破坏活动等新型威胁和多样化事态,演练科目根据形势的需要不断增加和翻新,演练内容更具多样性、综合性。2000年11月,日美

---

① "近年来日美联合军事演习综述", http://www.cgw.cn/jspd/cjspdzzxlxjspxjunshiyanxi inf 1189.html。
② "日美100艘舰艇450架飞机将举行大规模联合军演",《海事大观》,2007年第12期,第4页。
③ 《日本防卫日报》,2007年10月8日。

两国在日本举行的代号为"联合利剑2000"的三军联合实兵演习首次设定"周边事态"而进行演练,并增加了反游击战演练科目。演习,日美联军除进行兵力集结、海上对抗、空中拦截、对地攻击等传统科目的演练外,还重点演练了非战斗人员撤运和海上搜索救援等科目。在日本海上自卫队2001年度综合演习中的日美联合实兵演习,还增加了日美联合反恐怖行动演练科目。日美海军联合演习2003年重点突出海峡封锁、反特工船、营救侨民、海上搜索救难、海上运输补给、船舶检查等科目的演练,2004年主要演练应付武力攻击事态、"周边事态"、非法行动等三部分,2005年日美重点强调信息战、水面战、反潜战、防空战和导弹防御等科目的联合作战,而2006年演习的项目和参演部队主要针对"夺岛""反导"和"防核"——拦截来袭的导弹和打击敌对国家的核设施,演练内容的现实性和针对性非常明显。另外,演习方式也由美军支援日本自卫队向两军相互合作转变,日本在演习中的地位日益提升。日美两军在演练保卫日本的作战时,由以往的日本受到进攻—自卫队先行抵抗—美军前来支援这一传统模式,改为美军在战争初始阶段就投入大量兵力与自卫队协同作战,双方共同组织防御,共同排除"威胁"。

(二) 日美联合军事演习的战略企图

1. 重点演练岛屿争夺,确保西南战略前沿

钓鱼岛地区是美日干预中国应急作战和扩大其西南防御纵深的前沿阵地,具有十分重要的战略地位。近年来,日本一改原来的"搁置主权争议",对争议海域和岛屿不断进行实际管控,并通过日美联合军演彰显武力决心和准备。2006年1月举行的日美陆军"山樱"联合指挥所演习、日美"铁拳"联合演习以及海上自卫队年度综合演习,都将争夺岛屿主权控制作为演练的重点。这不仅是出于确保"领土主权"考虑,而且更是具有确保西南战略前沿的深层目的。钓鱼岛海域不仅本身具有确保西南战略前沿的深层目的和重大经济利益,还具有十分重要的军事战略价值。首先,从军事地理学角度看,钓鱼岛占据十分重要的战略位置,如果在此设置雷

达,可监视方圆 400 千米至 600 千米的海域和空域。钓鱼岛在建设电波干扰塔、地对舰导弹阵地、地对空导弹阵地和直升机机场等方面也具有重要价值,它可以控制周围的制海权和制空权。其次,从战略纵深看,钓鱼岛可成为推行前沿战略的桥头堡。近年来,日本积极推进"外向型"军事战略,军事部署逐步由过去的单纯"重视北方"向"西移南进"转变,扩大西南防御纵深不仅有争夺东海海洋权益的基本考虑,也有更深层次的军事战略思考。① 正是因为钓鱼岛是日本确保西南战略前沿的关键,日本才不遗余力地实施所谓"夺岛"演练,更是千方百计地拉美国进行军事介入。

2. 演练"周边事态",牵制中国反"台独"主战场

近年来,日本国家安全战略调整的一项重要内容是由应对大规模对日本进行武装入侵转向应付诸如朝鲜半岛危机等"周边有事"以及反恐、反游击等非对称性作战。从 2005 年至 2008 年的日海上自卫队年度综合演习区域设置和演习的活动重点海域看,日美海军参演部队主要集中在日本海、九州西南方以及日本西南诸岛等海域进行演练,演习的目的性和指向性十分明确,与冷战时期此类演习中日美联合舰队沿日本列岛以及东太平洋海域北上,以北海道周边海域为反攻作战重点战场形成鲜明对比,演习重点海域明显由北方向西方、西南方转移。前日本防卫省大臣久间章生在 2006 年 1 月就公开表示,日本在演习中加强岛屿作战的真正目的就是遏制台湾海峡。他称:"由于日本冲绳紧靠台湾海峡,中国政府一定会有所忌惮","如果台湾海峡真的发生战争,美国在冲绳的驻军就是日本的驻军"。② 所以,驻冲绳美军是保卫日本安全的屏障。毫不避讳地披露了日美举行的"夺岛演习"就是为了遏制台海。

3. 演练岛链封锁,完善日美对华封堵战略

随着日本在美国全球军事部署中战略地位的不断提升,日本日益成为美国对华遏制的"先锋",日本也是美国利用"岛链"封堵中国、拓展战

---

① "日本采取实质性措施加快军事外向型建设",《解放军报》(网络版),2006 年 1 月 17 日,http://news.xinhuanet.com/mil/2006-01/17/content_ 4060470. htm。

② "美日乱舞'铁拳'虎视邻国",南方网,http://news.southcn.com/international/zhuanti/rbwjgs/ddjy/200601110876. htm。

略空间的重要环节。因此，在近年举行的日美联合演习中越来越重视海峡封锁、重点区域反潜科目的演练，有针对性地强化了应对冲出"岛链"的封锁能力。在2008年举行的日美海军联合演习中，更加突出地实施了以封锁"第一岛链"为重点的反潜战演练。演习期间，日海上自卫队航空兵总计出动大批P-3C型反潜巡逻机，主要在大隅、对马、津轻海峡以及西南岛屿，进行了组织潜艇通峡的反潜战演练。演习出动反潜巡逻机之多，配合水面舰艇进行搜潜演练，是近年来此类演习中很少见到的。这充分体现了2004年10月中旬至11月中旬中国海军"405号"核潜艇执行远洋训练时越过"岛链"被发现后，日本更加重视防止"敌方"潜艇突破"第一岛链"东出太平洋的反潜作战，为日美进一步完善对华封堵战略提供有力支持。

4. 演练东海冲突，压制中国战略空间

日本十分重视中国东海油气田的开发。在2005年11月举行的日美海军联合实兵演习中，日海上自卫队首次以中国东海油气田作为侦察目标实施战术演练，参演的P-3C巡逻机多次靠近中国东海油气田进行侦察演练，以彰显其军事力量。日本的企图非常明显，就是通过演习加大东海海域的军事控制，提高东海重要地区的控制力度，为其主张的"中间线"划分专属经济区原则提供有力支持。由此，从冲绳向西推近300余千米的战略纵深，弥补日本地缘上战略纵深浅近这一局限，使日本能更有效地控制东海这条战略要道，压制中国海上战略空间。

二、日臻完备的情报共享机制[①]

随着日美军事一体化程度的不断加深，两国在情报共享领域的合作愈发紧密，采取了搭建高级别的情报共享磋商平台，建立情报共享协调指挥机构，提高情报共享的信息化水平，完善情报共享的法律法规等诸多措

---

① 本节内容曾发表于《日本学刊》2017年第1期，题为《日美军事一体化下情报共享机制及其影响》。在此有所修改。

施；形成了较为完备的情报共享机制：情报侦察体系日趋完善，数据传输方式更加多样化，情报共享领域逐渐拓宽，情报共享的联合威慑作用凸显。日美情报共享机制的创设，能加强日本自身的情报机能，提高其在日美同盟中的地位，但同时会将日本束缚在日美同盟框架的囹圄中而丧失自主性。

近十年来，为了促进日本自卫队和美军在战术方面的协调沟通，提高一体化作战能力，顺利地实施旨在共同保卫日本的联合作战，日美两国不断加强联合军事演训，强化在中国东海和南海地区的情报搜集。2005年10月，美国国务卿、国防部长和日本外务大臣、防卫厅长官参加了"日美安全保障协商委员会"（以下简称"日美'2+2'会议"），该会议得以顺利召开，日美就实现"军事一体化"的范围、措施和进程达成了协议。2006年5月，日美"2+2"会议后发表了联合声明及驻日美军"整编实施路线图"，标志着日美军事一体化进入实践阶段。

军事一体化程度的提升与情报共享机制的完善是相辅相成的。一方面，实现以情报交换和共享为主要形式的情报合作，是提升军事一体化程度的必经之路；同时，军事一体化程度的加深，也为两国实现全面情报共享提供了保障。日美两国通过搭建情报共享磋商平台、建立联合调整机构、共用情报设施和情报基地、提高设备与信息化水平、完善情报共享的法律法规等措施，来强化情报共享机制。这些措施为日美两国在反恐、反导、太空与网络空间等领域的交流合作提供了有力支撑。

（一）搭建高效、长效的情报共享机制

情报共享机制是指为了实现情报共享而构建的运行模式，包括以情报共享机构设置为主的体制建设和以颁布法律文件为主的制度建设。

1. 搭建高级别的情报共享磋商平台

为了能够顺畅制定情报共享政策、商讨情报共享具体事项以及进行意见交流，日美两国先后搭建了日美安全保障协商委员会（SCC）、日美安全保障高级事务级协商委员会（SSC）、日美防卫合作小委员会（SDC）等磋

商平台，设置了日美防卫相会谈、日本统合幕僚长与美国参谋长联席会议主席战略对话等磋商会谈机制。利用这些平台和机制，日美两国对情报共享的相关事项进行紧密磋商。

为确保防卫合作的实效性，强化各层级间的情报合作和共享，新《日美防卫合作指针》提出将建立从平时到战时所有阶段都能正常运作的"同盟协调机制"（参见图4—1）[①]和"共同计划制定机制"（参见图4—2）[②]。

"同盟协调机制"的主要任务是从平时到战时对日美双方的行动进行协调，包括召开协商会议、互派联络员以及建立情报共享渠道。虽然"同盟协调机制"并非专门针对两国情报共享而建立，但为日美同盟实现畅通的情报合作和共享提供了必要的磋商机制。2016年1月24日至2月2日，日美两国首次运用"同盟协调机制"展开指挥所演习，演习假想发生朝鲜发射导弹等"周边紧急事态"，通过运用日本防卫省联合参谋部与美军太平洋司令部进行情报互通的"日美共同调整所"，以及日本自卫队和美军部队间交流情报的各协调所，检验日美间情报共享的畅通性及有效性，旨在从平时起实现日本自卫队与美军的一体化作战，强化未来共同作战中的指挥控制和情报共享合作。

"共同计划制定机制"是在原有的"总体机制"的基础上修改而成的。"共同计划制定机制"是在日本首相和美国总统的统领下，以日美安全保障协商委员会为指挥机构，以共同计划商讨委员会（BPC）为核心，利用包括日美防卫合作小组委员会、日美安全保障高级事务级协商委员会、日美防卫相会谈等各层级机构，根据政策提议和获取的情报共享制订共同计划。日美两国希望通过这两个新机制的建立，进一步实现实时的政策磋商、情报共享和协调行动。

2. 建立情报共享协调指挥机构

情报共享机构间的紧密合作是实现情报共享必不可少的条件。日本作

[①] 防衛省自衛隊編：『平成28年版防衛白書』，http：//www.mod.go.jp/j/publication/wp/wp2016/html/n2433000.html。
[②] 日米安全保障協議委員会編：『日米防衛のための指針』，http：//www.mod.go.jp/j/approach/anpo/shishin/shishin_20150427j.html。

日美联合委员会

日方	美方
外务省北美局长、防卫省地方合作局长等参加	驻日美军副司令、驻日美国大使等参加

针对日美地位协定实施的相关事项进行政策调整

日美政策委员会

日方	美方
内阁官房、外务省、防卫省、自卫队局长级代表参加 *必要时，相关省厅代表也参加	国务院驻日国大使、国防部驻日美军局长级代表参加

针对不属于日美联合委员会权限内的事项进行政策调整

联合调整集团
（指针专门小组/运作委员会）

日方	美方
内阁官房、外务省、防卫省、自卫队的科长级代表参加 *必要时，其他相关省厅的代表也参加	驻日美国大使馆、驻日美军的科长级代表参加

* 指针专门小组设置于日美联合委员会之下，运作委员会设置于日美政策委员会之下
* 指针专门小组与运作委员会作为一个整体发挥作用，针对自卫队与美军双方的活动以及有必要对两国的相关机构进行介入的事项进行调整

日美共同调整所

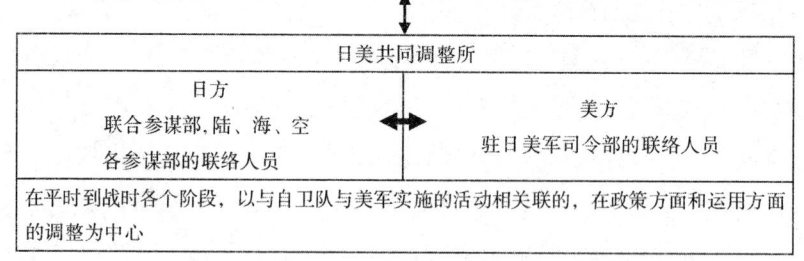

日方	美方
联合参谋部、陆、海、空各参谋部的联络人员	驻日美军司令部的联络人员

在平时到战时各个阶段，以与自卫队与美军实施的活动相关联的，在政策方面和运用方面的调整为中心

图4—1 同盟协调机制

为美国的同盟国，不断寻求机会，加强与美国情报共享部门间的交流与磋商。比如日本海上自卫队与驻日美军"N2部队"[①]不断进行情报共享活动。驻日美军"N2部队"的最高长官是驻日美军负责情报任务的参谋

---

① "N2部队"是美国的情报机构，主要任务是对当地部队进行支援，从事情报收集活动，实现联络计划等。

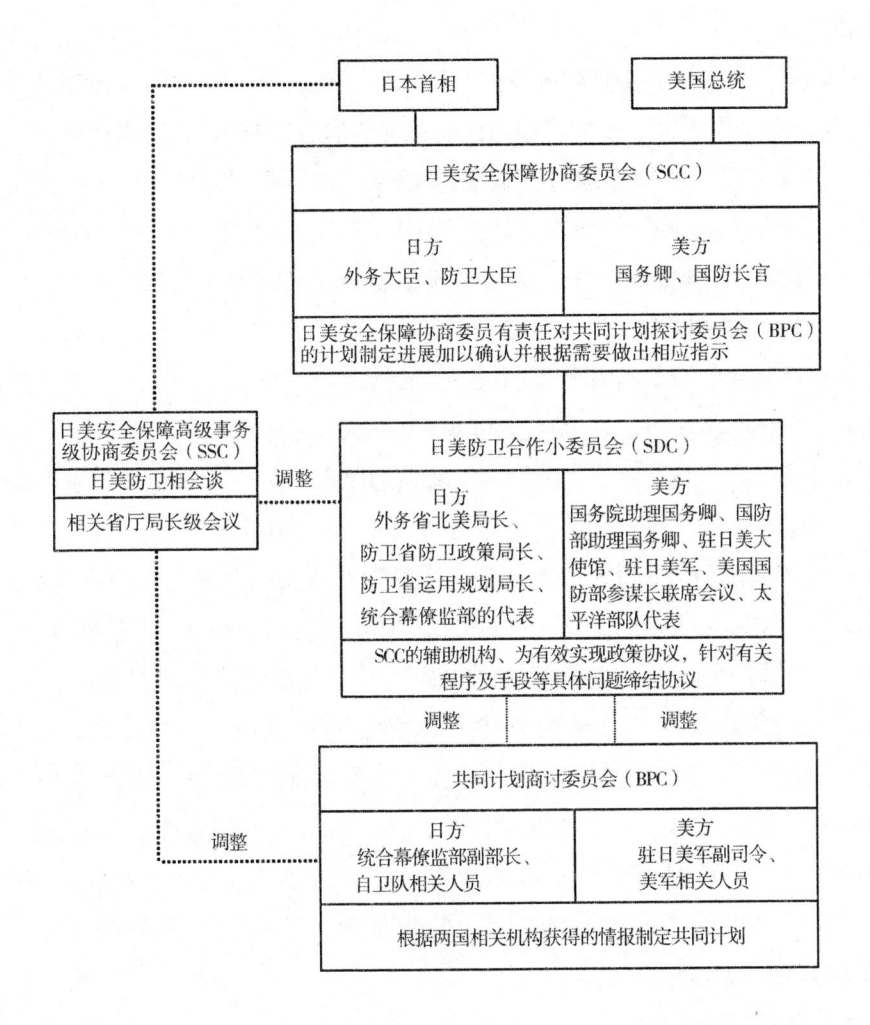

第四章 日本新时期"实力主义"对外战略理念——"远交近攻" | 097

```
                    ┌──────────┐      ┌──────────┐
                    │ 日本首相  │      │ 美国总统  │
                    └────┬─────┘      └────┬─────┘
                         │                 │
                    ┌────┴─────────────────┴─────┐
                    │ 日美安全保障协商委员会（SCC）│
                    ├──────────────┬──────────────┤
                    │    日方      │    美方      │
                    │ 外务大臣、   │ 国务卿、     │
                    │ 防卫大臣     │ 国防长官     │
                    ├──────────────┴──────────────┤
                    │ 日美安全保障协商委员有责任对共同计划探讨委员会（BPC）│
                    │ 的计划制定进展加以确认并根据需要做出相应指示│
                    └─────────────┬───────────────┘
                                  │ 调整
┌──────────────────┐              │
│日美安全保障高级事务│              │
│级协商委员会（SSC）│     ┌────────┴────────────────┐
├──────────────────┤     │ 日美防卫合作小委员会（SDC）│
│ 日美防卫相会谈   │─────├────────────┬────────────┤
├──────────────────┤ 调整│   日方     │   美方     │
│ 相关省厅局长级会议│     │外务省北美局长、│国务院助理国务卿、国防│
└──────────────────┘     │防卫省防卫政策局长、│部助理国务卿、驻日美大│
                         │防卫省运用规划局长、│使馆、驻日美军、美国国│
                         │统合幕僚监部的代表  │防部参谋长联席会议、太│
                         │                    │平洋部队代表          │
                         ├────────────────────┴──────────────────────┤
                         │ SCC的辅助机构、为有效实现政策协议，针对有关│
                         │ 程序及手段等具体问题缔结协议              │
                         └─────────────┬─────────────────────────────┘
                                       │ 调整      │ 调整
                         ┌─────────────┴───────────┐
                         │ 共同计划商讨委员会（BPC）│
                         ├────────────┬────────────┤
          调整           │   日方     │   美方     │
           ──────────────│统合幕僚监部副部长、│驻日美军副司令、│
                         │自卫队相关人员  │美军相关人员    │
                         ├────────────────┴────────────┤
                         │根据两国相关机构获得的情报制定共同计划│
                         └─────────────────────────────┘
```

图4—2 共同计划制定机制

长助理，部队下设情报调查及情报活动顾问、特别安全长官、特别情报联络科、情报联络及情报生产科、特殊舰队支援科等部门，其中情报联络及情报生产科负责协调美国太平洋舰队司令及驻日美海军司令与日本海上自卫队参谋长及海上自卫队联合参谋部指挥通信情报部部长之间的情报交换。①

为进一步打通日美情报共享的"脉络",日美两国在1997年新修订的《日美防卫合作指针》中明确提出建立"日美联合调整所",为实现作战协调、情报共享及后勤保障进行磋商和指导。在2000年2月举行的日美"2+2"会议上,两国首脑决定正式启用"日美联合调整所"。2000年5月,"日美联合调整所"移设于当时新建成的日本防卫厅办公楼地下,作为日美两国的"联合司令部",负责协调双方行动、收集和共享情报、制定并传达联合支援的行动方案。此外,根据2006年在"2+2"会议上达成的军力整编路线图,日美两国在驻日美军横田基地设立了负责防空和反导情报共享的"日美联合作战协调中心"(BJOCC)。该中心根据日美两国达成的反导情报共享体系安排,利用基地内的"宙斯盾"驱逐舰、巡洋舰、X波段雷达以及FPS-XX雷达,进行导弹情报的共享。2015年11月6日,日本防卫省计划在2017年前组建共同指挥机构——"日美共同部",以提高美军与自卫队的协同作战能力。此前建立的"日美联合调整所"和"日美联合作战协调中心"都是协调机构,"日美共同部"将成为首个日美联合指挥机构。该指挥机构的建立将进一步加强日美军事一体化的进程,促进情报共享的实现。随着日本解禁集体自卫权及对相关法律的修改,未来两国在海外联合行使武力已成为可能。建立情报共享协调指挥机构对于减少情报传递环节,提升日美联合行动的实效性具有重要意义。

3. 提高情报共享的信息化水平

为了进一步完善情报共享机制,保证情报共享的实效性,日美两国加速推进情报数据传输设备的信息化、数字化建设,为情报共享提供技术支持。

(1) 统一情报传输标准,搭建情报共享平台

根据日美同盟协议,日本自卫队所有骨干线路都要与驻日美军的数字

---

① Jeffrey T. Richelson, The U. S. Intelligence Community, Sixth edition. Cambridge: Westview Press, 2011, p. 408.

线路网相连，在日美两大军事通信系统之间顺利实现"拨号通话、高速传真、数据交换和图像传输"等自动指挥功能。[①] 美国和同盟国之间的 C⁴ISR[②]系统，是联合指挥机关传达重大战略决策以及各战略部队的指挥员对其所属部队进行通讯和联络的系统。为了保证日美通过 C⁴ISR 系统有效地实现情报共享，日本引进能够访问美军情报通信系统的各种数据链装置，并获得相关的设备、软件和口令。比如，日本引进美国的 Link – 11、Link – 16、Link – 22 等数据链统一通信格式。其中，Link – 11 数据链是美军早年开发的战术数据信息链。该数据链曾广泛用于美军及同盟国的军队之中，而 Link – 16、Link – 22 数据链是美国海军新开发的战术数据信息链，带宽相比 Link – 11 有大幅提升。数据链的升级换代不仅提高了日美两国的情报共享能力，还大幅增强了共同作战能力。日美两国 2006 年共同建立的反导情报共享体系，就是利用 Link – 16 数据链将自卫队与美军的"宙斯盾"舰和陆基雷达整合成一个整体，精确探测并计算发射升空的弹道导弹的轨道，以实现早期预警。

（2）建立联合数据系统，强化情报共享机能

日美两国使用自卫队与驻日美军之间的内部广域网，采用封闭式和点对点式的保密通信软件接收和传输文件，其主服务器位于驻日美军司令部，分节点分别设在日本自卫队和驻日美军的各级情报部门。为了提升本国情报机能并加强与美军之间的情报合作，日本于 2001 年开始建设"DII 国防信息基础设施"（Defense Information Infrastructure），2004 年又投入 1555 亿日元（约合 14.5 亿美元）完善这一系统。通过该系统，日本自卫队可以与美军建立联合情报数据库，随时共享情报。日美两国还利用民间的通信卫星和中继卫星，为获取更多的军事情报，构筑完整的图像情报搜集和传递网络，形成联合数据系统以实现情报共享。

---

① 汪桂华："日本自卫队信息化建设的特点、体系结构及发展趋向"，《电视技术》，2006 年第 1 期。

② C⁴ISR 系统是一种自动化指挥系统。C⁴ 代表指挥、管理、通信、计算机，I 代表情报，S 代表电子监听，R 代表侦查。

(3) 开发新型侦查预警系统，提高情报共享水平

日美两国非常重视技术合作，自2005年日美"2+2"会议确立共同战略目标后，双方的技术合作进一步加强。日本在美国协助下着手研发侦察卫星，以弥补美国在亚洲地区情报获取的不足。此外，在美国的帮助下，日本2006年在距钓鱼岛仅180公里的宫古岛上增设了一套地上电磁测定装置，并建立了"航空自卫队冲绳那霸基地宫古岛分屯基地"（又称野原基地），用于搜集和共享钓鱼岛及附近海域的情报。2009年，日本在西南部的福江岛上新建了一座大型电磁波测定装置。该电磁波测定装置可自动定位电磁波辐射源及相关技术参数，以对在中国渤海及黄海海域游弋的中国军舰进行监视。上述监听站和电子侦测站与美军在亚太地区设置的情报侦察设备联网后，可共享中国及日本周边海域的情报。2009年7月，日本开始启用新型自动警戒管制系统（Japan Aerospace Defense Ground Environment，JADGE），该系统集传输、处理、指挥、检测等性能于一身，能全天候监视日本周边的航空情况。利用该系统获取的情报，不仅可以传送至日本各地的防空司令部、防空管制所"GCI"、航空方面队的作战指挥部，还能够传送至自卫队航空总队作战指挥部、自卫队航空幕僚监部作战室和驻日美军司令部。此外，近年来，日美一直共同致力于建设战区导弹防御系统，并加强有关导弹的情报共享。美国除了为日本提供部署在日本北部的FBX-T型X波段雷达外，还帮助日本研发FPS-3改进型雷达系统和新型FPS-5雷达系统，目前还就部署FPS-7型雷达系统与日本进行沟通。此外，作为新型预警雷达核心的"FPS-XX"系统能克服地球曲线的限制，探测到距离2000公里以上的雷达信号，其主要的防御目标是中国的中程弹道导弹。因此，美方强烈要求与日本分享该型雷达搜集到的情报。从FPS-5雷达开始就可以与"宙斯盾"舰指挥控制系统、"爱国者-3"型导弹以及JADGE系统实现情报共享，"FPS-XX"系统的应用更是使日美情报共享达到一个更高层次。日美两国之所以加大力度共同研发先进的装备和技术，一方面是为了提高双方获取情报的能力，另一方面是为了共同掌握技术装备的参

数,从而能够更快实现情报共享。

4. 完善情报共享的法律法规

为了使日美情报共享机制更加实效化和完善化,日美两国通过颁布纲领性文件、发表报告、签署协议,制定或修订相关法案等途径使日美两国间的情报共享"有法可依"。

(1) 重新修订《日美防卫合作指针》

1978年制定的《日美防卫合作指针》包括以下三个部分。第一部分规定:日美双方应制订共同的作战计划;进行共通演习和共同训练;为保证日本的安全,要调整相互之间的通信联络体制以顺利实现情报交换;以及通过调整补给、输送、配备、设施等措施提供相互支援。第二部分规定:若日本遭受武力威胁,为确保对共同行动的协调,必要时要设立"日美联合司令部",若日本受到武力攻击而且自身无法应对时,应与美国联合应对;在与美国共同实施陆上、海上、航空作战时相互提供必要的支援;为了实现有效的共同作战,日美要通过协调机关来积极调整作战、情报和后方支援。第三部分规定:在远东事态影响日本安全环境时,日美双方应尽早根据形势召开会议,并根据《日美安全条约》等相关文件为美军提供行动上的便利展开研究。由此可见,"78指针"初步绘制了日美情报合作的蓝图,奠定了日美情报合作的制度基础。与此相比,"97指针"在防卫合作方式、合作范围、角色分担等方面发生了一系列变化,更加注重在"日本有事"和发生"周边事态"时日美双方的行动协调和合作事项。"97指针"对日美防卫合作的要求主要有以下几点:首先,提出了"周边事态"这一新的概念,并将"周边事态"作为日美防卫合作的重点,要求进一步交换有关周边事态的情报;其次,"97指针"指出,在日本遭受武力攻击时,为了有效地实现共同作战,日美两国要加强情报合作;再次,"97指针"中决定利用"日美联合司令部",对日美两国进行的联合军事行动进行指挥和决策,并提出在平时要通过包括日美安全保障协商委员会和日美安全保障高级事务级磋商委员会在内的一切机构进行情报交换和政策协商。最后,"97指针"规定,当日本有受到武力攻击的威胁时,日美两国要强化情报交换和政策协商，尽早利用日美协调机制。

2015年出台的《日美防卫合作指针》不仅反映了两国最新的战略方针，体现了两国未来在防卫领域的动向，也标志着日美防卫合作进入了新阶段。"新指针"规定的新时期日美防卫合作的主要目标是：组建新的"日美同盟协调机制"和"日美共同计划制定机制"，以实现从平时到"灰色"事态、战时状态的全面无缝应对；在太空、网络、跨国行动等领域互相提供支援、展开合作；就应对武力攻击的问题深入讨论；扩大日本对美国支援的范围并促进日美两国相关部门和各层级之间的情报共享。[①]在情报共享方面做出了三点规定：其一，日美两国要拥有对形势的共同认识，强化包括国家战略层面在内的情报合作与共享；其二，为了实现更紧密的情报合作与共享，两国要继续推进与情报共享有关的相关政策、规定；其三，两国寻求进行情报共享的合作伙伴。新指针的出台，对今后日美情报共享提出了更高的要求，也对两国今后的情报共享做出了更高层面的布局和谋划。

（2）全面、细致地规定了情报共享的实施领域

《反恐特别措施法案》的颁布使日美情报合作突破了地域限制。根据该法案，2001年9月，日本海上自卫队派遣护卫舰"鞍马"号、"雾雨"号和补给舰"海藻"号，赴印度洋协助美军搜集所在海域的船舶行驶情况和飞机的飞行状况，以及该海域的气象、海象和停泊地的补给能力等情况，并实时与美军进行反恐情报共享。《反恐特别措施法案》的制定，不仅使日本向海外派遣自卫队合法化，也使日本自卫队在本土范围以外的地区协助支援美军活动合法化，特别是在情报合作方面突破了地域限制，即日本可以在海外与美国分享、交换情报。为了给美国提供反恐情报共享支援，日本又在2008年1月紧急出台了《新反恐特别措施法案》。该法案规定，日本海上自卫队要为美国提供情报支援、进行情报共享并共同维持海洋安全。2014年12月，在日、美、韩三国联合签署的情报共享备忘录中

[①] 日米安全保障協議委員会編：『日米防衛のための指針』，http：//www.mod.go.jp/j/approach/anpo/shishin/shishin_20150427j.html。

明确规定,要加强针对朝鲜核问题等情报的共享。

《日美地理空间情报共享合作协议》的签署标志着日美情报合作更加制度化。随着作战方式的不断变化,日美两国更加重视地理空间领域的情报共享。美国曾公开表示,"通过利用地理空间情报获得的参考图像及数据,可以提高联合作战部队的反应力,能够有效应对各种威胁。这些图像和数据可以成为联合作战的基础和参考资料","地理空间情报通过把以往的地理空间数据、图像以及其他资料进行整合并进行数据化,能够直观地反映出目标的位置、自然景观及地面上人类的活动"。[1] 2004年4月,美国国家地理空间情报局（NGA）发布了《国家地理空间情报系统战略意图报告书》,报告书指出,"需要借助国内外的力量,实现地理空间情报系统的价值"。[2] 基于该文件,2006年12月,日美两国在东京签署的《地理空间情报共享合作协议》中规定,日美两国"相互提供地理空间情报,实施地理空间情报的共同研究及共同开发"。[3] 通过该协议,日美两国不仅可以共享各自所掌握的有关朝鲜和中国等国家的地理空间情报,还可以共享朝鲜核试验的相关设施、导弹发射基地的图像以及导弹部队的动向等机密情报。该协议的签署将加速军事一体化进程,标志着日美之间的情报共享由秘密转向公开,意味着日美情报合作更加制度化。如今,地理空间情报已成为信息化战争的基础,对信息化战场上联合作战和各种信息化武器的使用起着至关重要的作用。

《日美太空状况监视（SSA）合作协议》的签署,表明日美情报合作已经辐射到太空领域和网络空间。2011年日美"2+2"会议文件规定,日美两国在日美两国具有共同利益的太空与网络空间领域加强情报共享[4]。

---

[1] "Geospatial Intelligence Support to Joint Operations", http://fas.org/irp/doddir/dod/jp2-03.pdf.

[2] Robert B. Murrett: National System for Geospatial Intelligence (NSG) Statement of strategic Intent, 2004年版。

[3] 『地理空間情報の分野における協力に関する日本国政府とアメリカ合衆国政府との間の交換公文』, http://www.mofa.go.jp/mofaj/gaiko/treaty/pdfs/A-H18-0138.pdf.

[4] 『より深化し、拡大する日米同盟にむけて：50年間のパートナーシップの基盤の上に』, www.mod.go.jp/j/approach/anpo/201106_2plus2/js1_j.html。

2013年5月，日本外相岸田文雄与美国驻日大使签署的《日美太空状况监视（SSA）合作协议》，明确规定日美两国具有共同监视太空状况、进行相关情报共享的义务，指出："日本需要太空物体（包括太空发射器）轨道数据及情报时，美国可以向日本提供太空状况监视数据。"① 2015年出台的"新指针"又对太空空间情报共享做出了具体规定，指出："日美两国政府为了确保提升能力，将在必要时提供相互支援，对于能够影响太空与网络空间的安全稳定，或是阻碍利用太空与网络空间的行动和事态进行情报共享。日美两国还将针对宇宙系统中发生的威胁进行情报共享。此外，日美两国将继续保持合作，寻求机会共同加强海洋监视和宇宙系统的抗毁性及快速恢复能力。"② 可以预见，两国以此为基础对宇宙空间秘密情报的交换和共享将更加紧密和深化。

在网络领域，两国也形成了紧密的双边合作机制。2011年5月，美国国防部发布了《网络空间国际战略》，要求加强与同盟国之间在网络安全领域的情报共享。③ 在2013年5月举行的首次日美网络安全综合对话上强调，两国不仅要提高两军之间的相互作战能力，还要强化网络空间的合作及情报共享。2014年4月，日美两国再次举行日美网络安全综合对话，并就网络攻击、情报交换、网络犯罪等问题在网络空间领域进行广泛的情报合作达成了一致。

（3）情报保密更加制度化

2007年日本海上自卫队"宙斯盾"舰情报泄露事件直接造成日美两国在情报上的被动局面。泄露的情报包括弹道导弹防御系统中的海基型导弹拦截（SM-3）参数以及用于数据传输的Link-16参数等"特别防卫机密"情报。信息化系统的不断升级，使得各种技术参数、战略情报、密码

---

① 『宇宙の状況の監視に関する日本国政府とアメリカ合衆国政府との間の書簡の交換』，http：//www.mofa.go.jp/mofaj/files/000005440.pdf.

② 日米安全保障協議委員会編：『日米防衛協力のための指針』，http：//www.mod.go.jp/j/approach/anpo/shishin/shishin_20150427j.html。

③ "International Strategy For Cyberspace-Prosperity", Security, and Openness in a Networked World, 2011 May, https：//www.whitehouse.gov/sites/default/files/rss_viewer/international_strategy_for_cyberspace.pdf.

技术等机密情报都可以通过计算机通信网络进行相互关联和共享,一旦这其中某一个环节发生泄密事件,就有可能造成大量秘密数据的泄露。鉴于此,两国均认为有必要制定专项的保密法规对两国的情报进行保密。2007年8月10日,日美两国正式签署了《秘密军事情报保护协定》。该协定规定了日美相互保护军事秘密的义务,明确了保护军事秘密的六条原则。[①]该协定的签订,大大提高了日美两国的情报合作层级,标志着两国之间的情报合作再次升级,从制度上保障了日美间重要军事秘密的安全性。

从上述一系列举措可以看出,为了搭建高效、良性的情报共享机制,日美两国不断制定和完善相关体制和制度,并将其打造成有章可循、有法可依的良性、长效机制。

(二) 日美情报共享机制的功能性特点

日美情报共享机制的完善与日美军事一体化的程度是相辅相成的。日美军事一体化的加深,要求更加完善、高效的情报共享机制。通过日美两国对情报共享机制长时间的经营,其在功能上呈现出以下特点:

1. 情报搜集能力得到提升,情报侦察体系日趋完善

日本海上自卫队与美国海军太平洋舰队构筑了远中近三层情报搜集网:美国海军太平洋舰队在冲绳部署了P-3远程巡逻机和EP-3电子侦察机;太平洋空军在日本冲绳嘉手纳航空基地部署了第961空中预警机中队,成为美国在亚太地区驻军中侦察力量最强大的基地,拥有先进的E-3C/D型空中预警机、EP-3电子侦察机、E-8C监视与指挥机、P-3C巡逻机、WC-135W特种侦察机等多种机型;日本海上自卫队在冲绳、鹿儿岛、横滨和青森等五大基地部署了P-3远程巡逻机和EP-3电子侦察机,航空自卫队不仅拥有美制E-2C空中预警机,还拥有美制E-767预警机,日本成为西太平洋地区拥有空中预警机最多的国家。日美两国还运用先进

---

① 外務省編:『秘密軍事情報の保護のための秘密保持の措置に関する日本国政府とアメリカ合衆国政府との間の協定の署名・締結について』,http://www.mofa.go.jp/mofaj/press/release/h19/8/1174843_810.html。

的空间拍照、红外线观测、磁力线变化侦测、核材料分析以及监听、电子信号侦察等多重手段进行侦察。此外，美军还调集"全球鹰"等超高空无人侦察机，与日本低空反潜巡逻机相互配合，提高情报搜集能力。

日美两国通过提高情报搜集能力，不断保持并扩大在情报侦察领域的优势地位，打造全方位、立体化的情报侦察体系。

2. 情报传输方式多样化，传输流程逐渐优化

畅通的情报传输流程是情报共享能够顺利实施的保证，先进的数据传输方式为情报共享提供了技术支持。为了解决日美情报共享中存在的情报数据标准不匹配、数据传输不通畅等问题，日美两国开始在情报共享技术上加以改进。日本将美国海军建立的新式实时数据链 link – 16 引入到"金刚"级神盾驱逐舰等主力舰种上后，日美双方可以通过加密卫星、超高频通讯以及无线局域网等技术，实现实时、保密和快捷的情报共享。

此外，日美情报共享还向着网络化方向发展。信息化环境中，情报的获取、传递、控制和使用都离不开网络。信息化战争情报活动的空间是网络空间，无论是战略情报还是战术情报的获取与传递，无论是全球范围还是战区范围的情报活动都是依靠网络进行的。日美根据美军提出的"共用相关作战图"，利用网络把综合、准确、可靠和有效的信息，经过选择、裁剪之后，在正确的时间和地点以正确的表现形式及时地提供给联合部队，使单位和个人都能享有共同的信息。①

3. 情报磋商级别提高，人员交流更加紧密

参与情报共享磋商的人员级别反映情报共享的力度和深度。早期出席日美安全保障协商委员会的人员分布是日本外相和防卫厅长官及美国驻日大使和太平洋司令，后来升格为由日本外相、防卫厅长官及美国国务卿、国防部长参加。出席人员级别的提升标志着日美两国对情报合作重视程度的提高。此外，日本自卫队早期还向位于美国弗吉尼亚州匡蒂科的海军陆战队开发司令部和各军研究机构派遣常驻自卫官。2013 年 8 月，日本派遣

---

① 美国联合部队司令部：《快速决定性作战构想》，军事科学出版社，2005 年版，第 6 页。

自卫官常驻美国空军的中枢机构——空军参谋本部，2014年8月，日本海上自卫队联络官常驻美国海军的核心机构——海军作战本部。日本向美国派遣联络官常驻机构级别的提升，充分显示出日美进一步加强情报交流的意图，显示了日美情报合作层级的提升。

4. 情报共享区域拓宽，共享伙伴增多

随着近年来各国对太空领域的涉足和信息技术的不断发展，日美两国军事一体化程度进一步增强，情报共享的范围由传统领域拓展到太空与网络空间领域，形成了全方位、立体化的情报共享网络。

同时，日美还加强与韩国、中国台湾地区等周边国家和地区间的情报共享。首先，日美两国利用韩国对朝鲜具有绝对地缘优势和语言文化优势，加强其对朝情报的搜集。2014年12月韩、美、日签署三边情报共享协议，日韩得以通过美国交换关于朝鲜核导的情报。2015年4月，韩国国防部国防政策室室长与美国国防部副部长助理，在分别率团参加在华盛顿举办的韩美联合国防协商机制会议后，双方整合组建"韩美遏制战略委员会"，大力推进"杀伤链系统"和"韩国型导弹防御系统"建设，全面加强情报共享与合作。[①] 2016年11月23日日韩签署可共享安全领域机密情报的《军事情报保护协定》（GSOMIA）。[②] 其次，日美还逐步把中国台湾地区纳入日美情报共享体系。美国向中国台湾地区出售50套"联合战术信息传送系统"（JTIDS）。该系统不仅是美军现役Link-16数据链独有的配套子系统，而且是日本自卫队通信系统的主体，因此该系统成为三方情报交流的平台，有助于实现情报共享。再次，日美两国还积极加强与欧洲、澳大利亚、印度、东盟各国之间的情报合作关系。2008年，日澳两国签署了同意分享机密情报的谅解备忘录，承诺扩大联合军事演习等；2009年9月，日本海上自卫队和澳军在纪伊半岛外海进行首次联合军事训练；2015年7月，日本首次派兵参加美国和澳大利

[①] "日媒：日本将参加美澳联合军演应对中国的活跃"，《环球时报》，2015年4月17日，http://military.china.com/news2/569/20150417/19542288.html。

[②] 『日韓軍事情報協定、22日にも閣議決定へ』，http://www.sankei.com/world/news/161117/wor1611170070-n1.html。

亚举行的联合军事演习。日美澳三国利用军事演习的机会，除了可以加强在共同作战中的协同能力，同时还旨在检验情报共享的流程是否顺畅、情报传输是否准确等内容。这样，通过将日本、韩国、澳大利亚等美国亚太盟国的探测和拦截导弹的战力加以整合，就可构筑强大的情报共享网络，打造共同的导弹防御体系。

由此可见，日美在保持密切协作和合作的基础上，通过强化与具有相同价值观和战略利益的国家的合作，来推进与美国主导的同盟国间的情报共享，构筑多层的、复合的合作关系。

5. 情报共享公开化，联合威慑作用日益凸显

日美于2006年、2007年向外界宣布了两国签署的《地理空间情报合作协议》《军事情报保密协定》等专门针对情报合作的双边协议，进一步明确了两国情报合作的具体领域以及为防止泄密而采取的具体措施，并将协议规定的内容公开发表在日本防卫厅和美国白宫网站上，供人们随意查阅。日美双方公开发表的指针和签署一系列文件，为情报共享机制提供制度基础，同时，也通过公布有关加强防卫合作和情报共享的政策、文件，以凸显对周边国家的震慑作用。

（三）日美情报共享机制对日美两国的影响

日美情报共享机制不仅能满足日美同盟对情报的需求，为日美两国联合应对突发事态制定相应对策提供支持，还给日美两国带来不同影响。

1. 日美情报共享机制对日本的影响

第一，日美情报共享机制的建立，加强了日本自身的情报机能。为了提升日美情报共享的层级，提高获取情报的质量，日本努力从情报搜集、情报保密等方面加强自身的情报机能建设，改变了以往一直依赖美国为其提供情报的状况。比如，在改进情报搜集技术方面，日本于2003年发射了光学1号、雷达1号侦察卫星，2007年2月发射了雷达2号侦察卫星，2013年1月发射了雷达4号侦察卫星，构建了具有四卫星体系的准天顶卫星系统，具备了对地球上任意一目标物每日至少侦察一次的能力。随后，

又先后发射了光学5号、雷达5号以及两颗光学验证卫星，并计划于2020年前完成具备七卫星体系的准天顶卫星系统。准天顶卫星系统除了提供导航定位、通信广播外，还能对周边地区进行全天时、全天候的情报收集，尤其能够对陆基洲际弹道导弹和潜射弹道导弹（SLBM）进行预警。日美两国通过将准天顶卫星系统获取的情报与美国的DSP卫星（国防支援卫星）获取的情报进行共享，提高了日美间情报共享的质量。此外，情报的保密问题关系着日美两国能否顺利实现情报共享。为了提高情报共享的实效性，日本还积极加强情报保密建设，完善情报保密法规。

美国也针对日本多次情报泄密事件，对日本的情报保密提出了更高的要求。自"宙斯盾"泄密事件开始，美国就对日本的情报保密体制产生了怀疑。为了重新赢得美国的信任，日本积极设立情报保密机构，加强情报保密制度建设。日本先后成立"反间谍中心""情报保全本部""防谍委员会""反情报室"等机构，负责日本内阁、自卫队等机构的情报保护和防谍工作。[1] 在此基础上，日本出台了《强化反间谍机能基本方针》，建立了"接触机密者资格审查制度"，并制定了《军事情报保密协定》《特定秘密保护法》，以防范其他国家的对日间谍活动。由此可见，日本在构筑日美情报共享机制的过程中，其情报搜集能力的独立性得到进一步加强，情报保密建设也取得了一定的成效。

第二，日美情报共享机制的构建，提高了日本在日美同盟中的地位，但同时会将日本束缚在日美同盟框架的囹圄中而使其丧失自主性。日美两国间的情报合作方式逐渐由情报交换转变为情报共享，标志着日美两国的情报关系越来越紧密，日本在日美同盟中的地位得到了提高。随着日本在日美同盟中地位的不断提高，美国要求日本所承担的责任也越来越大。随着对集体自卫权的解禁和新安保法案的颁布，日本扩军道路上的障碍被扫除，这使得日本能够更加"名正言顺"地走出国门，配合美军行动。再加上"新指针"进一步突出了日本的军事地位，使日本在日美同盟中的军事

---

[1] 肖传国："冷战后日本情报体制改革探析"，《日本学刊》，2012年第4期。

作用不再仅仅局限于为美国提供军事基地和情报设施，还包括要求自卫队为美军提供更多支援活动，甚至是与美国联合在全球行使武力。这是冷战结束后日本所孜孜以求的战略目标，但这同时会将日本束缚在日美同盟框架的囹圄之中，进一步受到日美同盟的桎梏，将来或可成为美国海外军事行动的"敢死队"。

2. 日美情报共享机制对美国的影响

日美情报共享机制的建立有利于维持美国在亚洲的军事地位，减轻其国内的军费压力，加强对日本的监控。

由于朝核问题以及中国综合国力的不断强大，美国决定"重返亚洲"。奥巴马上任后，更加重视亚洲，提出"亚太再平衡"战略。为了顺利推行该战略，美国不得不依靠同盟国日本为其提供支援，其中就包括情报上的支援。美国与同盟国日本进行情报共享，为插手亚洲地区安全问题提供了可靠的情报来源，提高了美国主导亚洲事务的能力，巩固并维持了美国的世界霸权地位。另外，近年来，由于受阿富汗战争、伊拉克战争的影响，美国的军费支出长期处于高额状态，再加上美国GDP增长缓慢，有时甚至出现负增长，美国不得不控制军费开支，尤其是海外军事行动预算。例如，奥巴马政府为2016财年申请5850亿美元的军费预算中，5340亿美元为基础预算，510亿美元为海外军事行动预算，军费总额比2015财年军费增加4.4%，但海外军事行动预算减少21%。[①] 2011年，时任美国海军作战部部长乔纳森·格林纳特（Jonathan Greenert）表示，美国海军需要确保在世界上其他地区的军事地位，但是由于削减国防预算带来的压力，美国将不得不在军事行动或与盟国联合军演时"交换资源"。[②] 因此在海外军事行动上，美国需要同盟国日本为其提供支援。与日本进行情报共享，不仅可以获得更多的情报，还可以提高在日美同盟中日本的军事分担，减轻美国的国防开支和军费压力。此外，为了使日本的存在不会对美国

---

① "美国2016年军费预算创新高 超8国军费预算总和"，《中文国际》，http：//www.chinadaily.com.cn/hqgj/jryw/2015-02-04/content_13171195.html。

② "美称因军费压力将在与盟国联合军演时交换资源"，http：//mil.eastday.com/m/20111020/u1a6161371.html。

构成威胁，美国希望能够充分掌握日本国内的政治、经济、军事动向。与日本开展情报共享无疑为美国实现这一目标提供了便利条件。虽然日美情报合作中日本的地位得到提升，但由于美国掌握着核心技术，使得日本始终处于美国的领导之下。美国在高新技术方面的情报，特别是卫星情报方面占据垄断地位，美国利用这种优势对日本的情报收集情况进行监控，从而了解日本的最新动向，达到控制日本的目的，防止日本对其造成威胁。

第二节 加强日印防务合作

近年来日本十分重视与印度间的防卫交流与合作，不断构建包括全面安全、防卫政策和军事三个层面的对话机制，加强并提升两国诸军兵种间的联演联训等军事领域的合作与交流，各级军事和安全保障部门交流密切，不断提升战略合作水平和层次。特别是进入"安倍—莫迪"时代后，两国进入了"热恋期"，领导人互访频繁，高层互访制度化，磋商机制固定化，显示出新的特点。

一、加强日印防卫安全合作

进入21世纪后，日本不断强化日印伙伴关系，将两国间的"全球伙伴关系"推向"全球战略伙伴关系"。特别值得注意的是，日本不断加强与印度间的安全和军事层面的交流与合作，这从其《防卫白皮书》对此问题关注程度的变化便可见一斑。从2006年起，日本《防卫白皮书》中开始出现"日印防卫交流"这一项目，到2010年则将其变更为"日印防卫合作与交流"，增加了"合作"项目。该部分在其中所处的位置，也从

2006年至2008年的第六位，升至2010年至2013年的第三位。

（一）日印加强防卫交流的主要举措

日印两国在防卫安全领域的合作日趋广泛，且呈不断扩大的态势，形成了机制化、常态化的安全合作模式。

1. 连续进行安全保障对话，不断签订防卫协议

进入21世纪后，日本历届政府对于全面深化日印两国防卫合作，拉近与印度的军事、防卫关系方面倾注了很高的热情，花费了很多精力。

首先，两国首脑会晤重视防卫合作。

2000年8月，时任日本首相森喜朗出访印度，双方提出在适当的时候恢复因印度进行核试验而中断的安全对话。2001年12月，印度总理瓦杰帕伊访问日本，双方发表《日印联合宣言》，开始进行安全对话和军事协商。2005年4月，日本首相小泉纯一郎访问印度，双方再次确认，希望进一步深化在安全保障和防卫领域的交流。2006年12月，日印双方宣布将两国关系升级为"全球战略伙伴关系"，并在政治、安全等领域进行合作。2007年8月，日本首相安倍晋三访问印度，双方首脑发表了《关于新时代日印全球战略伙伴关系路线图的共同声明》，就两国间安全领域的合作达成共识。2008年10月，日本首相麻生太郎和印度首相辛格签订了《关于日印安全保障合作共同宣言》，就"构筑两国全方位合作机制，促进两国间的安全合作"达成共识，表示要在有关长期性战略和国际课题的情报交换及政策调整、防卫对话与合作、海上安全合作、运输合作、维护和构筑和平的经验共享等安全领域进行合作。2008年10月，印度首相辛格访日，两国签署了《关于推进日印全球战略伙伴关系的共同声明》以及《关于日印安全保障合作共同宣言》。值得关注的是，该共同宣言是日本继日美、日澳之后签署的第三份有关安全领域的宣言，是日印安全合作的指导性文件。该宣言指出，通过国防部长、副部长级以及局长级防卫官员的会晤及对话，来加强包括双边及

多边演训在内的军种间交流，推动防卫当局间的合作。① 2009年12月，日本首相鸠山由纪夫访印时，与印度首相辛格制订了旨在推进日印安全合作的行动计划。行动计划中包括反海盗合作、实施海上联合训练等切实推动双边海上安全合作的内容。2010年10月，印度首相辛格访问日本，双方发表《面向未来十年日印全球战略伙伴关系构想》的共同声明，决意切实扩大两国在安全保障及防卫领域的合作。2011年12月，日本首相野田佳彦访问印度，双方表示要加强两国间的战略与全球伙伴关系。2013年5月，印度首相辛格访问日本，与日本首相安倍签署了共同声明，两国首相决定"定期、频繁地实施两国海军制度化的双边常规海上军演"，基于《关于日印安全保障合作共同宣言》扩大两国间的防卫合作，并就印度引进日本的US-2水上飞机达成协议。②

其次，防卫高层互访制度化，磋商机制固定化。

21世纪以来，两国国防部长以及陆海空军参谋长的互访十分频繁（参见表4—1），呈常态化、机制化之势。

表4—1　21世纪以来日印防卫高层互访情况一览表

时间	事项
2002年	7月，印国防部长费尔南德斯访日；12月，日航空自卫队参谋长远竹郁夫访印
2003年	5月，日防卫厅长官石破茂访印
2004年	7月，印空军参谋长克里希纳斯瓦米访日
2005年	5月，日防卫厅副长官今津宽访印；9月，日自卫队联合参谋议长先崎一访印；10月，印海军总参谋长普拉卡什访日
2006年	2月，日海上自卫队参谋长斋藤隆访印；3月，日陆上自卫队参谋长访印；4月，日航空自卫队参谋长吉田正访印；5月，印国防部长穆克吉访日

---

① 『防衛白書』，2010年版，http://www.clearing.mod.go.jp/hakusho_data/2010/2010/index.html。

② 『防衛白書』，2013年版，http://www.clearing.mod.go.jp/hakusho_data/2013/2013/index.html。

续表

时间	事项
2007年	1月,印空军参谋长特亚吉访日;4月,印陆军参谋长辛格访日;4月,印国防部副部长访日,第一次日印副部长级防卫政策对话(东京);7月,日印防长会谈(新加坡);8月,日防卫相小池百合子访印;8月,日防卫副大臣木村隆秀访印
2008年	8月,印海军参谋长梅赫塔访日
2009年	8月,印陆军参谋长访日;11月,印国防部长安东尼访日
2010年	4月,日防卫相北泽俊美访印;7月,中江事务副部长访印;7月,外务和防卫副部级对话(2+2)(新德里);7月,第二次日印防卫政策对话;9月,印空军参谋长奈克访日;9月,印海军参谋长访日
2011年	2月,陆上自卫队参谋长访印;11月,印国防部长安东尼访日
2012年	10月,日印外务和防卫副部级对话(2+2)(东京);10月,日印防长会谈(东京),第三次日印防卫政策对话
2013年	1月,在新德里举行首次局长级对话,主要讨论双方外交、国防部门如何在海洋领域展开合作;2月,日本海上自卫队参谋长河野访印
2014年	1月,日本防卫省长官小野寺五典访问印度,确认海上自卫队与印度海军继续联合演习
2015年	3月,印度国防部长帕里卡尔访问日本,会见了日本首相安倍晋三和防卫大臣中谷元,希望加强双边防务与战略合作,包括日本海上自卫队继续参与"马拉巴尔"演习;11月,日本防卫大臣中谷元与印度国防部长帕里卡尔在吉隆坡近郊的酒店举行会谈,日本愿意继续参加印度和美国海军的联合海上训练
2016年	7月,日本防卫相中谷元访问印度,并与印度国防部长帕里卡尔举行会谈,就日本海上自卫队参与美国和印度两国海军"马拉巴尔"联合军事演习,以及推进日印联合训练事宜交换意见,并就日本向印度出口海上自卫队水上救援飞机"US–2"一事进行磋商
2018年	8月,日本防卫大臣小野寺五典到访印度,与印度国防部长尼尔马拉·希塔拉曼举行年度国防部长对话,双方决定将于年内举行两国首次反恐演习,同时提高反水雷和反潜艇作战水平

通过防卫高层的互访,两国签署了促进防卫交流的共同文件,就展开不同层次、不同领域的双边防卫交流与合作达成了共识。2004年11月,两国在东京举行海洋安全保障对话,讨论了双方在海洋安全方面加强合作

的问题。2007年4月，两国举行首次副部长级防卫政策对话。2008年11月，日海上自卫队与印海军举行首次人员对话，双方就两国海军间合作的发展前景交换了意见。2009年11月，印度国防部长安东尼和防卫大臣北泽俊美签署了《共同声明》，就安全合作达成下述共识：开启防卫大臣和国防部长间的年度会谈，实施防卫事务副部长和国防副部长的定期会晤，进行两国防卫当局间事务层面的定期意见交换以及参谋长的定期交流。2010年7月，两国在新德里举行了首次外交和防卫部门副部长级定期对话（"2+2"）和第二次副部长级防卫政策对话。此前，日本只与美国、澳大利亚开展"2+2"对话机制，因此，此次对话充分显示出日本对印度战略地位的高度重视。日本希望通过与印度的"2+2"会谈机制来构建外交军事同盟，其目的是从外交和军事上建立包围、牵制中国的网络，进一步提高日本自卫队的国际影响力，使日本军事不断进行对外扩张。2011年11月，日本一川防卫相与印度安东尼国防部长就举办副部长级防卫政策对话、日本陆上自卫队与印度陆军交流、日本航空自卫队与印度空军的人员交流、陆上自卫队中央快速反应集团国际行动教育队与印度陆军国际和平合作行动教育训练部队的互访等一揽子内容达成了共识。日本防卫省长官小野寺五典将于2014年1月前往印度访问，其间，小野寺将在印度确认海上自卫队与印度海军继续联合演习，强化防卫合作的方针。

除日印"2+2"机制外，还确定了日美印三国战略对话机制。日美印三国战略对话机制是日本、美国和印度于2011年建立的以地区问题为讨论议题的局长级磋商机制，至今已举办了五次。尽管每次会议的侧重点不同，但钓鱼岛问题、南海问题、亚太地区海洋安全保障问题以及联合军事演习等问题，均是每次会议的主要议题。第五次日、美、印三国战略对话2013年11月在东京召开，日、美、印与会三方就海上安全保障等议题交换意见，日印两国外长就开展日本海上自卫队与印度海军的联合演习，以及推进向印度出口日本海上自卫队使用的US–2型水上飞机的有关事宜达成了一致。

可以看出，两国业已形成制度化、机制化的对话机制，包括全面安对话、防卫政策对话和军事对话三个层面，其目的是通过扩大在军事和安全领域的合作，提升两国的军事合作关系，扩大、补牢对华包围圈。

2. 加强海上联演联训，提升联合作战能力

2010年"2+2"战略合作机制建立后，日印两国更加提高了军事领域合作的层级，开启了常规海军演练的制度化。

首先，加强两国海上防务部门间的联演联训。一是日本海保厅和印度海岸警卫队的联演联训。2000年11月8日，日本海保厅和印度海岸警卫队在印度东海岸马德拉斯附近的公海上举行首次反海盗联合演习。在本次演习中，日本海上自卫队派出1艘舰艇参加，印度派出3艘舰艇、1架水上飞机和1架直升机参演。此次演习的主要科目是双方舰艇和飞机协同在公海上拦截被"武装海盗"劫持的商船。二是日本海上自卫队与印度海军间的联演联训。2005年8月，日本海上自卫队访问孟买，与印度海军进行共同训练。2009年10月，两国举行了第一次海上安全保障对话，同年12月鸠山首相和辛格总理签署了"行动计划"，就两国海军间的合作与交流达成共识。2010年10月两国发表的《面向未来十年日印全球战略伙伴关系的构想》表明，两国在印度洋海域加强海上安全保障合作，通过双边和多边的演习、信息共享、训练和对话，加强在应对包含航行安全与自由以及处置海盗的海上安全保障、人道援助与灾害救援等安全保障方面课题的合作。① 2012年6月，海上自卫队和印度海军在日本的相模湾举行了首次联合军事演习。在本次演习中，印度海军1艘驱逐舰、1艘补给舰、2艘护卫舰，日本海自2艘护卫舰（"旗风""大波"）以及2艘直升机参加了共同演习，进行了战术作战训练和搜索、救援训练。这次军演不同于以往的以亲善友好为目的的简单训练，是以提高实战技术为目标、以提高战略合作能力为目的的注重"实战"的演习。

印日联合军演于2013年12月在印度近海举行。这是两国继上一年6月在日本相模湾后第二次举行海上联合军事演习，也是首次在印度洋举行

---

① 『次なる10年に向けた日印戦略的グローバル・パートナーシップのビジョン』，http://www.mofa.go.jp/mofaj/area/india/visit/1010_sk_gpb.html。

演习。本次演习为期2天，日本海上自卫队出动了第三护卫队群的"有明"号和"濑户雾"号2艘护卫舰，印度海军出动1艘驱逐舰、1艘登陆舰和1艘濒海作战舰参加演习。本次军演重视实战，主要针对潜水艇和水面舰艇的联合作战。印度和日本海岸警卫队还将于2014年1月在日本高知县附近海域举行联合军演。印度将派出3艘军舰、1架侦察机和1架救援直升机参加演习。

其次，积极参加多边联合演习。2000年10月，日本、印度、韩国、新加坡等国海军在南海举行了名为"2000年远征太平洋"的联合演习。日本排水量为3650吨的"千代田"号潜艇救援舰，从"沉入"海底80米深处的韩国潜艇上成功"营救"出3名被困艇员，展示了日本强大的水下作战及救援能力。值得注意的是，此次是首次在亚太地区举行多国联合潜艇救援演练，也是日本自卫队第一次到东南亚参加多国联合演练。2003年6月，日本、印度、泰国、新加坡、韩国参加了在美国阿拉斯加举行的"合作对抗雷"空战演习。2007年4月，印度海军3艘舰艇访问日本时，日美印三国海军在日本千叶县房总半岛附近的太平洋洋面上举行了首次联合演习。2007年9月，日本海上自卫队首次参加了在孟加拉湾举行的日美印澳新"马拉巴尔07"多国海上联合军演。此次军演，美国派出了包括"尼米兹"号航母、"小鹰"号航母、"芝加哥"号核动力潜艇、2艘"提康德罗加"级导弹巡洋舰和6艘"阿利·伯克"级导弹驱逐舰在内的13艘舰船参加演习，印度海军也派出了"豪华"阵容，共派出了包括"维拉特"号航母在内的7艘军舰以及空军的"美洲虎"战斗机、海军的"海鹞"垂直起降战斗机、"维拉特"号航母上的"海王"直升机参加了这次演习。日本派出2艘驱逐舰参演。本次演习的科目有进攻与防守、水面战与潜艇战、海上封锁及打击海盗等，目的是加强参演舰队之间的相互协调作战能力。2009年4月，日本还参加了在冲绳附近海域举行的"马拉巴尔09"演习。美国派出的参演舰队是其海上作战的主要力量，包括第七舰队旗舰"蓝岭"号指挥舰、"菲茨杰拉德"号和"查菲"号导弹驱逐舰、"海狼"号核攻击潜艇以及多架P-3C海上巡逻机和SH-60型直升机等。印度海军则由"孟买"号导弹驱逐舰、"兰维尔"号导弹驱逐舰、"坎嘉尔"号导弹护卫舰以及"乔迪"号综合补给舰组成的特遣舰队参加。日本海上自卫队也派出了最先进的2艘驱逐舰参演。本次军演的科目重点是围反潜与反舰作战,主要包括反潜作战和水面作战训练、射击训练、防空训练以及搜寻训练等,以增强印度、日本和美国海军之间的协同作战能力。尤其引人注目的是,参加演习的三国军舰全部装备有反潜直升机和完整的反潜探测设备,再加上"海狼"号核潜艇和P-3C反潜机,实际上从空中、海面和水下撒开了一张立体反潜网。

该系列演习有三点值得注意：一是随着日本加入"马拉巴尔"演习的常态化,该演习正逐渐从印度洋向西太平洋海域延伸,其针对中国的意图十分明显;二是演练科目增多,除反恐、反走私、海上封锁等传统科目外,还囊括了模拟空战、防空、护舰、反潜、地对空和地对海战术演练等内容;三是日美印三国的联合海上演习正在走向机制化,未来三方可能将更加频繁地举行此类演习,从而提升三国的军事合作水平。

另外,2013年5月印度首相辛格访问日本时,与日本首相安倍就引进日本的US-2水上飞机达成了协议。这项1500亿日元高额大单的签署,不仅意味着日印两国的国防及军事合作将上升到一个新的高度,更意味着日本将彻底突破确立46年之久的"武器出口三原则"①。随着日印防务合作的深化,未来不排除日本向印度提供先进军事技术(尤其是反导技术)的可能性。

3. 宣扬共同理念,构筑价值观同盟

日本在加强与印度的军事合作时,借助了"价值观联盟"。日本极力

---

① "武器出口三原则"是日本战后防卫政策的重要组成部分,是指对所谓"共产国家"、联合国决议禁止输出国家和冲突当事国禁止输出武器。但近年来,日本开始探讨对这一原则进行突破的方略,出现了要修改"武器出口三原则"的迹象。如2011年12月27日日本政府安全保障会议通过的《防卫装备物品转让标准》,首次以官方文件形式规定了武器出口的新标准,主要包括：日本出于促进国际和平与国际合作目的,可以向海外出口武器装备;允许日本与他国联合研发生产的武器装备被转让给第三方。其实,这一原则早已受到蚕食,被逐步架空。日本一直有"特事特办"的惯例,规定特别法律可以"例外",把美国作为"武器出口三原则"的一个例外,向其提供武器技术,并与其联合研制用于拦截导弹的战区导弹防御系统。

推销针对中国的"价值观联盟",希望通过在亚太地区建立的"自由繁荣之弧",来构建一个"民主轴心",从而构筑日、美、澳、印乃至整个西太平洋的巨大价值观网络。

安倍晋三是"价值观联盟"的始作俑者。安倍执政后,日本对"价值观外交"战略的重视达到了新的高度,在2007年版《外交蓝皮书》中将"自由与繁荣之弧"正式定位为"日本外交的新基轴"。安倍在其著作《走向一个美丽的国家》中表示,与"亲日的民主主义国家印度"在"自由、民主主义、基本人权、法制等价值观方面具有共同点",应该建立由日本、美国、澳大利亚和印度四国参加的战略对话机制。① 2006年12月,印度首相曼莫汉·辛格访日时缔结的《面向日印全球战略伙伴关系的共同宣言》中,确认了"日本作为亚洲发展最好的民主主义国家,印度作为亚洲最大的民主主义国家,两国具有天然的伙伴关系",并宣称"两国关系是由民主主义、开放的社会、人权、法制及自由的市场经济等共同价值支撑",② 要在东亚峰会内"加强国际规范和普世价值"。2007年8月,安倍访问印度时,在印度国会发表了题为《两洋交汇》的演讲。他在演讲中宣称,日本和印度是两大"民主主义国家",太平洋和印度洋是"自由与繁荣之海",日本外交正在欧亚大陆周边推动建立"自由与繁荣之弧",要成为其"核心",共同建设"大亚洲"和"自由与繁荣之海"。③ 2008年缔结的《日印安全保障合作共同宣言》再次确认,两国在"民主主义、开放社会、人权、法治"上具有共同点。2011年11月,为庆祝两国建交60周年而访印的日本首相野田佳彦再一次兜售两国的"共同价值观",指出:"日印关系是建立在民主主义、人权、法治等普遍价值以及广泛的战略利

---

① 安倍晋三编:『美しい国へ』,文春新書,2006年版,第16!頁。
② 日本外務省編:『「日印戦略的グローバル・パートナーシップ」に向けた共同声明』,http://www.mofa.go.jp/mofaj/area/india/visit/0612_gps_k.html。
③ 安倍総理大臣インド国会における演説:『二つの海の交わり』,http://www.mofa.go.jp/mofaj/press/enzetsu/19/eabe_0822.html。

益和经济利益之上的。"①

日本与印度都是资本主义国家，拥有相同的民主价值观。日本正是利用这一共同点，欲通过构筑"民主价值观联盟"，来助推与印度等中国周边国家在安全领域的合作。

(二) 日本加强与印度防卫合作的战略意图

从日本加强与印度在防卫合作方面的种种举动，可以研判日本的战略意图。

1. 战略上牵制和防范中国

日本用"南下战略"迎合印度的"东向战略"，并从中找到了一个契合点，即防范和牵制中国。

首先，日本将印度视为牵制中国的天然伙伴。从地缘上看，日本位于中国的东北方向，而印度位于中国的西南方向。2005年3月，时任内阁官房长官的安倍晋三在访问印度后的一次座谈会上说："必须使印度成为我们的战略伙伴。"② 在印度看来，加强与东亚重要国家日本的合作，其本身就是"东向政策"的一环，与日本加深关系，可以为其扩展在东亚的影响助一臂之力，从战略角度考虑，也可作为"平衡"中国不断增强的影响力的筹码。

其次，牵制和抗衡中国是两国共同的战略需求。两国都将中国视为"威胁"，对中国的崛起充满担忧。近年来日本对中国的关注程度正逐年加深，其对中国的防范意识也在逐年加强。另外，"防范中国海军"是日印加速海上防务合作的动力源。2009年11月，日印防长会谈时，都对中国海军走向印度洋表示"担忧"，都不愿看到战略对手中国"走向深蓝"。在推行印度洋战略的同时，印度强力推动"东向政策"，这与日本的"南下战略"有互补之处。因此，两国海军通力合作，共同防范中国海军是日印

---

① 『共同声明—国交樹立60周年を迎える日インド戦略的グローバル・パートナーシップの強化に向けたビジョン』，http://www.mofa.go.jp/mofaj/kaidan/s_noda/india_1112/joint_statement_jp2.html。

② 日本防衛省編：『平成23年度以降に係る防衛計画の大綱』，2011年版，第3页。

加速海上防卫合作的战略共同点。

再次，日印还利用美日澳印四国联盟的战略对话机制来牵制中国。面对中国日益增强的综合国力，日本企图建立"美日澳印战略对话"机制。2012年12月，日本首相安倍晋三重提"包围中国"战略，表示日本政府要加强与包括俄罗斯、越南等在内的中国周边国家的关系，强化与美印澳的安保合作。

2. 确保日本海上石油运输航线的安全

通过联合军演，日本可以提升应对多方面威胁的能力，分摊应对海上通道安全的风险。

日本希望通过与印度进行海上防卫合作，加强对石油运输航线的保护。法国地缘政治学者菲利普·赛比耶—洛佩兹认为："石油天然气与生俱来的地缘政治特性会对国与国之间的关系产生重大影响，地缘政治就是各种力量为争夺对某个国家或地区的直接或间接控制权而展开的较量。"[①] 自波斯湾经阿拉伯海和印度洋至南海的石油航线被视为"日本经济的生命线"，日本十分重视这一海上航线的安全。日本经济社会发展所必需的石油大多数都要从中东地区进口，对日本来说，环印度海上航线是日本从中东进口石油必经的海上能源运输大动脉，攸关日本的经济发展前途。在从中东海湾地区进口石油的海上航行路线上，两国情况基本相同或重合，而且都面临着印度洋上不断增加的海盗等恐怖主义活动的威胁。近年来，日本与印度都向印度洋关键航线派出了护航舰队，以保护自己的油轮与货船免受海盗的袭击。舰队在印度洋海域的护航行动，一方面保护了至关重要的石油进口安全，另一方面日本与印度都意在增加在印度洋的话语权。

3. 为海上自卫队走向远洋创造条件

通过联合军演，日本可以达到不突破"和平宪法"而谋求海外更大军事行动便利的目的，为今后更大范围、更大规模的海外派兵创造条件。

近年来，日本的海上战略发生了质变：由"近海歼敌"调整为"远洋

---

① 菲利普·赛比耶—洛佩兹著，潘革平译：《石油地缘政治》，社会科学文献出版社，2008年版，第5页。

防御",再由"远洋防御"调整为带有进攻色彩的"远洋攻防"战略。日本计划再建造 2 艘准航母的大型运输舰和 2 艘准航母的大型驱逐舰。这些装备的补充,使日本海上自卫队具备了远洋作战和登陆作战的能力,使现在日本海上自卫队总体作战实力在亚洲地区位居前列。日本在不断提高海上自卫队武器装备现代化的同时,设想的作战范围也在不断扩大。这就意味着海上自卫队作战范围已不再是保卫本国领土和近海,而是不断将其军事行动范围扩大到更广阔的海域。

因此,加强军事合作,可以为其走向远洋创造条件。早在 2005 年年底,日本就向印度提出了加强两国军事合作的建议,表示允许印度在参与亚太地区联合军演时使用日本海上自卫队和海保厅基地,还考虑把这些基地作为日美印三边联合演习的基地。作为回报,日本希望印度提供类似设施的基地,供海上自卫队和海保厅使用,以便海上自卫队可以在印度的基地上进行搜救、联合反恐演习,并为其运输船只提供安全保障。2006 年年初,日本借共同反恐及同意帮助印度进入"核供应国集团"等军事合作之名,取得了印度允许海上自卫队使用其军事基地的承诺。

日本的这些举措,事实上是为了增强其远洋作战能力,使日本海上自卫队的军事行动范围在不违背"和平宪法"精神的前提下扩大到更广阔的海域。

4. 插手南海争端

近年来,日本介入南海争端的图谋日益凸显,意欲通过实现海上联合演习的常态化,来介入南海问题。日本 2011 年《防卫白皮书》首设"南海专版",表达了对中国与相关争端国的强烈关注。[1] 美国《纽约时报》2012 年 8 月 6 日发表的题为《日印海上防卫合作牵制中国》文章称,自卫队与印度海军的联合军演是"围绕南海问题"进行的,目的是"牵制中国"。

日本为了把南海海水"搅浑",除了与印度进行军事合作外,还与南

---

[1] "日防卫白皮书中首设'南海专版'",http://china.huanqiu.com/eyes_on_china/focus/2011-08/1879228.html。

海问题相关争端国进行联合。除了与菲律宾达成共享海上情报协议和出资帮助菲律宾训练海岸警备队外，日本还计划在菲律宾建立海上保安厅巡逻舰的基地港；与越南签署了海洋战略防卫协议，双方一致同意在南海问题上采取统一协调政策，应对中国在南海主权问题上的"强势动作"；日本还将出资帮助印尼等国家加强港口建设，以提高该地区国家的船舶制造技术。

二、"安倍—莫迪时代"日印关系新动向

2012年12月16日，自民党赢得日本众议院大选，安倍晋三再次就任日本内阁总理大臣。在2018年9月20日进行的自民党总裁选举中，安倍以553票对254票战胜竞争对手石破茂，连续第三次当选自民党总裁，并且有可能长期执政，成为日本历史上执政时间最长的首相。2014年5月16日，由印度人民党领导的全国民主联盟在印度人民院即议会下院选举中取得压倒性胜利，该党总理候选人莫迪于当晚宣誓就任。两位民族主义色彩浓重的"政治强人"，在本国都拥有较巩固的执政基础，有可能在未来较长时期内继续执政。进入2014年5月莫迪上台开启的"安倍—莫迪时代"后，两国进入了"热恋期"，领导人互访频繁（共12次会面，莫迪3次访日），高层互访制度化，磋商机制固定化。

（一）战略互动加强

安倍在第一任期时就曾试图大力推动日印关系发展，但如同其在《致新的祖国》一文中所说：当时的日印交流是日本的"单相思"。[1] 进入安倍—莫迪时代后，随着印度综合国力的增强，两国战略互补性日益明显，因此双方对发展双边关系都持更加积极态度，谋求战略互动的强化。具体而言，两国通过提升双边关系定位、谋求战略与政策对接、推进高层各层

---

[1] 安倍晋三编：『新しい日本へ「美しい日本へ　完全版」』，文芸春秋，2013年版，第163页。

级交流，实现战略互动的强化。

第一，双方提升了对双边关系的定位。2000年8月，日本首相森喜朗访问印度，与印度总理瓦杰帕伊宣布建立日印"面向21世纪的全球合作伙伴关系"；2006年12月，印度总理辛格访日，双方宣布将日印关系升级为"全球战略伙伴关系"；莫迪就任后，双边关系再次升级。2014年9月莫迪首次以总理身份访日，两国联合发表《日印特殊全球战略伙伴关系东京宣言》（以下简称《东京宣言》），标志着日印结成"特殊全球战略伙伴关系"。这是时隔八年双边关系的再次升级。安倍在首脑会晤后的联合记者会上说：将与莫迪总理携手努力，加速推进两国在各个领域的合作，将两国关系提升到"特殊全球战略伙伴关系"。自此，双边各层级对话中，都反复强调该"特殊全球战略伙伴关系"。2015年12月，安倍访问印度，双方发表共同声明，表示将进一步深化、扩展"特殊全球战略伙伴关系"。[1] 莫迪2018年10月26日访日前说，印度和日本的互补性使两国成为"胜利的组合"，并且指出："我们有着特别的战略性全球伙伴关系。近年来，我们与日本的经济和战略关系发生了彻底改变。今天，它是一个具有重大实质和目的的伙伴关系。它有赖于印度'东向行动政策'的强大支撑，以及我们对一个自由、开放和包容的印度洋—太平洋的共同愿景和承诺。"[2]

第二，双方谋求重要战略与政策对接。2016年8月，安倍提出了日本新的外交战略——"自由开放的印度洋—太平洋战略"，更加重视包括印度洋地区在内的整个"印太"地区。莫迪上任后，将印度原有的"东向政策"升级为"东进政策"，欲谋求对东亚事务的进一步参与。日本和印度分别是印度洋和东亚地区的域外国家，与直接参与相关地区事务相比，寻求域内国家支持与合作是较为理想、便捷的路径。而日印恰好是彼此新地

---

[1] 『日印ヴィジョン2025 特別戦略的グローバル・パートナーシップ インド太平洋地域と世界の平和と繁栄のための協働』，https://www.mofa.go.jp/mofaj/s_sa/sw/in/page3_001508.html。

[2] "印度总理莫迪访日谈合作宣称印日是'胜利的组合'"，http://m.cankaoxiaoxi.com/world/20181028/2345138.shtml。

缘战略中的关键节点。因此,两国试图通过强调对方在本国战略或政策中的重要地位,以促成战略与政策的对接,从而落实本国战略或政策。2017年版的日本外交蓝皮书中称,"为使该战略(自由开放的印度洋—太平洋战略)具体化,日本会加强与印度的战略合作。"① 《东京宣言》中指出:莫迪就任后将首访地定为日本,体现出日本占据印度"东向政策"(当时"东向政策"尚未升级为"东进政策")的中心位置。② 2016年11月11日日印举行首脑会谈时,安倍表示要对接"自由开放的印度洋—太平洋战略"与"东进政策"。③ 此后,双方在不同场合多次探讨战略与政策的对接问题。④

第三,双方积极推进各层级交流。官方层面,双方更加重视高级别会谈。《东京宣言》中,两国强调了原有对话机制对于推进两国战略伙伴关系的重要意义,决定在延续年度首脑会谈的基础上,通过进行地区和多边对话,尽可能频繁地进行首脑会晤。⑤ 根据外务省网站提供的外事记录,自2000年到莫迪上任前的14年间,日印共进行了26次首脑会谈,其中首脑互访占8次;而莫迪上任后短短4年内,双方首脑会谈多达12次,其中首脑互访占4次。⑥ 频繁地举行首脑会谈不仅有利于两国在战略层面达成共识,从而促进具体合作项目的推进,带来近些年日印合作项目数量和类别的增加,而且也有助于培育两国领导人非同一般的私人关系。2018年10月25—27日安倍访华回国后,28日即在位于山梨县鸣泽村的自家别墅热

---

① 『外交青書2017』,https: //www. mofa. go. jp/mofaj/fp/pp/page23_ 002228. html。
② 『日インド特別戦略グローバル・パートナーシップのための東京宣言』,http: //www. mofa. go. jp/mofaj/files/000050478. pdf。
③ 『日印首脳会談』,https: //www. mofa. go. jp/mofaj/s_ sa/sw/in/page3_ 001879. html。
④ 2017年3月8日举行的日印第四次副部长级2+2对话中,双方提到"对接'自由开放的印度洋—太平洋战略'与'东进政策',为实现海洋的开放安定、地区的和平繁荣这一相同目标而共同奋斗"。2017年9月13日至14日,安倍访问印度。双方在会谈后的声明中表示:要通过促进两国战略家、专家之间的交流讨论,促进"自由开放的印度洋—太平洋战略"与"东进政策"的对接。
⑤ 『日インド特別戦略グローバル・パートナーシップのための東京宣言』,http: //www. mofa. go. jp/mofaj /files/000050478. pdf。
⑥ 『モディ・インド首相の訪日』,https: //www. mofa. go. jp/mofaj/press/release/https: //www. mofa. go. jp/mofaj/press/release/press4_ 006577. html。

情招待他认为最"可靠"的朋友之一莫迪——这是安倍首次在私人别墅接待国外元首，展开"别墅外交"。这种破例的罕见接待，意在彰显两人的亲密关系，凸显两国间的特殊关系。这种私人关系又成为两国关系的润滑剂，进一步深化双方沟通与合作：在安倍别墅举行的首脑会晤中，日印至少达成了26项协议。

与此同时，为获取民众层面的理解与支持，两国积极活跃民间交流。2014年7月，日本外务省放宽对印签证限制，两国还将2017年定为首个日印友好交流年，举办各种纪念活动。正因两国间丰富的交流机制，印度上议院议员塔伦·维吉伊2014年访日时表示，日印关系是"全天候型关系"。①

（二）区域合作扩展

"安倍—莫迪时代"，两国对日印关系怀有更高的预期，希望日印关系能对更广泛的地区甚至整个世界产生更大影响。这一"共同愿景"促使两国采取多种方式，积极扩展区域合作。

第一，两国扩大双边关系的影响范围。过去两国认为，日印关系的影响范围至多是包括亚洲在内的整个亚太地区。例如，2006年印度总理辛格访日，双方指出：两国应为促进亚洲乃至国际的和平稳定积极贡献力量。②除首脑级别会谈外，双方很少在交往中涉及两国关系的影响范围这一话题。进入21世纪，世界经济重心开始从大西洋两岸向"印太"地区转移，美国开始日益重视该地区的重要价值。美国前国务卿希拉里·克林顿曾指出，从印度次大陆一直延伸到美洲西海岸、横跨太平洋和印度洋两个大洋的亚太地区业已成为全球政治的一个关键驱动力，美国未来十年最重要的

---

① 『インド国会議員団による城内外務副大臣表敬』，http：//www.mofa.go.jp/mofaj/s_sa/sw/in/page3_000964.html.

② 『「日印戦略的グローバル・パートナーシップ」に向けた共同声明』，http：//www.mofa.go.jp/mofaj/area/india/visit/0612_gps_k.html.

任务之一就是从外交、经济、战略等各个方面进行充足的投入。① 特朗普政府2017年发布的《美国国家安全战略报告》中，也确认了"印太"地区对于美国的重要意义。② 随着"印太"地区实际价值的上升和美国的推动，日印更加重视"印太"地区，并愿意为之投入更多的外交资源。通过日印合作将投入资源的有效利用，以期在"印太"这一地缘概念的建构过程中凸显各自的自身价值，由此提高本国的国际地位与话语权。《东京宣言》中称：两国间更加紧密坚强的战略伙伴关系对两国未来亚太甚至印度洋地区的和平稳定、繁荣发展极为重要，两国关系应该是影响本世纪本地区甚至整个世界特征的双边关系。③ 这意味着双方正式将印度洋地区纳入两国关系的影响范围。2014年11月举行的日印首脑会谈中，安倍表示：日印关系应为"印度洋—太平洋"地区的安定发展做出贡献。莫迪对此表示赞同。④ 该表述将两国关系的影响范围明确为"印太"。2015年1月日本外务大臣岸田文雄访印时，还发表了题为《印度洋—太平洋时代的特别友好伙伴关系》的演讲；2017年9月14日，两国发表了题为《面向自由、开放、繁荣的印度洋—太平洋》的共同声明。两国在各级别会晤中多次就"印太"地区形势交换意见，强调两国关系对该地区的重要意义。⑤

第二，两国积极创设多边机制。近年来美国实力相对衰弱，自奥巴马政权起不断进行战略收缩，而特朗普上台后高举"美国第一"旗帜，其"退群"、发起贸易战等一系列"反建制"的行为，使以日本和印度为代表的美国盟友或伙伴对美国的信赖程度下降，急于寻求新的合作伙伴，以求

---

① Hillary R. Clinton, "America's Pacific Century," November 10, 2011, https：//2009 - 2017. state. gov/ secretary/20092013clinton/rm/2011/11/176999. htm.

② The White House, *National Security Strategy of the United States of America*, December 2017, pp. 45 - 46, https：//www. whitehouse. gov/wp-content/uploads/2017/12/NSS-Final-12-18-2017-0905. pdf.

③ 『日インド特別戦略グローバル・パートナーシップのための東京宣言』, http：//www. mofa. go. jp/mofaj/files/000050478. pdf。

④ 『日印首脳会談』, https：//www. mofa. go. jp/mofaj/s_ sa/sw/in/page4_ 000808. html。

⑤ 据笔者不完全统计，2014年12月至2018年2月期间，两国在历次首脑会谈、外务大臣对话、外务次官对话等各级别会谈、对话中，都曾就印度洋—太平洋地区形势交换意见并强调两国关系在该地区的积极作用，共达13次之多。

在维持现有地区秩序的基础上，稳固并增强自身影响力。加之，美国也乐见通过推动同盟体系从"幅辏"向"网络化"发展，以减少同盟体系维护成本，提高同盟运作效率，故美国自身也在积极促进盟友和伙伴之间的联系。因此，进入"安倍—莫迪时代"，双方不再满足于对既有地区组织的参与，而是把更多国家拉入日印两国预设的对话机制中，以谋求搭建能使日印双方掌握更大话语权的新的多边平台。《东京宣言》中称，要在合适的时机探索将两国间对话扩大至地区内其他国家的可能性。① 随后，日印澳三国副外长对话机制于2015年6月建立，日印美三国外长对话机制于2015年9月建立，日印美澳四国对话于2017年11月12日重启，首届东盟与印度互联互通峰会2017年12月11日在印度新德里开幕（印度邀请了日本作为唯一的域外国家参加此次峰会）。

第三，两国试图加强域外合作。"安倍—莫迪时代"，两国越来越重视在非洲的合作。双方在非洲找到了利益契合点：对日印两国来说，非洲不仅能为两国提供广阔市场和原材料，而且也是能够支持两国入常的重要票仓；同时在对非合作上，两国也有互补的可能性。一方面，在国际发展援助体系中，西方国家主导的"援助—受援"范式受到随"南南合作"复兴而来的平等、互信的新发展合作模式的挑战。而在"南南发展"合作伙伴中，印度对非发展合作尤其具有典范意义。除此之外，作为不结盟运动的发起者，印度至今在非洲国家中都有较高的声望。这些都是日本所欠缺的。另一方面，印度也期望在对非合作中得到日本的资金与技术。因此，日印双方都十分重视与非洲的协调与合作。2015年12月12日，安倍访问印度时两国联合发布的"印度和日本愿景2025"声明中，强调加强日印以及与其他利益攸关方合作的重要性。莫迪首次访日时，双方表示将强化与非洲相关的合作。2016年11月莫迪访日期间，双方强调了促进与非洲相关的日印对话的重要性，并表明了促进亚洲、非洲产业走廊及产业网络开发的意愿，重申了两国将通过双边与其他伙伴合作的重要性，共同致力于

---

① 『日インド特別戦略グローバル・パートナーシップのための東京宣言』，http://www.mofa.go.jp/mofaj/files/000050478.pdf。

改善亚洲与非洲的互联互通,实现"印太"区域的自由与开放。① 2017 年 5 月,日印联合推出了"亚非增长走廊"(Asia Africa Growth Corridor, AAGC)计划,旨在宣扬国际规范,兜售高质量基础设施,促进与非洲的互联互通,提高两国在"印太"地区的存在感与话语权。2017 年 8 月,日本贸易振兴会在东京召开"日印企业非洲商贸合作"企业交流会,两国参会企业多涉及能源和基础设施建设领域。2017 年 9 月安倍访印期间,莫迪称印度愿同日本将在非洲地区的合作具体化;会后发表的官方文件中,双方表示要通过各种优先政策,推动日印两国在非洲的合作。② 2018 年 10 月,莫迪访日期间,双方发表了题为《日印印太(包含非洲在内的)开发合作》的协议。

由此可见,非洲在日印合作中占据着重要地位。两国加强与非洲的合作,是印度的"东进战略"与日本的"俯瞰地球仪外交"的契合,是两国打出的"组合拳":既实现了两国在非洲的优势互补,避免了恶性竞争,又可推进非洲大陆发展,也是对"一带一路"倡议的制衡。

(三) 军事合作深化

2006 年印度总理辛格访日时双方表示两国间的经济交流是日印伙伴关系的核心,进入"安倍—莫迪时代"后,双边关系被定义为"特殊战略和全球伙伴关系",出于地区安全的考虑,两国都迫切需要与对方结成更紧密的战略联盟,提升两国间军事合作的力度。双方军事合作的深化具体表现为以下三点:

第一,两国在官方文件中提升了对军事合作的定位。2006 年 12 月两国发表的《面向日印全球战略伙伴关系的共同声明》,标志着两国"全球战略伙伴关系"的正式开启。该声明对军事合作的定位是"合作",对经济合作的定位是"伙伴关系"。进入"安倍—莫迪时代"后,双方签署的

---

① 『日印共同声明』,http://www.mofa.go.jp/mofaj/s_sa/sw/in/page3_001879.html。
② 『日印共同声明「自由で開かれ、繁栄したインド太平洋に向けて」』,http://www.mofa.go.jp/mofaj/s_sa/sw/in/page4_003293.html。

《东京宣言》标志着两国结成"特殊全球战略伙伴关系"。《东京宣言》中，双方对军事合作的定位变成了和经济合作相同的"伙伴关系"。毫无疑问，与"合作"相比，用"伙伴关系"描述某一领域的合作，暗示着双方在该领域的合作时间更为长远，范围更加宽广，且带有更加积极的感情色彩。由此可见，随着在"安倍—莫迪时代"的"特殊全球战略伙伴关系"中两国军事合作从"合作"升格为"伙伴关系"，双方军事交流层级逐渐提升：2010 年 7 月 6 日日印两国举行首次次官级外交、国防"2 + 2"对话；2011 年 11 月，日本防卫相一川与印度国防部长安东尼就举办副部长级防卫政策对话、陆上自卫队与印度陆军交流、航空自卫队与印度空军交流等一揽子内容达成了共识；2014 年 1 月，日本防卫省长官小野寺五典在印度确认海上自卫队与印度海军继续联合演习、强化防卫合作的方针；2018 年 10 月，莫迪访印期间，两国就开展部长级外交、国防"2 + 2"对话进行了探讨。

第二，双方在军事领域的合作实现了更多涉及核心利益的突破。2015 年 6 月美印签署《防务合作框架协议》后，两国军事合作中的"买卖关系"逐渐发展成为"联合研制关系"，开启了两国在高端军事技术领域的合作。受此影响，2015 年 12 月安倍访印期间，双方共同签署了《关于防务装备和技术转让的协定》和《关于保护机密军事情报安全措施的协定》。前者旨在强化两国在防务装备共同生产、技术研发方面的合作，规定双方派代表组成联合委员会，负责防务装备与技术转让工作；并对被转移装备技术的管理做出要求。[①] 目前，日本对印出售 US - 2 水上飞机一事已有实质性进展。后者则旨在保障双方机密军事情报交换的安全性，其中涉及两国政府在机密军事情报保护上的责任与义务、机密军事情报的传递及管理等内容。[②] 这是两国第一次签署关于防务装备、技术转让与情报合作方面的协议，标志着两国军事合作进入新阶段。同时，这还意味着双方特别是在技术和情报领域处于领先地位的日本，必须要做出包括出让技术在内的

---

① 『日印防衛装備品・技術移転協定』，http：//www.mofa.go.jp/mofaj/files/000117469.pdf。
② 『日印秘密軍事情報保護協定』，http：//www.mofa.go.jp/mofaj/files/000117471.pdf。

妥协和让步。即便如此，双方也以协议形式推进该合作，可见两国对军事合作的看重程度。除此之外，2018年10月莫迪访日期间，双方就签订《相互提供物资与劳务协定》（Acquisitionand Cross-Servicing Agreement，ACSA）进行了磋商。该协议签订后，两国可相互提供军事后勤基地。

第三，双方正谋求落实海陆空全域军事合作。此前两国经常围绕海上安全展开军事合作，主要活动有日本海保厅和印度海岸警卫队的联演联训、日本海上自卫队与印度海军间的联演联训、日印联合军演和日本参加由美印主导的"马拉巴尔"海上联合军演。与有联演联训做支撑的海上军事合作相比，日印陆上与空中的军事合作仍停留在高层互访阶段，缺乏实质性进展。"安倍—莫迪时代"，双方在以海上军事合作为中心的同时，不断推进陆上与空中军事合作的落实。一方面，2014年以来，双方各层级对话都强调海上军事合作的重要性，在延续或深化原有海上军事合作机制的同时，增加新的合作机制。2015年，印度海军参加了日本自卫队海上阅兵式。同年，日本正式成为"马拉巴尔"海上联合军演固定成员国。2016年2月，日本海上幕僚长携"松雪"护卫舰参加了印度海军在维沙卡帕特南举办的国际海上阅兵式。另一方面，两国更加重视并切实推进空中、陆上军事合作的落实。2016年2月，两国首次召开航空自卫队与印空军幕僚会议。2016年7月，日本防卫大臣中谷元与印度国防大臣举行会谈，双方表明了谋求本国航空器在对方基地中途停留的意图。① 2016年11月两国举行首脑会谈，双方表示应通过航空自卫队和印空军工作人员对话，推进连接两国海、陆、空三军种的更广范围对话机制。② 2017年4月，日本陆上自卫队幕僚长访问印度，与印度陆军参谋长就两国实施联合演练达成协议。2017年9月安倍访印期间，双方再次表达了扩大包括陆上、航空等领域联合演练的意愿。③ 2018年5月30日，日媒发布消息称日印两国正在就年内

---

① 『共同プレスリリース』，http：//www.mod.go.jp/j/press/youjin/2016/07/14_j_india_jpr_j.pdf.
② 『日印共同声明』，http：//www.mofa.go.jp/mofaj/s_sa/sw/in/page3_001879.html。
③ 『日印共同声明「自由で開かれ、繁栄したインド太平洋に向けて」』，http：//www.mofa.go.jp/mofaj/s_sa/sw/in/page4_003293.html。

开展首次陆上自卫队与印度陆军联合反恐训练进行协调。① 据报道，日本陆上自卫队与印度陆军2018年11月1日在印度东北部米佐拉姆邦开始了为期两周的联合训练，进行了城市巷战的反恐训练等科目。

此外，两国军事合作还有向太空等新兴领域拓展的趋势。2018年10月莫迪访日期间，双方决定开展年度太空对话，并对共同推进探月技术合作表示欢迎。

综上所述，日印关系发展迅速，并呈现出以下基本特征：第一，两国通过升级伙伴关系、对接重要战略与政策、深化各层级交流切实强化战略互动；第二，两国通过扩展区域合作，谋求在区域乃至世界范围内的影响力；第三，两国军事合作深化，提高对军事合作的定位，拓宽军事合作领域，同时谋求海陆空全域合作，大有进一步坐实日印"准同盟"的意味；第四，两国合作对华指向性显著，试图在涉华纠纷以及国际外交舞台上联手对中国施压。

但有必要认识到，美国对于日印接近的推动是一种"双向作用"：一方面，日印两国作为美国的盟友或伙伴，听从作为联盟核心的美国的直接授意，从而加速接近；另一方面，特朗普政府上台后，其政策的不确定性和许多不负责任的做法加深了日印两国对于"被抛弃"的恐惧，从而促使日印两国积极寻求新的伙伴，其寻求的对象，不仅限于美国亚太联盟体系内部成员，也可能包括联盟体系外成员，从而构建更有利于自身的国际环境。这就能解释在两国互相接近的同时，莫迪、安倍访华等中印、中日间近期出现的积极信号。但这并不意味着日印两国放弃对华战略。相反，为避免刺激中国，接下来两国会在深化合作的同时降低调门。双方合作的实质进展仍将给中国带来东西双向的战略压力，增加中国南海维权难度。

---

① 『日印初の陸上訓練へ、中国けん制年内に、要衝の北東部で調整』，http://www.tokyo-np.co.jp/s/article/2018053001002060.html。

第三节 强化"美日+1"安全机制

随着美国"亚太再平衡"战略布局基本完成,其同盟体系得到进一步的强化和深化,其中以"美日+1"形式组建的"美日+澳""美日+韩""美日+印"三边或多边安全关系得到迅猛发展。为了最大程度上维护在亚太地区的共同利益,美国和日本试图建立以美日同盟为基础,多边合作为框架的"美日+1"模式。

一、"美日+1"安全机制的形成

"美日+1"安全机制是指在特殊历史条件下以特殊结构呈现的"美日+澳""美日+韩""美日+印"这三组安全关系。从时间上看,美日韩、美日澳、美日印三边关系早已形成,但是使这三组三边关系深入发展形成"美日+1"安全机制却是在奥巴马政府推行"亚太再平衡"战略之后。"美日+1"关系与之前的美日澳、美日韩、美日印关系的最大不同之处在于,前者是强调了以美日为中轴,加上澳大利亚、韩国、印度中的一国所构成的三边安全机制(有时甚至是美日澳印四国联盟机制)。具体而言,所谓"以美日为中轴"体现在以下两个方面:一是美日同盟持续强化,成为三边关系的基石;二是日本成为"次轴心",与三边关系中的第三国强化了安全关系。下面简单梳理一下日美印三边合作机制(参见表4—2)。

表4—2　日美印三边会谈

时间	次数	地点	主要议题
2011年12月	第一次	华盛顿	安全合作、经济
2012年4月	第二次	东京	地区形势、安全合作
2012年10月	第三次	新德里	海上安全合作、地区形势及治理
2013年5月	第四次	华盛顿	海上安全合作、亚太形势
2013年11月	第五次	东京	海上安全合作等
2014年12月	第六次	新德里	海上安全合作、地区形势
2015年6月	第七次	火奴鲁鲁	海上安全合作及亚太多边合作机构建设
2016年6月	第八次	东京	海上安全合作、互联互通等
2018年4月	第九次	新德里	海上安全合作、海上监控等

从上表可以看出，美印日三边对话的主要议题是安全问题，特别是海上安全合作问题。日本利用美国向亚太"战略转向"的变局，极力拓展伙伴关系，编织各种"三边安全组合"机制。日本将扩大美印安保合作视为深化日美同盟的重要一环，期待着与美印达成协议，加强合作。

（一）美日同盟进一步强化

美日同盟在奥巴马政府时期的进一步强化是"美日+1"三边关系形成的前提。从历史纵向角度说，相较过去，这一时期的美日安全关系无论是深度还是广度都日趋增大。2015年4月27日，日美出台了重新修订的《美日合作防卫指针》（Guidelines for Japan-U. S. Defense Cooperation），对美日同盟进行了进一步强化，明确指出了日美同盟发展的方向，并揭示出日美强化关系的动机与目的更加针对中国崛起。在合作深度上，美日同盟的强化体现在两个方面。第一，两国的同盟关系将更加紧密，呈现出一体化的特征。《美日合作防卫指针》指出，两国应利用可能的渠道来共享情报以及确保包括所有政府部门在内的联盟无缝链接，并开展更有效的合作。① 第二，美日间增加了诸如太空、网络空间等领域的合作。此外，在合作广度上，美日从时间和空间两个维度扩宽了合作范围。时间上，同盟强调从"平时"到战时的无缝合作；空间上，日本武装力量被允许在全球发挥作用。

横向比较而言，美日同盟强化的力度较美国与其他亚太盟国更大，强度差异具体体现在以下两个方面：一是同盟的责任不同。如上文所述，美日同盟在战时、平时都能发挥作用，并且适用于全球范围。相比之下，美韩、美澳仅仅针对特定的问题而形成，有明确的指向性。二是同盟的对称性不同。由于日本国力较亚太其他国家更强，同盟关系中日本与美国之间的承诺与责任是双向的，而其他国家则是单向的，具有明显的不对称性。

（二）日本成为"次轴心"

日本在美国的亚太战略中发挥着"次轴心"的作用。在奥巴马时期，日本在美国亚太地区安全结构中的地位得到极大提升，不再是轴辐式（hub and spoke）联盟体系的一支，而是成为与美国地位更为接近的次重要行为体。近年来，借美国实施"亚太再平衡"之机，日本大幅增强自身的战略自主性，修改"和平宪法"、解禁自主防卫权、提升自卫队能力。这意味着日本有能力、也有战略需求与亚太其他国家（澳、韩、印）进行更多的安全交流与合作，从而兑现对美国的战略承诺以及实现自身的战略目标，由此促使"美日+1"三边关系得以最终形成。

日本与澳大利亚于2014年7月签署《面向21世纪的特殊战略伙伴关系的联合声明》与《防卫装备和技术转移协议》。前者将两国关系提升为"新型特殊战略伙伴关系"，后者则明确双方军事合作关系的具体事项，可以说日澳正向着"准同盟"的方向发展。

日本为加强日韩安全合作进行了诸多努力。一方面，日本多次尝试与韩国加深军事合作。2015年4月，韩国国防部国防政策室室长与美国国防

---

① "Guidelines for Japan-U. S. Defense Cooperation", http：//www. us. emb-japan. go. jp/english/html/Guidelines_ for_ Japan_ US_ Defense_ Cooperation. pdf.

部副部长助理,在分别率团参加在华盛顿举办的韩美联合国防协商机制会议后,双方整合组建"韩美遏制战略委员会",大力推进"杀伤链系统"和"韩国型导弹防御系统"建设,全面加强情报共享与合作。2016年11月23日日韩签署可共享安全领域机密情报的《军事情报保护协定》(GSOMIA)。今后日本利用卫星、高性能地面雷达、预警机、海上巡逻机收集的情报,韩国通过对朝监听获得的情报,两国直接进行交换,共享军事机密。另一方面,日本积极就历史问题与韩国进行和解。例如,2015年12月日韩就"慰安妇"问题达成了一定程度的和解。2016年安倍首相更是放弃在春季祭祀期间参拜"靖国神社"。从这些事件我们不难看出,为发挥"次轴心"的作用,日本正力图扫清影响日韩关系发展的不利因素。

日本与印度关系的强化体现在两个方面。一方面,日印两国推进能源安全领域的合作。2015年12月日本与印度达成协议,日本原则上同意向印度出口核电技术,并提供防务装备。另一方面,日印两国交流逐渐常态化机制化。这主要体现在两国自2010年起开启了外交和防务部门副部长级对话,并且近几年日本多次努力将对话提升至部长级。

二、"美日+1"三边安全机制形成的动因

"美日+1"三边安全机制形成的原因主要有以下四点:首先,中国崛起,地区力量格局发生重大变化;其次,美国全球战略收缩,其在亚太战略布局不得不做出重大调整;再次,日本希望借美国力量实现自身的"国家正常化";最后,澳、韩、印等国综合国力的迅速提升,使三国进一步谋求大国地位,同时其实力的提升也被美国所看重。

(一) 中国崛起,地区力量格局发生重大变化

肯尼斯·沃尔兹(Kenneth Waltz)认为,在无政府状态下,若某个国家迅速崛起,其他国家会进行制衡,以求恢复权力平衡。毫无疑问,中国的崛起使得中国与其他亚太国家的力量对比发生了深刻的变化。以经济方

面为例，2004年中、日、美三国的国内生产总值（GDP）分别为4.99万亿美元、5.04万亿美元和14.42万亿美元；而到了2015年三国国内生产总值则分别为10.385万亿美元、4.817万亿美元和16.197万亿美元。① 尽管中国一再强调自身的和平发展，在实现自身梦想的同时，也在为亚太和世界的和平、稳定与繁荣做出贡献。但无论是美国还是其盟国都对中国的快速崛起深表担忧。而"亚太再平衡"本身就源于战略焦虑，对中国崛起焦虑的日益加重，成为美国战略重心东移的催化剂。而"美日+1"三边安全机制是美国"亚太再平衡"战略背景下同盟网络化的主要表现。

（二）美国全球战略收缩，打造新的"亚太安全结构"

冷战后美国的综合实力远远领先于世界各国，一度有独霸天下之势，然而由于反恐十年的过度扩张，美国在阿富汗战争和伊拉克战争上耗费了巨大的财力、物力和人力。十年间，美国在两场战争中累计花费12830亿美元，总计死亡6753人，② 这使得美国现阶段的财力物力都捉襟见肘。为了解决面临的危机，美国开始削减军费，2015年的美国国防预算下降到4956亿美元。从全球战略层面看，可以说美国虽称"重返亚太"，但是实际行动却是在收缩战线。

然而为了应对中国等新兴大国的崛起，美国又必须增加战略资源加以制衡。正如吉尔平所指出的，"随着对手数量和力量的增长，挑战国迫使支配国使用更多的资源来维持其占优势的军事和政治地位。"这就使得美国面临战略资源与战略目标的矛盾。为了解决这一矛盾，美国开始鼓励盟国承担更多的责任和义务。而最好的办法并不是亲力亲为，全面深化与传统盟国的同盟关系，因为这会使得美国战略负担过重而无法兑现与盟国的承诺。由此美国开始在亚太以日本为"代理人"，让其代

---

① 《2015年世界GDP排名》，http：//www.phbang.cn/general/147871.html。
② "Casualty Status"，U.S. Department of Defense，June 12，2014，http：//www.Defense.gov/news/casualty.pdf。

美国承担部分责任，在美日同盟的基础上以"美日＋1"这种特殊形式组建安全机制。这出于三方面的考虑：第一，"美日＋1"的特殊结构使得美国能将有限的资源用于日本，同时让日本承担更多与澳大利亚、韩国和印度之间的义务。这样一来可以减轻美国自身的战略负担。第二，日本与澳大利亚、印度和韩国双边关系的建立需要时间和美国的扶持，而建立"美日＋1"三边安全机制阻力更小、更能短时间发挥作用。第三，美国也必须加强对日本的控制和盟国的管理。同盟网络化必然会削弱美国的控制能力，而"美日＋1"这种形式的三边安全机制可以最大程度地维护美国的控制能力。

（三）日本企图实现"国家正常化"的战略目标

自第二次世界大战结束以来，"国家正常化"就是日本的一个重要目标。纵观历史，我们不难发现，从"政治大国""国际国家"战略到与美国"重返亚太"战略时间相契合的"全面正常化"，日本"国家正常化"进展显著。从日本"国家正常化"的目标分析，日本谋求的不仅包括军事能力和被限制的权力，还包括与自身实力匹配的大国地位，而在这一问题上日本面临两方面的障碍。一方面，日本"正常化"的发展受到"和平宪法"的限制；另一方面，日本战略发展的自主性受到美国的限制。而美国在深化美日同盟的基础上组建"美日＋1"三边安全机制，使得日本更易实现其"国家正常化"的利益诉求。首先，美国对日本的限制放宽，甚至在某种程度上鼓励日本"正常化"。其次，成为三边安全机制的"次轴心"本身就是对日本地位的提升，使其有机会承担更多的责任。再次，日本在能力和责任上的提升使得美国对日本的控制能力减弱，二者的战略承诺成为一个双向的过程，这使得日本更容易"借船出海"，将自身议题变为美国的问题以争取其支持。最后，随着日本地位的提升，日本必将对澳大利亚、韩国、印度承担更多的责任和义务，而这是日本增强自主防卫力量，突破集体自卫权的重要筹码。

(四）澳大利亚、印度、韩国综合国力迅速提升

近几年，澳大利亚、印度和韩国的综合实力不断提升，在2015年世界GDP排名中，印度位列第七、韩国位列第十一、澳大利亚位列第十三。可以说三个国家都在亚太地区乃至世界舞台上发挥着越来越重要的作用。以澳大利亚为例，在2004年到2011年，澳大利亚国内生产总值增长率达到2.7%，远高于同期发达国家水平，而其对自身的定位也是"中等强国"（Middle power）。① 印度的综合国力正在不断提升。美国前国务卿基辛格在分析21世纪的国际体系的变化时曾指出："21世纪的国际体系中，至少会有六大强权：美国、欧洲、中国、日本、俄国可能再加上印度。"印度近年来不断发展，展现出把印度洋变为"内湖"的抱负。韩国国土面积虽小，但是在战后30年间，韩国经济飞速发展，综合国力显著提高。根据瑞士罗桑洛桑国际管理发展学院（International Institute for Management Development，简称IMD）发布的2015国家竞争力年度报告，韩国总体竞争力排在第25位。② 虽然韩国相较印度、澳大利亚综合实力偏弱，但其也有成为中等强国的政治抱负。此外，鉴于韩国在亚太地区得天独厚的地缘位置，其地缘政治作用更为突出。

澳大利亚、韩国和印度实力上升，一方面，使得三国更有能力和实力去制衡中国，而这一能力也被美国所看重；另一方面，这三国都是维持现状，会制衡任何企图崛起打破地区现有格局的国家。国力的迅速增长必然使得其追求国际地位的心理更加强烈，这使得三国更加乐于参与美国组建的三边安全机制，并在地区内发挥更重要的作用。

---

① 从2016年版《国防白皮书》可以看出，澳大利亚的战略目标已将"中等强国"的理念进一步落实到行动中，http：//www.defence.gov.au/whitepaper/Docs/2016-Defence-White-Paper.pdf。

② IMD："2015国家竞争力报告"，http：//www.imd.org/uupload/imd.website/wcc/scoreboard.pdf。

三、"美日+1"三边安全机制的困境

"美日+1"安全模式具有很强的针对性，弥补了美国战略上的缺陷。但是，任何战略都有两面性，它在发挥作用的同时必然也存在弱点和缺陷。"美日+1"三边安全机制在运作过程中将会遇到以下三个困境。

（一）美日中轴的不稳定性

如前文所述，美国使日本能力得到强化并提高其在盟国中的地位，由此日本拥有更高的自主性并承担了更多的责任，而这会使得美日这对"中轴"产生一些不稳定的因素。

首先，日本能力的提升使其更易"借船出海"摆脱美国的控制。美日同盟自成立之始就存在着不平等的色彩。在1952年2月28日，日美签订的《日美行政协定》就详细规定了驻日美军的地位及特权。可见在成立之初，日美关系就是一种极端不平等的同盟关系。而现今美国为了自身的战略目标，让日本的能力和地位得到提升，会使得日本更容易打破现有的不平衡，摆脱"战后体制"和美国的控制，进而成为政治和军事大国。

其次，能力提升后的日本拥有更多的战略自主性，这使得日本有可能升级地区冲突，并将美国拖入地区冲突。而在亚太的战略设计上，美国极力避免与区域大国的正面冲突，因为美国承担不起这样的战略负担，它采取了一系列措施防止自身被卷入冲突，诸如通过给日本划定"外交红线"来控制日本的行为等。但是，美国依旧面临着地区冲突的风险和隐患，这些变化很大程度超过了美国的控制并且使得美国控制日本的战略难以为继。这使得美国"被连累"的风险在上升，并导致"抛弃"与"牵连"的"同盟困境"，而这种"同盟困境"对美日中轴的稳定无疑将造成诸多负面影响。

(二) 澳韩印三国对中国崛起的反应与美日存在差异

如上文所述，美国组建"美日+1"三边安全机制的一个重要原因就是想利用澳大利亚、韩国与印度日益增强的综合国力以及三国企图维持现状，并进一步谋求提升国家地位的利益诉求。然而三国对中国崛起的反应与美国不尽相同，这使得三国在发展"美日+1"安全模式时的种种政策可能不尽如美国之意。

澳大利亚把美澳同盟视为其战略的核心，认为美国是其不可或缺的盟友。但即便如此，澳大利亚与美国对于中国崛起的反应仍然有不小差异。自2008年起，中国成为澳大利亚第一大贸易国，近年来两国经贸上的往来不断加深，这意味着中国和澳大利亚存在持续分歧的同时，也有着很多共同的利益。2016年澳大利亚发布《2016年国防白皮书》，其中明确指出：澳美利益并非总是一致的。最典型的事例就是澳大利亚加入TPP后，不顾美国反对成为亚投行创始会员国。

韩国方面，中韩FTA按部就班地在经济领域持续发挥着重要作用。此外，韩国对中国的接触也远超经济方面，诸如在"六方会谈"上韩国与中国保持密切联系，继续与中国深化"战略合作伙伴关系"等等。可见韩国在对中国崛起的反应相较美国而言有更多积极的因素。

印度方面，近年来两国在诸如能源、经济等领域的共有利益不断增多，合作程度不断深化。值得一提的是李克强总理履职后第一站就是印度，之后印度总理访华并与中国签署了一系列涉及中印间问题的协议。2014年，习近平总书记访印，中印共同发表了《关于构建更加紧密的发展伙伴关系的联合声明》，可以看出虽然中印矛盾仍然存在，但是印度相较美国而言更愿意从中国的崛起中寻找机会和利益。

综上所述，澳韩印与美日对中国崛起的认知与反应存在着或多或少的差异，这从客观上对"美日+1"三边安全机制的战略目标造成负面影响。

(三) 日本与澳韩印之间存在矛盾与分歧

在美国大力推进"美日+1"三边安全模式的发展过程中，作为三边安全机制"次轴心"的日本与相关国家加深安全合作关系时依然存在不少障碍，其中以历史问题为最。日本作为二战侵略国，对亚洲国家造成了难易磨灭的伤害，加之日本在"历史教科书"等问题上扭曲历史的处理方式，使得日本与部分被侵略国的关系始终笼罩在阴影之下。此外，深层次的战略分歧和区域外国家的影响也是发展关系时的主要障碍。

日本与澳大利亚间存在的矛盾包括历史问题和美国因素两个方面。日澳两国间的历史问题虽然不如日韩间的矛盾尖锐，但是也给两国关系的发展带来了一定的阻碍。一方面，在二战期间，日本对澳大利亚进行过侵略，其中尤以对达尔文的空袭为甚。这对澳大利亚的对日政策造成了持久影响，同时还担心日本军国主义复活。另一方面，日本对澳大利亚战俘的虐待和残忍屠杀使得澳大利亚民众的反日情绪强烈。现今澳日两国虽在美国的主导和利益的驱使下关系恢复正常化，并一度有"准同盟"之称，但是历史遗留问题仍然影响着两国关系的发展。美国因素方面，日澳两国关系继续深化发展并不符合美国和澳大利亚的利益。因为日澳结盟意味着日本将具备挑战现状的合法性，这将会超出美国对其同盟体系的控制。

日本与韩国最大的矛盾与分歧是两国的历史问题。日本掩盖二战随军"慰安妇"等内容，美化侵略行径，称日本对朝鲜半岛的殖民统治是"为了帮助韩国现代化的实现"等等。这一系列的举动引起韩国反日情绪的急剧上升，导致日韩外交长时间处于对峙局面。2013年12月日本首相安倍更是悍然参拜"靖国神社"，引发亚洲邻国愤慨和国际社会谴责，引起日韩关系的紧张。此外，日韩自二战后在竹（独）岛问题上一再产生矛盾和摩擦，可以说领土问题成为两国关系间的一个楔子，阻碍着两国关系的发展。

日本与印度的分歧主要存在于外交战略与国家发展战略方面。在外交方面，日本是美国的盟国，而印度推行全方位外交与"不结盟"的政策。印度在积极与世界大国发展战略伙伴关系的同时，也在保持自身的回旋空间。加之印度与俄罗斯是传统盟友,印度70%的军事依靠俄罗斯,如果印度与美日走得过近,俄罗斯很可能与巴基斯坦进行军事合作。在国家发展战略方面,印度有着大国情节和追求,其强烈的民族意识一旦膨胀起来就会与日本的战略意图产生冲突。而在"美日+1"三边安全机制中,日本地位要高于印度,这种带有等级化的关系使得冲突产生的可能性更大。

── 第五章 ──

日本全方位加强军事实力建设

第一节 强化联合机动防卫力量建设

近年来，日本的防卫理念发生重大变化，即从"基础防卫"转向"机动防卫"。在2010年12月17日通过的日本新《防卫计划大纲》（"平成23年度以降に係る防衛計画の大綱"）和《中期防卫计划》（"中期防衛力整備計画"2011年度~2015年度）中明确规定，从"基础防卫"转向"机动防卫"。"基础防卫"是日本1976年制定《防卫计划大纲》时的核心概念：针对"苏联攻击日本本土"的情况，在全国均匀部署兵力以保卫本土。代替这一概念的"机动防卫"是指在有威胁的地方重点部署战斗力。新的国防政策强调增强军队机动性的必要性，以便在需要时能够迅速完成海上和空中的部署。日本认为，将来会面临三个方向的威胁，即"西南威胁"（中国的"威胁"）、"北面威胁"（朝鲜的"威胁"）和"东北威胁"（俄罗斯的"威胁"）。[①] 日本将以"机动军"来应对这三种"威胁"。从

---

① 川上高司编：『3つの脅威に対処する日米同盟 =新防衛大綱と米の対中強硬戦略』，http://www.takashi-kawakami.com/paper-up/Weekly%20e-World223.pdf#search'。

"基础防卫"转向"机动防卫"后，日本军事力量将从"守"为主转向"攻"为主。在这一"动态防卫力量"理念的主导下，日本军事上逐步由"专守防卫"战略转向"主动先制""先发制人"战略，"自卫队"将发展成一支攻守兼备、名副其实的"军队"。

一、联合机动防卫力量建设的内容

2013年12月17日，日本安倍内阁决议通过的《防卫计划大纲》（下面简称"新大纲"），明确提出了构筑联合机动防卫力量的军事战略设想。它是规定日本安全政策基本方针和防卫力量建设目标等中长期防卫政策的纲领，其中指出："以安全保障环境的变化为基础，追求能力最适化，同时通过联合作战军事力量，机动、灵活、有效地执行多样化任务。为此，需要确保更加广泛的后方支援基础，并以尖端的技术及强力的情报指挥通信能力为保障，在软件建设与硬件建设两个方面，构筑兼具应急性、持续性、强韧性、紧密性的联合机动防卫力量。"[1] 这一构想明确了日本未来军事力量建设的基本方针，对机制保障、战略目标、军力结构、作战模式、兵力部署、武器革新等方面都做了明确规定，标志着日本军事战略的重大转变。

"联合机动防卫力量"构想的主要内容如下：

第一，注重机动作战部队的建设，强调构筑动态防卫体制，以确保自卫队在应对各种事态时的机动性和灵活性。"新大纲"规定：在2024年前，陆上自卫队中的机动作战部队将由当前的1个中央应急集团和1个机甲师团增至3个机动师团、4个机动旅团、1个机甲师团、1个空挺团、1个水陆机动团、1个直升机团。[2] 由此可见，"新大纲"更加注重对机动作战部队的建设。

---

[1] 防衛省編：『平成26年度以降に係る防衛計画の大綱について』，2013年12月17日，http://www.mod.go.jp/j/approach/agenda/guideline/2014/pdf/20131217.pdf。

[2] 防衛省編：『平成26年度以降に係る防衛計画の大綱について』，2013年12月17日，http://www.mod.go.jp/j/approach/agenda/guideline/2014/pdf/20131217.pdf。

第二，军事力量部署重点转向"西南诸岛"。① 根据"新大纲"及《中期防卫力量整备计划》的规定，自卫队将进一步强化在西南诸岛的兵力部署，将新设沿岸监视部队、更新武器装备、扩充部队容量，提升该地区的警戒监视能力、情报搜集能力、事态应对能力以及快速反应能力。②

第三，强化岛屿作战能力。"新大纲"指出："为了应对岛屿作战，在根据安全环境而部署部队的基础上，还要机动运用其他部队，以确保海上及航空优势，并准确应对可能出现的导弹攻击。"③ 岛屿作战是考验一国部队联合作战体制建设的关键领域，涉及到军事力量的各个方面。日本专门强调了岛屿作战的重要性，并对部队部署、作战模式、武器更新换代等做了详细安排。

第四，注重军事力量在新兴战略领域的作战。"新大纲"提出要加强自卫队在网络空间及太空等领域的作战能力建设，"有效利用人工卫星，强化自卫队的情报收集能力、指挥统制能力以及情报通信能力，并对宇宙态势进行监控；确保网络安全人才的培育及网络安全技术的提升，激活自卫队在网络空间领域的行动"。④

总之，日本联合机动防卫力量建设，是日本在新的安全形势下推动军事转型的重要举措，提高了自卫队应对各种事态的机能与效率，增强了"进攻性"。

二、联合机动防卫力量建设的特点

"联合机动防卫力量"构想是日本内阁根据国际安全形势提出的战略

---

① "西南诸岛"是指从日本九州岛南端到与那国岛之间、呈弧状分布的岛群（包括钓鱼岛），临近中国大陆和台湾地区。
② 陆伟："'联合机动防卫力量'：日本新军事战略的构建和影响"，《外交评论》，2014年第5期，第49页。
③ 防衛省編：『平成26年度以降に係る防衛計画の大綱について』，2013年12月17日，http：//www.mod.go.jp/j/approach/agenda/guideline/2014/pdf/20131217.pdf。
④ 防衛省編：『平成26年度以降に係る防衛計画の大綱について』，2013年12月17日，http：//www.mod.go.jp/j/approach/agenda/guideline/2014/pdf/20131217.pdf。

理念与军事建设方针，是调整自卫队体制编制、更新武器装备等提高军事力量的主要依据，是新时期日本增强军事实力的重要标志。其主要特点是：

第一，突出了"联合作战"的内涵。首先，为了确保在"离岛争夺"、海上作战等实战中准确、高效地完成作战任务，注重自卫队陆海空各军种间作战的联合，既注重陆海空自卫队主体作战力量间的协同与合作，也强调通信、指挥、情报以及后勤力量等辅助军事行动间的联合与联动，形成了一个完整的作战体系。"新大纲"指出，"整合陆海空各自卫队的防卫资源，不断增强军队的一体化、规范化和高效化建设，在充分确保军事防卫能力高质量建设的同时，提高对各类安全问题的防御与应对能力。"[1] 由此可以清楚地发现，在此构想的指导下，日本军事力量建设开始跨越军种框架，在整体上纳入统一的军事战略规范之中。其次，该构想也涵盖了自卫队与他国军队间的联合。与美军、澳军等他国作战力量的联合，也是日本"联合机动防卫力量"建设中的重要一环。近年来，日美军事一体化程度日益加深，在联合作战、情报共享、网空及太空安全等领域均进行了深度合作。在此基础上，日本甚至构建了以日美同盟为核心，辐射澳、印、韩等国的"日美+1"军事合作模式。

第二，强调了日本作战力量的快反性、灵活性和高效性。该构想更加注重对自卫队的"机动性"运用，使自卫队处于一种随时可被调动的快速、应急状态，能够对紧急突发事态做出灵活应对，以最大限度地避免事态的扩大化，将不可控因素扼杀在萌芽状态。同时，该构想还强调对"灰色区域事态"[2] 的快速应对。如2012年2月日本内阁通过的《海上保安厅法》修正案草案中规定，"在警察难以快速应对发生在远离本土的地方的

---

[1] 防衛省編：『平成26年度以降に係る防衛計画の大綱について』，2013年12月17日，http：//www. mod. go. jp/j/approach/agenda/guideline/2014/pdf/20131217. pdf。

[2] "灰色区域事态"概念在日本官方文件中最早出现在2010年版《防卫计划大纲》中，是指"围绕领土、主权和经济权益等问题产生的未达到武力冲突程度的对立与冲突"。在2013年12月通过的战后首份《国家安全保障战略》文件中将其定义为"围绕领土主权和经济权益等问题，容易出现既非完全和平又非战争冲突的所谓灰色区域事态"。

犯罪时，海上保安官有权在规定之岛屿对犯罪行为进行处置"①，其目的就是提升海上保安厅的快速反应能力。

第三，遏制中国崛起战略意图明显。近年来，日本多次强调了当前世界安全形势的复杂性和紧迫性，夸大"外部威胁"。"新大纲"指出，尽管当前发生大规模武力冲突的可能性较低，但各种安全问题和不稳定因素日益凸显，日本所处的安全环境日益严峻。"新大纲"还列举了国际恐怖主义、武器扩散、朝鲜核武研发等诸多安全问题，并对中国的正当海洋行动进行无端指责。近年来，日本已公开将中国视为战略对手，大肆宣传"中国威胁论"，对中国在东海、南海的正当行动进行了歪曲宣传和虚妄指责。因此，"新大纲"注重联合机动防卫力量的建设，强化西南防御、调整自卫队编制体制、更新武器，模拟演练两栖登陆、岛屿争夺，这些举措是"司马昭之心，路人皆知"。

为了提高"离岛争夺"作战能力，日本在战术战法演练、部队体制调整等方面动作不断。2014 年 5 月 10 日至 27 日，日本以外国军队"占领"日本离岛为假定背景，其自卫队在奄美群岛江仁屋离岛首次举行了国内专业性大规模"离岛争夺"作战演练。在本次演习中，大约有 500 名陆上自卫队员、820 名海上自卫队员、10 名航空自卫队员以及 2 架 F-2 战机②参加，陆上自卫队员经海上自卫队"下北"号运输舰抵达指定海域后，分乘冲锋艇登陆离岛并展开夺岛作战；与此同时，海上自卫队"鞍马"号护卫舰、"足柄"号"宙斯盾"驱逐舰以及"丰后"号扫雷舰在周边海域进行警戒。

---

① 日本海上保安厅编：『海上保安庁法及び領海等における外国船舶の航行に関する法律の一部を改正する法律案について』，www. kaiho. mlit. go. jp/info/kouhou/h24/.../k120228-1. pdf。
② 『奄美で3自衛隊合同の離島奪還訓練報道陣に公開』，『日本経済新聞』，2014 年 5 月 22 日，http：//www. nikkei. com/article/DGXNASFS2202R_ S4A520C1PP8000。

第二节　强化空中—太空作战能力建设

一、空中反导实力日趋加强

近年来，日本以应对朝鲜核问题为借口，大力加强了反导实力及西南防御力量。主要体现在以下方面：

第一，反导作战指挥体制日趋完备。首先，《自卫队法》第22条从法律上对反导作战指挥体制做了明确规定，主要包括：防卫大臣可下达命令成立"统合任务部队"，并指示陆海空自卫队向其派遣所需兵力，同时在统合幕僚监部之下设置单一的司令部；"统合任务部队"可在防卫出动、海上警备、导弹摧毁等情况下成立。其次，《自卫队法》第82条第3款规定，防卫大臣确定有弹道导弹落入日本后，在得到首相许可后，可对自卫队下达摧毁导弹的命令。如针对朝鲜发射卫星的行动，日本防卫相根据《自卫队法》的相关规定，命令成立"BMD统合任务部队"，并指派航空总队司令官担任"BMD统合任务部队指挥官"。另外，日本反导作战指挥体制已具有实战性。在应对导弹的过程中，从防卫相下达"摧毁"命令，到反导预警、拦截打击，再到最后假设导弹被击落，日本防卫省调动了陆海空自卫队的所有相关机构，用任务检验了相关机构的快速反应能力。

第二，反导预警能力已日趋独立。日本已经改变了最初引进导弹防御系统时依赖美国的现状，已初步建成了覆盖陆海空天的立体预警网，基本具备了独立对高、中、低空及海上目标进行不间断监视的能力。首先，具有覆盖全面的陆基预警系统，主要有部署在青森县车力基地的X波段相控阵雷达，装备有J/FPS-3、J/FPS-5、J/FPS-7型雷达的28个固定雷达站及12个机动式雷达分队。其次，打造了海基预警系统的核心，主要有4

艘"金刚"级驱逐舰的 AN/SPY-1D 型相控阵雷达和 2 艘"爱宕"级驱逐舰的 AN/SPY-1D（V）型相控阵雷达。再次，空中预警系统独冠亚洲，拥有 13 架 E-2C 预警机及 4 架 E-767 预警机。另外，天基预警系统拥有光学成像卫星和合成孔径雷达卫星。

第三，拦截打击力量渐具规模。日本反导系统中，远程防御主要由海上自卫队"宙斯盾"驱逐舰中的"标准-3"（SM-3）系统在大气层外进行中段拦截；近程防御主要由航空自卫队地空导弹部队中的"爱国者-3"（PAC-3）系统在大气层内进行末段拦截。截至目前，日本已在"金刚"号、"鸟海"号、"妙高"号、"雾岛"号 4 艘"金刚"级"宙斯盾"舰配备了 SM-3 系统；已将 2 艘"爱宕"级（"爱宕"号、"足柄"号）"宙斯盾"舰的反导系统改装为 SM-3 系统。另据报道，日本打算新建 2 艘配备有 SM-3 系统的"爱宕"级"宙斯盾"舰。据日本共同社 2015 年 10 月 28 日报道，日本已在北海道千岁市的航空自卫队千岁基地部署了两套地对空拦截导弹"爱国者-3"（PAC-3），始于 2004 年度的日本全国各地地对空拦截导弹部署计划至此宣告结束，北起北海道、南至冲绳的全国 15 处基地部署了共计 34 套 PAC-3。[①] 至此，应对体制基本建成，从而能在日本全境机动拦截外国发射的弹道导弹。

第四，美日韩导弹防御网悄然成形。2016 年 2 月 7 日朝鲜发射弹道导弹技术卫星后，韩美决定正式讨论在韩国部署"萨德"反导系统（THAAD）。[②] 引入"萨德"系统后，美军可以通过导弹预警情报网络有效监视中俄弹道导弹的活动情况，并能够针对中国部署在东部沿海地区的导弹发挥拦截作用。[③] 日本国内也出现了期望引入"萨德"系统、并最终形成三段式空中防御体系的声音。此外，美日韩三国在朝鲜发射卫星后，通

[①] 《地对空拦截导弹》，环球网，http://world.huanqiu.com/exclusive/2015-10/7864758.html?agt=15438。

[②] "萨德"系统全名为"末段高空区域防御系统"，是目前唯一能在大气层内和大气层外拦截弹道导弹的陆基高空远程反导系统。

[③] "'萨德'，美国谋求'东方不败'的阳谋与阴谋"，凤凰网，2016 年 2 月 20 日，http://news.ifeng.com/a/20160220/47511423_0.shtml。

过各种形式举行了多层次的三边对话，就共享涉朝军事情报、强化对朝制裁等进行了紧密磋商。2月9日，安倍晋三表示"支持美军在韩国部署最尖端陆基反导系统 THAAD"。①

以朝鲜发射弹道导弹技术卫星为借口，美国在亚太地区主导的美日韩导弹防御网络悄然成形：韩国部署了"萨德"系统，日本快速提升了自身的反导实力。今后，美日韩三国在反导方面的军事一体化程度将逐步深化，在情报搜集、反导预警、拦截打击等方面的合作能力将进一步得到加强。

二、太空军事实力骤升

近年来，日本对太空领域的军事利用投入力度很大。2015年12月8日由日本首相担任组长的"宇宙开发战略本部"召开第11次会议，会上通过了《宇宙基本计划工程表》，决定情报侦察卫星由当前的4颗增加至10颗，并对防卫省的行动计划进行了部署：（1）自2016年度开始，着手设计宇宙监视系统，强化与美国的合作，积极推进对太空的安全利用计划；（2）为了强化自卫队的指挥统制与情报通信能力，2016年度计划发射X波段防卫通信卫星1号机和2号机，并做好3号机的发射准备工作；（3）由防卫省研发的双波长红外线感应器将于2019年度搭载先进光学卫星发射升空，并在太空进行实证研究。②

自2008年5月通过了《宇宙基本法》后，彻底打破了在太空领域近40年的立法限制，为日本大规模开展军事航天应用扫除了障碍。近年来，在太空军事化政策的引导下，日本军事力量在太空领域的动作愈加频繁，不断强化体制机制建设，积极构筑了国家层面的航天管理机构。

日本军事力量对卫星的运用主要集中在通信与侦查两个方面。卫星通

---

① "'萨德'，美国谋求'东方不败'的阳谋与阴谋"，凤凰网，2016年2月20日，http：//news.ifeng.com/a/20160220/47511423_0.shtml。

② 宇宙開発戦略本部編：『第11回宇宙開発戦略本部議事概要』，http：//www.kantei.go.jp/jp/singi/utyuu/honbu/dai11/gijiyoushi.pdf。

信能够将各地的部队联系起来，从而确保情报共享，并缩短作战行动的时间。日本自卫队主要使用三种由民间生产的 X 波段卫星通信系统，即"超鸟"B2 号、"超鸟"C2 号和"超鸟"D 号。X 波段通信卫星具有受气象影响小、可靠性高的特点。当前，日本自卫队正打造军事专用的新 X 波段通信卫星系统。新型卫星能够处理自卫队大幅增加的通信量，确保各自卫队在任何时间同任何对象进行联系。届时，日本自卫队在执行海外派兵、大规模灾害救助、军事演习等任务时，将能够更加高效地进行通信与沟通。

为了进行情报搜集与侦查，日本自卫队当前正使用着两颗专用的光学卫星和两颗专用的雷达卫星。2014 年 8 月 29 日，日本防卫省修改了《宇宙开发利用基本方针》，提出将成立专门的宇宙监视组织——"宇宙空间部队"。这支力量将以雷达和大型光学望远镜为主要工具，对宇宙卫星和太空垃圾运行的动态进行跟踪和分析。同时，利用人造卫星对弹道导弹的发射进行早期的监控与分析。光学成像卫星，装有望远数码相机，负责昼间侦察；雷达成像卫星，装有合成孔径雷达，负责夜间或能见度差的情况下侦察。每组侦察卫星由一颗光学成像卫星加一颗雷达成像卫星组成，如此日本的太空"眼线"便可不分昼夜地工作。

日本侦察卫星的特点主要体现在以下三个方面：第一，侦察能力强。评价卫星侦察能力有几项硬指标：分辨率、拍摄角度、拍摄时间。光学侦察卫星由于安装了多光谱遥感传感器，既可拍摄黑白照片，也可拍摄彩照，分辨率高达 41 厘米。雷达侦察卫星虽稍显逊色，分辨率也达到了 1 米。两种卫星均装有相控阵天线，姿态控制能力很强，调整拍摄角度非常便利，而且采用了先进的近红外线发射器技术，实现了长时间连续拍摄。第二，通信技术优。卫星通信技术如果出现短板，其他技术上的努力也将付诸东流。为防止泄密，日本的侦察卫星与地面站点之间采用密码通信，更为尖端的量子密码通信技术已逐步进入实用化阶段。此外，由于目前各侦察卫星与地面站实行直接通信，在信息处理上非常不便，而且电磁信号容易遭受他国发动的卫星干扰，日本打算开发光学数据中继卫星，并拟于 2019 年发射。这样既可以汇总各侦察卫星的数据，也增强了抗干扰性。第三，运行寿命长。卫星运行寿命的决定因素是电池。日本已发射的侦察卫星中，有些便因电池故障而提前报废。新一代侦察卫星对太阳能电池进行了改造，解决了之前的电源问题，还实现了轻量化和小型化，延长了卫星的运行寿命。

　　日本认为，侦察卫星是未来太空战的主战装备，是夺取外层空间控制权的关键。除了情报搜集、成像侦察、电子侦察外，日本的卫星还能发挥许多其他装备不可替代的作用。首先，具有海洋监视的作用。《宇宙基本计划》明确指出要"积极进入太空领域"，获得"现代化的安全保障"，扩充和强化用于监视海上船舶和地面设施的侦察卫星的功能。目前日本的卫星体制不仅覆盖海域广，而且可昼夜监视多个活动目标。其次，具有导弹预警的作用。要想监视和发现敌方战略弹道导弹并及时发出警报，就需要建立卫星预警网。日本侦察卫星上的红外探测器和摄像机可探测导弹在飞出大气层后的红外辐射，并进行跟踪。所以，只需两组侦察卫星，便可实现全时导弹预警。再次，具有清理太空垃圾的作用。太空垃圾是名副其实的"太空杀手"，目前有两大难题亟待解决：一是数量庞大，数以亿计；二是相对速度快，一般为每秒几千米至几万米。由于高度、方向、速度不同，加之大气密度高度复杂等情况，太空垃圾的运行轨道和具体坠毁地点都难以准确预测，必须通过侦察卫星对其进行实时监测。目前清理太空垃圾的技术手段有机械手捕捉、激光定位清除等，都要以侦察卫星为平台。日本自卫队若掌握了这些技术，也就拥有了"清扫"掉其他国家在轨卫星的能力。

第三节　加强网空军事实力建设

　　2015 年 9 月，日本颁布了新版《网络安全战略》，出台了具体的网络安全措施：要采取先发制人的预防措施，由于网络空间具有瞬息万变的特点，不能等到网络危机已经出现时再进行防范，而是要事先分析风险，制定先发制人的政策，变被动为主动。

一、日本网络安全整体规划

（一）强化应对大规模网络攻击能力

近年来，针对政府机关、民间企业的网络攻击案件频发。例如，2009年7月，发生了针对韩国和美国政府机关网站的大规模网络攻击。2011年，针对日本军工企业三菱重工的网络攻击案件频发。由此，日本政府强调必须强化应对处理大规模网络攻击事态的能力。

1. 整备政府紧急行动应对态势

首先，日本政府将大规模网络攻击事态列为需要政府紧急做出行动的"初动对处态势"。日本政府很早之前就将发生地震、海啸等自然灾害以及可疑船只、弹道导弹等在安保方面的威胁视为"初动对处态势"，并于2003年制定了《针对紧急事态的政府初动对处体制》。随着网络空间新型威胁日益增大，2010年日本制定了《守护国民的信息安全战略》，主张大规模网络攻击事态也是紧急事态，政府应整备与之相关的初动对处事态。随后，日本政府和相关机构开始着手准备应对网络攻击的政府"初动对处态势"。

其次，日本政府平常进行相关训练。训练的重点是强化各省厅合作。2011年10月，日本信息安全政策会议第27次会议召开，具体规定了训练相关事项。训练平均一年一次，首次训练于2011年3月9日进行，主要有三个训练科目：快速准确把握受害情况，防止受害面扩大并进行恢复，查明原因。过去，各相关机构各自为战，综合"初动对处"能力不高。如今，各府省厅进行共同训练，通过分析讨论训练结果，在大规模网络攻击事态发生时，政府和相关部门能够进行快速有效的"初动对处"。

再次，不论是平常还是发生情况时，日本都加强了信息搜集与共享。内阁官房的信息安全中心作为日本网络安全的中枢，常年与经济产业省的信息安全政策室、警察厅的网络力量等各省厅与网络安全相关的机关保持联系，实现了应对大规模网络攻击时的信息共享。除此之外，内阁官房及相关省厅还强调要提高分析发生大规模网络攻击信息、威胁程度、手法的能力。日本政府通过构筑初动对处态势，不断提高应对大规模网络攻击事态的能力。

2. 强化官民合作

民间的重要基础设施也是大规模网络攻击的目标。与国家设施相比，民间的重要基础设施更加脆弱。保护民间重要基础设施同样重要。因此，日本政府强化了官民合作。

首先，日本政府新设了有助于强化官民合作的组织。2011年召开的日本信息安全政策会议第27次会议决定，在信息安全对策推进会议中新设强化官民合作的分科会（参见图5—1）。新设的分科会负责向基础设施事业者传达政府网络安全政策，讨论官民合作的方式。分科会的成立是强化官民合作的重要基础。

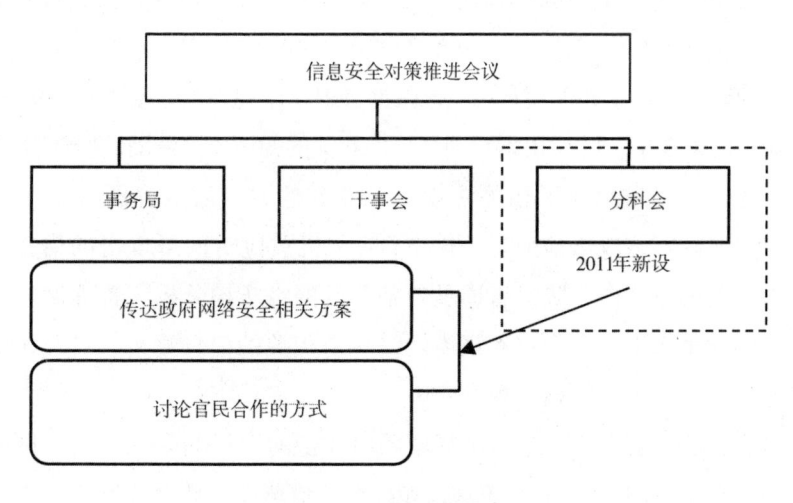

图5—1　新设分科会

其次，日本政府针对基础设施事业者普及网络安全相关知识。2011年7月，信息安全政策会议出台了《信息安全普及、开发计划》，制订了向国民普及相关知识的具体做法。通过普及相关知识，日本得到了重要基础设施事业者的理解，让其发挥了创造力，顺利推进官民合作。

再次，日本政府与民间重要基础设施事业者推进共同训练与演习的实施。这作为强化官民合作的重要一步，有助于提高重要基础设施事业者应对大规模网络攻击事态的能力。除此之外，通过共同训练，提高官民合作的水平，在重要基础设施事业者遭受大规模网络攻击时，政府机关能够进行迅速有效的支援。

最后，强化与民间重要基础设施事业者的信息共享体制也是强化官民合作的重要措施。2010年12月，为提高分析、应对网络攻击的能力，经济产业省在信息处理推进机构新设"威胁与对策研究会"，向重要基础设施事业者提供更加有效的网络攻击相关信息，帮助其应对网络攻击。日本政府通过新设组织、普及知识、进行共同训练、共享信息等手段，不断强化官民合作，谋求强化大规模网络攻击事态的对处能力。

3. 强化防卫机构的对处能力

随着2008年"自卫队指挥通信系统队"的成立，防卫力在应对网络攻击领域占据重要地位。日本《平成23年之后的防卫计划大纲》中对应对网络攻击的防卫力做了如下规定："为保护自卫队信息系统，要综合运用必要力量应对网络攻击，同时积累与网络攻击相关的知识，并帮助政府应对。"

首先，防卫省制定了相关法规。2010年5月，防卫省颁布了《防卫省·自卫队的网络攻击应对》，出台了防卫机关应对网络攻击的措施。为应对大规模网络攻击，防卫省通过装备新的网络防护分析装置提高应对网络攻击的技术水平，进行与大规模网络攻击相关的信息搜集，对在防卫机关工作的普通职员进行相关教育。

其次，防卫省新设了应对大规模网络攻击的专门部队。设置"网络空间防卫队"的同时，2011年3月，在统合幕僚监部下新设"网络企画调整官"，负责构思自卫队如何应对网络攻击、与国外相关机构进行合作（参见图5—2）。新设网络企画调整官在强化与国外防卫机关合作的同时，也提高了自卫队应对网络攻击的能力。如今，防卫省正在准备改编"网络空间防卫队"。《平成23年预算概要》中称："平成24年年底网络空间防卫队要进行改编，确保其人员。"

```
                    ┌─────────┐
                    │  防卫省  │
                    ├─────────┤
    ┌──────────┐    │统合幕僚监部│
    │(1)构思如何应对网络│    └────┬────┘     ┌─────────────┐
    │  攻击      │◄────┐         ├─────────│ 网络企画调整官 │
    │(2)与国外相关机构进│         │         │  2011年3月新设  │
    │  行合作    │    ┌────┴──────┐      └─────────────┘
    └──────────┘    │自卫队指挥通信系统队│
                    └─┬───┬───┬───┬──┘
            ┌────────┼───┼───┼───┴──────┐
            │        │   │   │          │
         ┌──┴──┐ ┌──┴──┐┌┴──────┐┌──┴──┐┌────────┐
         │队本部│ │保全监查队││中央指挥所│ │网络  │ │网络空间│
         │     │ │       ││运营队 │ │运用队│ │防卫队 │
         └─────┘ └──────┘└──────┘└─────┘└────────┘
```

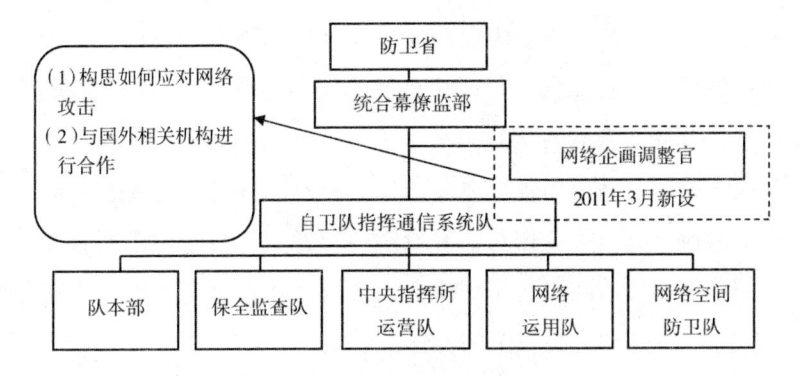

图 5—2　新设网络企画调整官

再次，为培育能够应对网络攻击的优秀人才，防卫省强化了网络安全领域的教育与研究。防卫省决定不断向国内外开设网络安全课程的教育机构派遣学生，在防卫省各技术学校中进行相关教育训练，为提升防卫学校在网络安全领域的教育与研究能力而增加相关人员。防卫省还新设机关与部队，提升网络安全技术水平，培育优秀人才，强化防卫部门能动地应对大规模网络攻击事件的能力。

（二）强化国际合作

2007 年，日本政府发表《全球信息安全战略》，指出国际合作对确保网络安全非常重要。但在网络安全领域，日本多与美国、澳大利亚等传统盟友进行合作，视野不够宽广。随着网络安全环境的变化，日本扩展了国际视野，强化了国际合作。

1. 强化与美国的双边合作

美国是日本的传统盟友，拥有先进的信息通信技术和网络安全战略，因此很早就是日本在网络安全领域的合作对象。强化与美国的双边合作，有助于提高日本的网络安全水平。

首先，为推进合作，两国签署了多个条约。修改《日美安全保障条约》时，两国同意将网络安全领域的威胁纳入安全保障领域。该条约强化了两国在网络安全领域的合作，使两国能够有效共同应对针对重要基础设施的网络攻击。除此之外，为提高应对大规模网络攻击的能力，2009年4月，两国签署了《信息保证与计算机网络防卫合作备忘录》，强化了两国在信息搜集及共享领域的能力。

其次，两国灵活运用各种会议。日本政府通过日美网络安全会议、互联网金融领域日美政策合作对话等双边会议，具体推进两国间合作。2012年召开的第三次日美政策合作对话中，两国一致同意在共享网络安全领域信息的同时，加速研究开发上的合作。

再次，日本参加美国主导的网络安全领域的训练。2006年起，美国国土安全局每两年在本土进行一次"网络暴风雨"官民合作演习。头两次演习中，包含英美在内共五国参加。2010年，应美国要求，日本NISC、警察厅、经济产业省等政府机关，以及JPCERT/CC等民间团体，首次参加该演习。该演习假定基础设施系统遭受网络攻击，随着事态的发展，应如何进行指示和联络。通过参加该训练，日本确保网络安全的能力不断提高。如此，日本通过签订条约、灵活运用双边会议、参加共同训练，强化了在网络安全领域与美国的合作。

2. 利用APEC、ARF、IWWN等多边框架

在强化与美合作的基础上，日本政府灵活运用亚太经合组织（APEC）、东盟地区论坛（ARF）、国际监视警戒网络（IWWN）等多边框架，在网络安全技术研究、人才培育和网络攻击威胁领域，完善了与外国政府机关的信息共有体制。

首先，日本积极参加多边组织。日本内阁官房信息安全中心、警察厅和JPCERT/CC等机构，于2006年加入IWWN论坛，2009年6月，参加在匈牙利召开的网络安全推演，强化了与各国的信息共享体制。除此之外，日本政府参加了网络安全领域国际标准化国际会议。例如，参加了由ISO/IEC JTC 1/SC27主办的国际会议，说明了日本与网络安全相关的政策与想法，将国际规则作为参考。

其次，日本加强了与CSIRT的合作。2011年，JPCERT/CC参加了与CSIRT相关的研讨会和技术支援活动，利用亚太地区网络定点观测可视化

项目，与加盟该项目的各国相关机构加强了网络安全领域早期警戒信息共享。日本还继续利用亚太计算机紧急应对队（APCERT）进行的网络演习和信息共享活动。2012年2月，日本JPCERT/CC参加了名为"APCERT Drill 2012"的网络演习，主要演练了"APT攻击和国际合作"这一科目，加强了与成员间的合作，提高了应对网络攻击的能力。除此之外，日本还加盟了FIRST，强化了对最新网络攻击手法和应对方法等信息的共享。

3. 强化内阁官房信息安全中心的窗口机能

为强化国际合作，日本政府强化了内阁官房信息安全中心（NISC）的窗口机能。NISC在向各国宣传日本网络安全战略的基本理念与政策的同时，也了解了各国网络安全战略的优势，化为己用。

首先，NISC灵活运用国际会议。NISC和经济产业省、总务省合作，自2009年起，每年召开一次日本—东盟信息安全政策会议，对网络安全的信息搜集、共享和人才的交流培育等进行讨论，强化与东盟各国的合作。NISC还参与了ARF等国际会议，积极宣传日本的网络安全战略。除此之外，NISC还与美国国土安全保障局、欧洲委员会定期就网络安全战略的实施交换意见。

其次，NISC还利用自己的网页宣传日本的网络安全战略。2010年起，反映日本现行网络战略年度计划的《信息安全2010》日语版和英语版都刊登在NISC的网页上。国内外相关团体通过下载阅览该年度计划，能够及时并正确掌握日本网络安全战略的实施状态与过程。

再次，NISC加强了与国内相关机构的合作。为充分发挥窗口功能，NISC认为有必要将与国外合作的情况、结果以及国外网络安全战略的优势传达给国内相关机构。各省厅通过NISC，共享与网络安全相关的国内外信息，提高了各省厅的网络安全对处能力。

日本政府强化了NISC的窗口机能，努力增强在网络安全领域的国际合作。在向全世界宣传日本网络安全战略的同时，帮助日本把握海外最新的网络安全动向，修订日本的网络安全战略。

（三）提升防卫省网络安全应对能力

发起网络攻击的动机多种多样，当网络攻击被当作战争手段使用时，必然会对国家安全保障产生影响。因此，在网络安全战略中运用防卫力、整备专门组织及人员的国家正在增多。2009年6月，美国正式成立网络司令部，将海陆空军中的网络战相关部门收入麾下。日本也借鉴国外经验，认识到网络安全空间防卫力量的重要性，着手整备国内资源。

首先，防卫省新编了应对网络安全的综合部队。为应对网络攻击，日本海陆空自卫队早已设置各自部队：陆上自卫队设系统防护队，海上自卫队设保全监查队，航空自卫队设系统监查队。但这些部队无法实现联合作战。防卫省为顺利推进网络安全战略，2008年3月，设立了"自卫队指挥通信系统队"（参见图5—3），作为应对网络攻击部队的指挥机构。该队负责系统及网络的整备、维持管理等静态机能，除此之外，还负责中央和当地部队之间的联络调整等动态机能，24小时应对网络攻击。

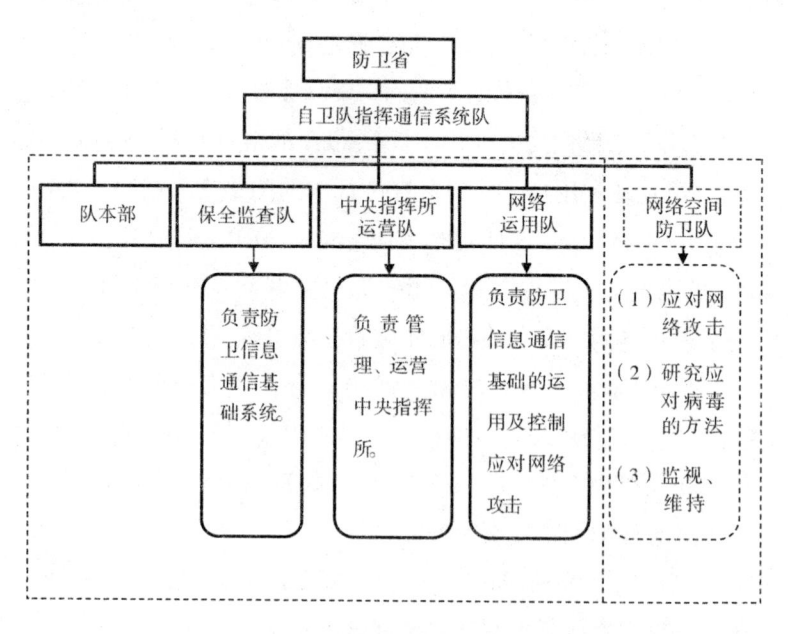

图5—3 自卫队指挥通信系统队的编程及职责

其次，防卫省新设应对网络安全的岗位。为强化信息收集及分析体制，顺利推进网络安全战略，2010年3月，陆上自卫队基于《中期防卫力整备计划（平成17—21年)》，设立了信息科，从普通科、特科、机甲科等非信息科部队抽调队员，送往信息教育学校进行职业培训，遴选新的信息科队员。与信息科相关的部队、机关主要有：陆上幕僚监部信息科，方面总监部信息部，中央快反集团信息部，师团、旅团第二部，自卫队中央信息队，自卫队信息保全队，沿岸监视队，方面信息队，陆上自卫队小平学校等。新设信息科使自卫队在作战过程中确保网络安全的能力得到提升。

再次，防卫省开始着手整备应对网络安全的专门部队。该省为强化应对网络攻击时有效的应对处理能力，在2010年预算中增加相关经费，计划在2012年末将由60名队员组成的"网络空间防卫队"编入自卫队指挥通信系统队。网络空间防卫队负责应对处理针对防卫省、自卫队的网络攻击，研究应对计算机病毒的方法，监视、维持自卫队与防卫省的指挥通信系统，培养有专业知识的工作人员。与美国的大规模网络战部队相比，防卫队的质与量都处于劣势，但可以说成立该部队是跨出了正式应对网络攻击的第一步。

二、提升网络空间军事实力

2015年1月9日，日本正式成立了"网络安全战略本部"与"内阁网络安全中心"。日本政府各机构，在网络安全相关中央机构的统一领导下，积极强化网络安全的维护能力，与网络安全相关的军事力量建设也进一步强化了应对措施。

自卫队网络攻击应对、情报搜集侦察等方面的实体业务，主要由自卫队情报保全队[1]与指挥通信系统队[2]承担。为了进一步强化对网络攻击的应对，指挥通信系统队于2014年3月26日成立了网络防卫队。日本防卫省在其《关于组建网络防卫队一事》的公告中指出："网络防卫队将24小时

---

[1] 自卫队情报保全队成立于2009年8月1日，属于防卫大臣的直辖部队，由原来陆海空自卫队各自的情报保全队综合改编而成，主要负责自卫队内部包含网络失泄密在内的所有失泄密案件的预防与调查等工作。

[2] 指挥通信系统队成立于2008年3月，该队由统合幕僚监部指挥通信系统部指挥通信系统运用课改编而成，队员包括陆海空自卫队员及相关技术人员。

监视自卫队的互联网并时刻准备应对网络攻击事态的发生，与此同时还将统一从事对网络攻击的相关情报进行收集、分析和调查研究的相关工作。自卫队将以网络防卫队为核心机构，同相关省厅进行广泛合作，强化日本应对网络攻击事态的能力。"①

为了大力强化网络安全的应对能力，防卫省采取了如下措施：

第一，举办网络攻击与防御实战演习。日本总务省主要通过组织"网络攻击防御演习"（CYDER）来检验网络安全人才的培育工作。该演习作为"网络攻击解析·防御实践演习"的重要一环，在2013年度共实施了10次，防卫省相关省厅以及独立行政法人和民间团体等共计33个机构292人参与其中。该演习通过角色扮演，让参与者结合实践操作，使其在网络攻击应对过程中积累经验。日本防卫省在网络安全人才培育方面通过与其他部门相互合作，取得了一定的成果。

第二，积极参与构建网络安全相关的双边、多边协商机制。2006年，日本防卫省同美国防卫省缔结了《信息保障与计算机网络防御相关合作备忘录》，双方一致同意在今后共同应对网络攻击及制定IT政策方面进行紧密合作，并定期举行应对网络攻击的演习。2013年5月和2014年4月，日美两国分别召开了第一、二届"日美网络对话"，就应对网络犯罪、保护重要基础设施等相关领域交换了意见。② 另外，日本于2012年6月同英国召开了"日英网络协议会"；2012年11月，同印度召开了"日印网络协议会"。

在多边机制领域，截止至2014年底，日本与东盟共召开了七届"日·ASEAN信息安全政策会议"，就应对网络攻击、强化人才培育、保护重要基础设施等领域的合作达成了一致意见。③ 此外，伴随着日本企业

---

① 防衛省編：『サイバー防衛隊の新編について』，http：//www.mod.go.jp/j/press/news/2014/03/25d.html。
② 外務省編：『第2回日米サイバー対話の開催』，http：//www.mofa.go.jp/mofaj/press/release/press4_000833.html。
③ 內閣官房情報セキュリティセンター編：『第7回日·ASEAN情報セキュリティ政策会議の結果』，http：//www.nisc.go.jp/press/pdf/aseanj_meeting20141008.pdf。

在东盟的不断拓展，为了协助东盟地区国家构筑良好的网络安全环境，日本和东盟还于2014年4月举办了"日·ASEAN信息安全意识启发研讨会"。2013年12月，日本同欧盟召开了第二届"日EU·ICT安全研究会"，就互联网安全相关的最新政策动向进行了意见交换，同时积极听取了日欧产业界的相关意见。2014年10月21日，中日韩三国召开了首届"网络安全事务磋商机制会议"，三方各自就网络安全政策和相关机制架构进行了介绍，探讨了建立网络安全负责任国家行为规范、打击网络犯罪和网络恐怖主义、构筑互联网应急响应合作机制等问题。

第三，强化网络空间战相关理论的研究。2010年5月，日本政府组织召开了"安全政策与防卫力量发展恳谈会"，研讨了网络安全与日本军事力量发展的相互关系等问题。防卫省首席信息官、"作战计划局"局长作为防卫省代表参加了会议，原统合幕僚长斋藤隆作为特别顾问进行了出席。会上，防卫省充分表达了网络安全与军事力量建设方面的观点，并就网络空间作战理论进行了交流。

― 第六章 ―

日本"实力主义"对外战略理念的当代意义

安倍政府为摆脱"和平宪法"的制约,积极推动修改"和平宪法",解禁集体自卫权,提出"积极和平主义",极力附和美国的"印太战略",企图摒弃"专守防卫"的战后体制,重新构建战后国际秩序。安倍政府推动的这一系列举动,可以说都是日本当代"实力主义"对外战略理念的新表征。

第一节 安倍的反战后体制

"战后体制"是对1945年日本战败后形成的日本社会政治、经济、文化体制的一种统称。该体制以《日本国宪法》为核心,源于中、美、英、苏等盟国对日本战败后处理问题所达成的一系列共识。自战后体制确立以来,日本国内一直存在一股势力,企图修改战后体制,乃至摆脱战后体制的束缚。在2006年竞选自民党总裁期间,安倍提出的政权公约中倡议要"走出战后体制"。2007年,安倍政权将"防卫厅"升格为"防卫省",向实现"摆脱战后体制"这一目标又迈进了一大步。正如安倍在防卫省牌匾揭幕仪式上所说,防卫厅升格为省是"为日本摆脱战后体制,建设新型国家迈出的奠基性的、重大的一步"。所谓"摆脱战后体制",主要就是指在军事行动领域突破"战败体系"的限制,以成为"正常国家"为基本目标,以政治大国化和强军路线为基本内容,可以说它是20世纪80年代中期以来提出的"战后政治总决算"和"正常国家化"的延续。

一、反战后体制的源流

战后体制源于中、美、英、苏等盟国对日本战败后处理问题所达成的一系列共识,它是对在第二次世界大战结束后的对日占领期间,由联合国军司令部(实际上主要是美国)制定的一系列"占领政策"所构筑起来的战后日本政治与社会的基本制度和结构的一种统称。它主要体现在以下四个方面:一是战后日本的民主政治制度,其中《日本国宪法》是战后体制的典型代表;二是战后日本的"经济优先主义"发展路线;三是战后日本的"反省侵略"的主流历史观;四是战后日本在联合国及国际社会中的战败国的国际地位。而所谓"反战后体制",就是要修改以现行《日本国宪法》为代表的战后民主政治制度,调整"经济优先主义"发展路线,挑战"反省侵略"的主流历史观,走出"战败国"阴影,提高日本的国际地位和发言权。

(一)"新右翼"的诞生和"反体制"思想

20世纪70年代,由于日本经济高速发展、国力迅猛增强,由此前岸信介内阁扶植而发展壮大起来的日本右翼势力,重新燃起了称霸世界的雄心。具体表现在60年代后期出现了一批主张"破坏战后体制"的新兴学生右翼团体,例如标榜"新民族主义"的日本学生同盟。他们的根本出发点是否认第二次世界大战中同盟国制定的雅尔塔体系和《波茨坦宣言》。进入70年代,"三岛事件""洛克希德事件"使日本右翼阵营受到不小的冲击,行动上淡化反共色彩、思想上注重改革现存体制、强调皇国传统的"新右翼"纷纷出现。与此同时，许多老牌右翼团体也改换纲领、调整运动重心，向"新右翼"思潮靠拢，"新右翼"逐渐成为右翼阵营的主流。铃木邦男于1973年5月创立的"一水会"，被认为是"新右翼"的第一个团体。

"新右翼"区别于一般的右翼，它是指主张"反体制"、反西方中心主义，倡导"天皇主义""民族主义""亚细亚主义"是其"道统"的团体。由于是以批评既有右翼的形象出现于媒体上，所以被称为"新右翼"。

事实上，日本的早期右翼始于19世纪末期。从历史的角度看，日本的右翼大体经历了"战前右翼"和"战后右翼"两个发展阶段。1881年2月，被视为日本近代右翼开山鼻祖的头山满、平冈浩太郎和内田良平等人发起并成立日本近代第一个右翼团体"玄洋社"，从而开启了日本右翼运动之先河。其后"黑龙会""老壮会""犹存社""神武会""大日本国粹会""大日本生产党"等名目繁多的各色右翼团体纷纷登台亮相，至20世纪初期达到了顶峰。在从19世纪末至20世纪上半叶的半个世纪里，战前右翼势力宣扬"日本主义""国粹主义""大亚细亚主义"和"忠君爱国"等军国主义思想，推动并促进法西斯独裁体制的建立。他们与日本法西斯军部相互配合，在日本军国主义的形成、发展及对外发动侵略战争中起了非常重要的推动作用。1945年日本战败投降后，对日实施军事占领的美国强行限期解散右翼组织，取消其公权并严禁其从事政治性活动和担任国家公职，右翼组织一度被迫偃旗息鼓，甚至销声匿迹。然而，出于冷战的需要和对国家战略利益的考虑，美国的对日政策旋即由"抑制"改为"扶植"，并宣布停止遣散日本右翼组织，解除对右翼分子"褫夺公权的处分"，使得日本的右翼分子纷纷走向前台，有的甚至重获公权，成为政治要员。许多右翼团体也再度集结，重新登上政治舞台。战后右翼虽承袭了战前右翼的衣钵，但因受国际冷战意识形态和日本国内保守政治势力的影响，不仅淡化了传统的反美、反体制色彩，而且把反苏、反共、重新武装奉为圭臬。进入20世纪70年代后，60年代蓬勃发展的左翼学生运动对右翼神经产生的刺激效应持续发挥作用，经济持续高速增长下的右翼民族主义思潮以更加强烈的波峰荡涤着日本社会的每个角落。在此背景下，一批新兴的宗教右翼组织、右翼暴力团体,以及以青年学生为主体的具有强烈民族主义情绪的"新右翼"组织相继产生。此时的日本右翼组织重新整合,思想开始转型,势力日益扩展,影响日趋增大。从思想理念上看,民族主义色彩更加浓厚。而其中最具代表性的就是"新右翼"。他们自诩是"新民族主义者",要求"打倒Y·P(雅尔塔、波茨坦)体制",对内主张"回归日本民族","回归传统","废除占领宪法(现行'和平宪法'),制定自主宪法";对外则宣扬排外主义和极端民族主义,要求政府推行强硬的外交政策,使日本"正常国家化",再现昔日辉煌。

受到1970年"三岛事件"[①]的影响,"新右翼"的"反体制"倾向进一步增强。"新右翼"认为,所谓"Y·P体制"是战后美苏两国分割统治世界的体制,而日本的战后体制,就是日本版的"Y·P体制"(参见表6—1)。"新右翼"认为,不将占领军所强加的现行宪法和否定日本自主防卫的战后体制彻底推翻,日本的战败阴影就不会结束。

表6—1 "新右翼"眼中的"Y·P体制"同战后体制的关系[②]

雅尔塔·波茨坦体制(Y·P体制):五大内容			现状(战后体制的延续)
1	雅尔塔协定	(1) 苏联对日参战·千岛移交密约 ⇒	俄国占领"北方领土"的延续
		(2) 五大国主导的联合国秩序的构建 ⇒	日本不能成为联合国常任理事国
2.	波茨坦宣言	(3) 占领宪法的强加 ⇒	占领宪法的延续
		(4) 战后民主主义的强加 ⇒	"战前的日本是黑暗的非民主主义国家"的自虐式的国家观历史观的延续
		(5) 占领宪法同战后民主主义的监视机构的设置 ⇒	舆论界、教育界的左翼占据的延续、舆论操作的巧妙化

---

① 1970年11月26日,在日本文坛有巨大影响力的作家、民族主义者三岛由纪夫带领四名党从(森田必胜、小川正洋、小贺正义、古贺浩靖)挟持日本陆上自卫队东部总监,然后鼓动自卫队发动兵变,未遂后切腹自杀。

② 『戦後レジームの正体国民が知らない反日の実態』,http://www35.atwiki.jp/kolia/pages/610.html。

从20世纪90年代中期起，日本社会中右倾化的色彩越来越重——政治上主张修改宪法，在海外发挥更大的军事作用，争当"正常国家"等。强化日美同盟，修改日本宪法，承认日本拥有集体自卫权；强调在处理日本与周边国家关系中要充分考虑日本的国家利益，采取强硬立场。这是右翼政治思想在21世纪的延伸。

（二）日本政界的反战后体制思想的沿革

安倍的反战后体制的主张，不是因为他个人的一时冲动而提出的，而是在战后的日本政治发展史中早已有其思想脉络。安倍曾说，自民党在建立之初，就有两个重要任务，一个是发展经济，一个是摆脱"战败"或者说是战后体制。[①] 以《日本国宪法》为代表的战后体制自形成以来，日本国内一直存在着一股政治势力，企图修改宪法，彻底清算战后体制。在他们看来，战后体制是日本战败后被强加的，它使得日本成为一个"不正常"的国家，不彻底清算战后体制，日本就无法实现真正意义上的独立。从20世纪50年代起，日本政界的"修宪派"势力先后掀起了三次修宪浪潮。

1. 鸠山、岸内阁与第一次反战后体制的浪潮

20世纪50年代中后期，日本刚刚走出占领期，自民党内保守势力的代表鸠山一郎和岸信介先后成为日本首相，日本政坛出现了第一次反战后体制的浪潮。鸠山在就任首相之后，成立了自民党"宪法调查会"，强迫议会通过《宪法调查会法案》，并声称纠正占领政策首先要从修改宪法做起，特别要修改宪法第九条。由此可见，鸠山一郎主张修改宪法的目的是为了"纠正占领政策"，鸠山这里所说的"占领政策"其实指的就是战后体制问题。然而，鸠山的这种做法遭到了日本人民的强烈抵制，在"保宪"势力的强大压力之下，鸠山一郎内阁的修宪努力最终没有实现。

[①] 安倍晋三、桜井よしこ編：『憲法全文を書き直す気概を持つべし』，『諸君！』，平成17年6月号。

之后的岸信介也延续了鸠山一郎的修宪主张。但是，岸信介上台后考虑到"保宪"势力的强大，自知修宪目标一时难以实现，开始转而谋求在战后体制的另一个领域——《日美安全保障条约》上做文章。

1951年9月8日，在《旧金山和约》上签字的同时，日美两国又以政府协定的形式签署了《日美安全保障条约》。在日本保守势力看来，该条约使日本以牺牲自己外交自主性和对美平等地位为代价，换取了美国对其安全的保障，是美国对日占领延续的一种方式。为了摆脱美国的这种束缚，并达到实质上修改宪法第九条关于禁止日本拥有军队的规定，岸信介内阁在1960年6月，不顾国内广大民众的反对，强行通过了新条约，即《日美共同合作和安全保障条约》。新签署的条约同旧条约相比，主要有以下几点不同：（1）删掉了美军可以镇压日本"内乱"的条款；（2）明确了日本有加强军备的义务；（3）确立了对美军的军事设施与行动的事前协商制度；（4）规定了条约的期限为10年；等等。① 岸信介通过修改旧条约，签订新条约，克服了旧条约中的不平等性，使得日本在安全保障上同美国处于相对平等的地位，并为日本"再军备"奠定了基础。对此，安倍曾评价道："昭和三十五年，《日美安全保障条约》的修订，对我祖父（岸信介）来说，就是为了实现日本真正意义上的独立"，"祖父为了将不平等的条约变为平等的条约，竭尽全力推动日美安保条约的修订"。②

总之，由鸠山一郎和岸信介内阁促成的第一次反战后体制浪潮，主要表现是修正美国占领政策，实现日本真正的"独立"与"自主"为主要目标以及修改宪法。由于受到了广大日本爱好和平人民的坚决反对，其修宪阴谋没有得逞。

2. 中曾根内阁与第二次反战后体制的浪潮

20世纪80年代，日本政治的发展史进入到一个很重要的转折期。由于日本综合国力的显著增强，日本国内民众的"大国意识"增强。1982年11月25日，中曾根康弘就任自民党总裁，27日，中曾根康弘内阁成立。

---

① 王振锁：《日本战后五十年》，世界知识出版社，1996年版，第175页。
② 安倍晋三、桜井よしこ编：『自民党五十年の功罪』，『Voice』，平成17年8月号。

组阁后，中曾根康弘提出了"战后政治总决算"和"国际国家"的目标。1982年12月21日，上任后不久的中曾根康弘在自民党选举对策本部讲话时，首先提出了"战后政治总决算"的口号。他说："战后37年，终于迎来了总决算的一年"，"明年将严肃决定国家的方向"。1983年1月24日中曾根在国会发表施政演说时，又做了一次引人注目的发言。他说，日本正处于战后史的重大转折点上，对过去的基本规定和结构应该毫无顾虑地重新认识。这就是中曾根所倡导的"战后政治总决算"论。

中曾根认为，战后民主化改革使日本人在排斥军国主义和极端国家主义的同时，也放弃了国家概念，进而导致了当今日本进入了历史上国家概念最为衰退的时代。① 在日本人一致同意的前提下，我们应该大胆触碰过去意见纷纭或回避触及的问题，重新形成统一的看法，以促进日本作为一个国家和民族在世界上堂堂正正地前进。"战后政治总决算"的对象范围很广，包括政治、经济、文化、外交和军事等各个方面。总体上来讲，"战后政治总决算"大体可以概括为两个方面：第一个方面是进行国内改革；第二个方面是向战后"禁区"挑战，即突破战后体制方面，主要表现为修改宪法、参拜"靖国神社"、突破战后日本政府在防卫方面长期奉行的若干原则。

在修改宪法方面，中曾根康弘曾把在美国占领时期制定的宪法称为"麦克阿瑟宪法"，修改宪法尤其是宪法第九条，实现日本军事力量自主、全面发展，是其一贯的政治理想。中曾根在《我的政治信条》中写道："日本必须修改由美国赐予的'和平宪法'，这是我的一贯信念。"《新保守主义理论》中认为日本国宪法在制定手续上有缺点。② 上台后，为了回避在野党和护宪民众的抨击，中曾根采用了现实主义的做法，希望通过"宪法解释"达到其实质上"修宪"的目的。中曾根曾在《综合安全保障论——关于宪法第九条与和平的生存权》一书中，这样阐述其修宪立场：

---

① 中曾根康弘著，金苏城、张和平译：《新的保守理论》，世界知识出版社，1984年版，第95—96页。

② 中曾根康弘著，金苏城、张和平译：《新的保守理论》，世界知识出版社，1984年版，第94页。

"我以为，第九条存在于日本是一个自我抑制的、并持有有限防卫力的和平国家这一定义上。就是说，日本是一个有限制的能够自我抑制的和平国家。我们不想成为一个自我抹杀的无条件的和平国家。我想，那不仅与国际形势的现状不符，而且将变成一个不负责任的国家。"[1] 中曾根这么做，就是想在不具备修宪必须条件的情况下，通过灵活解释宪法第九条，发展独立的防卫力量，实现其构建"后战后国家体制"的阶段性目标。

在参拜"靖国神社"方面，中曾根康弘实现了以首相名义，公务参拜的目标。虽然在中曾根康弘之前的历任日本首相中，也有不少人都曾参拜过"靖国神社"，但是到中曾根为止，历任首相还没有实现以首相为身份的公务参拜。[2] 1981年至1984年，中曾根连续四次以"内阁总理大臣"的身份参拜了"靖国神社"。1985年8月15日，中曾根更是率领全体内阁成员参拜"靖国神社"，实现了首相公务参拜"靖国神社"的目标。由于受到中、韩等国家的强烈反对，中曾根于翌年表示，不再参拜"靖国神社"。

在军事方面，中曾根逐渐突突破了战后日本政府长期奉行的若干原则，逐步建立起了"自主防卫"的国防体系。主要表现在：中曾根内阁于1983年发表《防卫白皮书》，宣称在日本周围数百海里、海上航线1000公里的"地理防卫范围"内为美国舰队护航，突破了"不参加集体防御"原则。同年1月，中曾根突破"武器出口三原则"，准许向美国出口武器技术，甚至于1986年参加了美国的"星球大战"计划。日本政府还在1983年两次允许载有核武器的美国核动力航母进入日本港口，事实上突破了"无核三原则"。1987年，中曾根内阁又突破了军费不超过国民生产总值1%的限制，该年度的军费预算占GNP的1.004%。尽管这在数额上仅是一个"微调"，但比例的突破意味着日本随时可以把军费提升到更高的水平，这就为日本扩充军备打开了方便之门。

---

[1] 李秀石：《新保守主义战略研究》，时事出版社，2010年版，第44—47页。
[2] 三木武夫是第一个以"个人身份"在8月15日参拜"靖国神社"的首相。区分"个人身份参拜"与"公务参拜"的标准主要有4条：公费支出祭品费、乘坐公务车、登记内阁总理大臣的职务、有公职人员陪同。

中曾根康弘提出"战后政治总决算"的目的是：增加军费，扩张防卫战略，提高日本在国际政治中的发言权，从经济大国发展为政治大国和军事强国。中曾根康弘政治思想的核心就是摆脱"战后国家体制"的束缚，构建日本的"后战后国家体制"。可见，这一时期，以中曾根康弘为代表的反战后体制派已经形成了较为明确的反战后体制理论（中曾根自称为"新保守主义理论"），并开始在宪法、公务参拜"靖国神社"、扩充军备等方面对战后体制有了一定突破。

3. 20 世纪 90 年代以来的反战后体制思想（参见表 6—2）

表 6—2　日本政界反战后体制思想的演进

代表人物	提出时间	口号、目标	主要动作
岸信介	20 世纪 50 年代后期	清除占领痕迹，实现真正独立	设立自民党宪法调查会，修改《日美安保条约》等
中曾根康弘	20 世纪 80 年代前期	战后政治总决算、政治大国化	解释宪法、公务参拜"靖国神社"、扩充军备等
小泽一郎	20 世纪 90 年代	正常国家化论、政治军事大国化	推动自卫队海外派兵
安倍晋三	21 世纪初	彻底摆脱战后体制	修改《教育基本法》 升格防卫省 行使集体自卫权 否认"三大谈话"

冷战结束后，世界政治形势发生了激烈变化，日本也经历了艰难的适应与调整。日本政坛的风云人物小泽一郎在其出版的《日本改造计划》中，提出了"正常国家化"这一概念。小泽所谓的"正常国家化"，是相对于"非正常国家化"或"特殊国家"的状态而言的，而日本的"非正常国家化"或"特殊国家"状态则是日本在二战战败后的产物。小泽认为：在二战后，日本遭到了美国的占领，在占领军的强迫之下制定了有问题的宪法。小泽认为，二战后初期吉田主义所确立的经济优先于政治的原

则，也只不过是吉田首相在冷战状态下所做的战略选择，并不是不能改变的原则。日本应该从仅仅重视经济的"单肺国家"向"正常国家"转变。①

小泽所谓的"正常国家化"的内涵主要有两个方面：一是指日本应该面向开放的世界，拥有大国的国际权力。二是否定重经济轻军事的"吉田茂路线"，修改宪法和防务政策，做与国力相称的"国际贡献"。小泽一郎提倡的"正常国家化"，就是要让日本像其他国家一样，在国际上正常发挥日本的政治、军事、经济、文化作用，其他国家可以做的，日本也可以做。其实质，就是要打破战后体制对日本的制约。

进入 21 世纪后，作为"战后政治总决算"和"正常国家化论"的延续，日本国内更是出现了试图全面否定战后和平主义发展路线的思潮。2005 年 11 月 22 日，自民党召开了建党 50 周年纪念大会，并正式公布了该党的宪法修改草案。该改宪草案涉及到日本的根本体制，标志着该党已经彻底完成了执政路线的转变，即从"经济中心主义"转向"政治中心主义"，是对 60 年来走和平发展道路的战后体制的重大修正，政治军事大国化进程亦将彻底摆脱现存战后体制的束缚。近年来，一部分日本政治家的反战后体制主张愈发露骨。安倍在 2006 年竞选首相时，更是明确地提出了"摆脱战后体制"的目标。

总之，20 世纪 80 年代初中曾根康弘提出的"战后政治总决算"的口号风起于青萍之末，处于不断发展、不断巩固地位的过程。

纵观日本政界的反战后体制思想演进的三次浪潮，有以下几个特点：都以修宪为重点目标，但当他们发现修宪目标短期内难以实现时，会转而把重点投向更容易实现的其他战后体制相关领域；介于日本国内势力的反对，他们有时会采用模糊战术（对是否参拜"靖国神社"不发表意见），有时也会采取现实主义手段（如安倍 2006 年第一次上台后首访中国）。不管是岸信介、中曾根、小泽，还是安倍，他们的修宪主张在一定程度上同

---

① 小泽一郎：《日本改造计划》中译本，上海远东出版社，1995 年版，第 68 页。

日本右翼势力的主张重叠。

二、安倍的反战后体制观

"摆脱战后体制"，即反战后体制，是安倍一贯的政治理念。迄今，安倍作为首位战后出生的首相，已经于 2006 年、2012 年、2014 年、2017 年四次当选日本首相。2017 年 11 月安倍第四次内阁正式启动，这是继 1952 年吉田茂担任首相以来，日本时隔 65 年再次出现"第四次内阁"。安倍登上首相宝座之后，最为关心、最为积极的政治活动就是"摆脱战后体制"。

首先，从"形成时间""核心问题"和"相关内容"三个方面，大致介绍一下安倍眼中的战后体制。关于战后体制是何时形成的这一问题，安倍认为，它是"占领军造成的"[1]，"所谓战后体制，是在日本被占领的时代造成的"[2]。所谓的"被占领时代"，就是日本的国家体制被美国占领军所决定的时代。对安倍来说，那是近乎于隶属性的黑暗时代。安倍认为，为了实现日本真正的独立，必须彻底洗刷那个时代留下的痕迹，必须"摆脱战后体制"。

关于战后体制的核心这一问题，安倍认为，"宪法是战后体制的关键"[3]，"为了摆脱战后体制，修改宪法是不可或缺的"[4]。也就是说，安倍将修宪看作是摆脱战后体制的核心问题。此外，安倍还主张，"应该有全文修改宪法的气概"，"如不彻底地修改当今宪法，战后体制是不会自己发生变化的。打破战后的固定概念，对把 21 世纪的日本建设成为新的国家非常重要"[5]。

---

[1] 安倍晋三、桜井よしこ編：『全文を書き直す気概を持つべし』，『諸君！』，2005 年 6 月号。
[2] 『戦後レジームからの脱却』，清和政策研究会の公式サイト，http://www.seiwaken.jp/committee/committee20100121.html。
[3] 安倍晋三編：『平成 21 年 2 月 11 日講演建国記念の日奉祝中央式典における記念講演』。
[4] 『憲法改正安倍公式サイト』，http://www.s-abe.or.jp/policy/consutitution_policy。
[5] 安倍晋三、桜井よしこ編：『全文を書き直す気概を持つべし』，『諸君！』，2005 年 6 月号。

关于战后体制的相关内容，2007年1月26日，安倍在其施政方针演说中讲到，"在现行宪法框架内的行政系统、教育、经济、雇佣、国家与地方的关系以及外交和安全保障等基本的框架，已经无法适应21世纪的巨大变化"，"现在，正是大胆地重新审视这些战后体制，重新起航的时候"。[1] 2010年年末，安倍发表了题为《不摆脱战后体制国家就无法发展》的文章，举例说明如何"摆脱战后体制"。安倍讲道："我把自己政权的历史定位为'从战后体制重新起航'，主张修改受现行宪法制约的安保、行政体系、教育、经济等等框架"，并解释道："修改宪法、教育改革、外交问题都是为了修正战后体制所造成的偏差"。[2] 由此可见，在安倍看来，战后体制的框架涉及了"以宪法为核心的安保、行政、教育、经济"等众多领域，而具有代表性的核心问题是：修改宪法、教育改革、历史和外交问题。下面，主要从这几个方面来分析安倍的反战后体制观。

（一）修宪观

安倍的修宪观，是其反战后体制观中最重要的一部分。2006年8月末，安倍在成为自民党总裁候选人之后发表了自己的《政权构想》。首先，在开头部分，安倍在"政权的基本方向性"这一章中，倡导要将日本建设成为"珍惜文化、传统、自然、历史的国家"，为此，第一步是要"制定能够开拓新时代的符合日本国情的新宪法"。而后，在最后一章中，安倍再度强调，要"着手制定符合21世纪日本国家形象的新宪法"，将修改宪法摆在自己政权的重要位置。[3] 当选首相后，2006年9月29日，安倍在第165届国会进行了施政演说。他在国会众参两院全体议员的面前宣称："现行的日本国宪法，是日本在被占领的时代所制定的，已经经过了60年。而

---

[1] 『今こそ、これらの戦後レジームを、原点にさかのぼって大胆に見直し、新たな船出をすべきときが来ています』，安倍晋三编：『第166回国会における安倍内閣総理大臣施政方針演説』，http://www.kantei.go.jp/jp/abespeech/2007/01/26sisei.html.

[2] 安倍晋三、日下公人编：『「戦後体制」からの脱却なくして国起たず』，「正論」，第463号，第62—74頁，産経新聞社，2010年10月。

[3] 渡辺治编：『安倍政権論』，旬報社，2007年版，第7頁。

今正在进行关于制定符合新时代的新宪法的讨论，希望执政党与在野党能够深入交流，早日达成共识。首先，期待关于日本国宪法的修改程序的法律案能够早日获得通过"。①

安倍的修宪观可以分为"修宪三点理由论""第九条修正论""降低修宪门槛论"和"天皇元首化论"四个部分。

1. "修宪三点理由论"

"修宪三点理由论"是安倍的修宪观的立足点。关于为何要修宪，安倍在自己的个人网站上，提出了以下三点理由：

第一，现行的《日本国宪法》中有很大的问题。现行的宪法草案，是在日本被占领时期，根据GHQ司令部的指示，在仅仅12天的短时间内完成的。制定草案的起草委员会中，没有宪法学者，也没有精通国际法的专家。安倍认为，宪法作为国家的基本法，这样的制定过程是有问题的。

第二，现行的《日本国宪法》从制定至今经过了60年的时间，已经不能适合新的价值观和时代课题。比如：当时没有出现的环境权以及个人隐私权保护的问题；宪法第九条也不切合现实，应该在宪法中明确写入"保有自卫军"。

第三，宪法作为一国的基本法，日本人如果能够自己制定，意味着日本人在努力开拓一个新的时代。宪法前言中，含有"将日本的安全和日本国民的安全托付给世界人民"的意思。日本为了成为"正常国家"，必须坚决地维护自己国民的生命财产和国家的领土。这一点必须明确写入宪法。②

安倍的此番"修宪三点理由论"乍看起来似乎不无道理，可是仔细分

---

① 安倍晋三：『第 165 回国会における安倍内閣総理大臣所信表明演説』，2006 年 9 月 29 日。原文は、「現行の憲法は、日本が占領されている時代に制定され、既に60年近くが経ちました。新しい時代にふさわしい憲法の在り方についての議論が、積極的に行われています。与野党において議論が深められ、方向性がしっかりと出てくることを願っております。まずは、日本国憲法の改正手続に関する法律案の早期成立を期待します」，(2019－2－1)，http://kamuy.net/Insistence/souri-syosinhyomei/abesouri-syosinhyomei.pdf.

② 『安倍公式サイト憲法改正により作成』，http：//www.s-abe.or.jp/policy/consutitution_policy.

析就会发现，它暗含玄机。例如，在日本现行宪法的确立过程的问题上，安倍刻意回避了一些历史背景。日本1945年投降，接受《波茨坦宣言》，实质上就意味着战后的日本负有彻底清算军国主义的义务。而新宪法的制定，就成了日本的历史责任。起初，新宪法草案的制定是在日本政府的主导下进行的，然而，币原内阁制定的修正案，仅仅是对"明治宪法"的些许修改，非常不彻底。因此，GHQ认为日本政府无力制定符合《波茨坦宣言》精神的新宪法，只好决定亲自制定。《日本国宪法》的草案是日本政府于第90届帝国议会上提出，经过议会的审议并获得通过的，因此，从法律程序上讲，现行《日本国宪法》的程序是没有问题的。此外，日本宪法第九条所代表的和平主义思想，已经成为包括日本人民在内的世界各国人民的共同理想，绝不是安倍所说的"不符合时代"的东西。由此可见，安倍并不能全面地看待过往的历史事实，而是仅仅选择符合自己想法的片面的内容加以渲染，企图为其修改宪法的目的寻找借口。

2. "第九条修正论"

"修改宪法第九条"是安倍修宪观中最具争议的一部分。作为修宪的具体政策，安倍提出了"自卫队更名国防军""允许行使集体自卫权""放宽修宪门槛"和"天皇元首化"等等目标。其中，前两个目标都同宪法第九条密切相关。

《日本国宪法》第二章第九条订立了"战争放弃、不保持战力、否认交战权"的原则，因此《日本国宪法》也被称作"和平宪法"。然而，构成此"和平宪法"的第九条一直以来受到一部分人的敌视。安倍公然宣称，"认为宪法第九条保障了战后日本和平的观点是错误的"，"美国为了保护自身和同盟国的利益，为了不使日本再度成为欧美中心的世界秩序的挑战，而制定了宪法第九条"[1]。安倍还主张，宪法第九条已经同当今日本的现实情况不符，为了改变这种状况，必须在宪法中写明"保有自卫军"或"保有国防军"。

---

[1] 安倍晋三編：『美しい国へ』，文藝春秋，2006年版，第121頁。

由于日本宪法第九条中明确含有"放弃战争"和"否定交战权"的条款，日本是否拥有集体自卫权，[①] 成了一直以来各界争论的焦点问题。在佐藤荣作内阁时代，日本政府曾经做出过"宪法第九条不承认日本的集体自卫权"[②]的表述。之后，关于集体自卫权问题，历届日本政府基本沿用了这一立场。而安倍政府却在集体自卫权问题上表现十分热心，积极推动集体自卫权的行使条件。2010年，安倍在演讲中将集体自卫权称为"束缚我们的东西"[③]，鼓吹通过修改宪法来放松集体自卫权的行使条件。2011年，安倍还在一次演讲中称，"能够行使集体自卫权，也是摆脱战后体制的重要一步"[④]。日本为何要行使集体自卫权，安倍有许多自己的理由，总结起来，大概有以下三点：第一，集体自卫权是世界各国都拥有的自然权，任何国家都可以自主选择是否使用集体自卫权；第二，通过行使集体自卫权，可以健全日本的防卫体系，为亚洲地区的安定做出贡献；[⑤] 第三，为了使日美同盟成为真正对等的同盟关系，即为了提高日本在日美同盟关系中的地位，必须允许日本行使集体自卫权。[⑥]

　　众所周知，日本修改宪法实际上有两条路可以走：一是"明文修宪"，二是"解释修宪"。所谓"明文修宪"，就是在国会通过修改宪法的议案，彻底地更改宪法的内容。而"解释修宪"就是并不更改宪法的条文内容，而是通过改变宪法解释，达到实质上修改宪法的结果。可想而知，修宪的两条路相比之下，解释修宪更容易实现，而明文修

---

① 自国は武力攻撃を受けていないが同盟国等が武力攻撃を受け、それによって自国の安全が侵害されるおそれのある場合、同盟国が共同して武力攻撃を排除できる権利。

② 高辻正巳内閣法制局長発言の原文は、「わが国と連帯的関係がかりにあるとしても、他国の安全のためにわが国が武力を用いるというのは憲法九条の上では許されると見るわけにはいかないだろう」である。『第61回国会参議院予算委員会会議録第5号』，1969年3月5日，第12頁。

③ 安倍晋三編：『建国記念の日奉祝中央式典における記念講演』，2009年2月11日。

④ 清和政策研究会編：『戦後レジームからの脱却』，http://www.seiwaken.jp/committee/committee20100121.html。

⑤ PHP研究所編：『安倍晋三対論集』，PHP研究所，2006年版，第46—47頁。

⑥ 清和政策研究会編：『戦後レジームからの脱却』，http://www.seiwaken.jp/committee/committee20100121.html。

宪更具现实的危险性。安倍在这两条道路上同时推动着修改宪法的进程。

3. "降低修宪门槛论"和"天皇元首化论"

关于《日本国宪法》的修改条件问题，宪法第九章第96条中已经有明确的规定，[1] 即修改宪法必须满足两个条件：一个是由众参两院三分之二以上议员的赞成，另一个是国会将修宪的提议发布给全体国民，获得过半数的国民的赞成。首先，对于第一个条件，安倍认为必须得到三分之二以上国会议员的赞同才能提出修宪议案这一条件过于苛刻，主张应该将门槛从"三分之二"降低到"过半数"。其次，修改宪法的第二步即"国民投票"，第一次安倍内阁通过了"国民投票法案"，大大降低了修宪的门槛。总之，安倍用尽各种手段，试图下调修改宪法的难度。安倍的这种"第96条先行修宪论"一旦付诸现实，不仅宪法第九条将遭到修改的可能性大大增加，甚至有可能出现宪法全文遭到修改的情况。

对于"天皇元首化"问题，安倍认为，"天皇是日本元首"，这是谁也否定不了的事实，应该将"天皇是国家元首"这一点明确写入宪法。他认为："日本国民和天皇一起共同自然地编制了日本的历史。国民同天皇一同生活至今，认为没有什么能够取代天皇的地位。这种情况在国外看起来是一种不可思议的现象，但这正是日本的特色所在。"[2] 在准备2012年众议院选举期间，安倍作为自民党党首公布了《日本国宪法改正草案》。其中有"天皇是日本的元首"以及"日之丸旗是日本的国旗，君之代是日本的国歌"等条款。在现行宪法框架下，"天皇是日本的象征，是日本国民统和的象征"，而战前的《大日本帝国宪法》则规定，"天皇是国家的元首，总揽统治权"。因此，将天皇恢复为"国家元首"的地位，会令人联想到20世纪初日本军部利用天皇的名义蛊惑国民发动对外侵略战争的历史。

---

[1] 宪法原文为："この憲法の改正は、各議院の総議員の3分の2以上の賛成で、国会が、これを発議し、国民に提案してその承認を経なければならない。この承認には、特別の国民投票又は国会の定める選挙の際行はれる投票において、その過半数の賛成を必要とする。"

[2] 安倍晋三编：『安倍晋三対論集』，PHP研究所，2006年版，第81頁。

《日本国宪法》是战后日本民主化和非军事化改革的重要成果,其确保了战后日本在很长一个时期内沿着和平主义发展道路发展。安倍的修宪观,主张修改一些起初为防止军国主义复活而设置的条款,引起了国际社会的警惕。

(二) 历史观和教育改革观

历史观和教育改革观也是安倍反战后体制观的重要部分。安倍的教育改革观是以他的历史认识为基础的。

1. 历史观

一直以来,作为鹰派政治家的代表人物,安倍有着非同一般的历史观。例如,安倍的个人官方网站上,公然发表着所谓的"甲级战犯在国内法意义上并不是罪犯"、"关于侵略战争,国际上并没有定义"①等荒谬的言论。作为一个国家的政府首脑,安倍持有如此危险的历史观让人不可思议。2012年安倍再度当选首相后,在历史观问题上不但没有丝毫改观,反而表现得更甚。安倍的历史认识问题已经引起了国际社会广泛的关注。总结起来,安倍的历史观主要有以下三点特征。

首先,关于日本所发动的侵略战争的性质问题,安倍持有所谓的"侵略定义未定论",声称"历史认识问题应该交给历史家来解决"、"国际上没有侵略的定义",以此为借口,企图否定日本的侵略历史。事实上,不管是"历史认识问题应该交给历史家来解决",还是"国际上没有关于侵略的定义",安倍的这些说法都是在进行狡猾的诡辩。安倍通过片面地承认符合自己利益和目的的事实,而刻意忘却一些不利的历史,事实上间接地否定了日本对中国及周边国家进行过侵略的历史。关于"侵略战争"的定义,不管在国际上有何争议,日本在第二次世界大战期间曾经有过的侵略罪行和对殖民地人民的统治是众所周知的历史事实。如果安倍企图歪曲这段历史事实,就有可能演变成为非常危险的国际问题。

---

① 原文为:"A級戦犯は国内法的な意味での犯罪者ではない""侵略戦争について、国際的な定義として確立されていない"。

其次，对于日本在过去的战争中犯下的罪行，安倍持有"东京审判史观打破论"和"慰安妇证据不足论"，企图极力为日本犯下的战争罪行开脱。安倍不承认东京审判（正式名是"远东国际军事法庭"）的合法性。安倍在2013年3月12日的国会答辩中曾讲到，"第二次世界大战的总结不是在日本人自己的手上进行的，而是根据所谓盟国的战胜国一方的判断来定罪的"①，以此来质疑东京审判的合法性。东京审判是国际社会对日本军国主义的正义的审判，所有被起诉并遭到有罪判决的嫌疑人，都是在战争中犯下严重罪行的罪犯，这一点已经为世界各国所公认。因此，安倍对东京审判的挑战意义非同一般，它有可能演变成为日本对侵略罪行的彻底否定。此外，安倍还数度展露出要修改历代内阁所沿袭的"村山谈话"精神的意向。2013年8月15日，安倍在"全国战死者追悼式"上发表致辞，日本自1994年以来历任首相都会在该仪式上反省历史，发表"不战誓言"，而安倍却打破历史常规将其略去，且对日本在历史上的加害者的责任只字未提，也没有对受害国人民道歉。最后，关于"慰安妇"问题，安倍也想尽办法为日本开脱责任。安倍在自己的官方网站上刊登专门文章，称"并没有强迫慰安妇的证据"，实质上已经开始着手修改"河野谈话"的精神。二战时期日军的"慰安所"，是众多受害女性挥之不去的痛苦之源，代表着日本军国主义对女性的人权与尊严的践踏，是对人类平等的基本共识的破坏。"河野谈话"承认了二战日军有强征"慰安妇"的问题，安倍企图否定"河野谈话"，实质上是对人类良知与共识的公然挑战。总之，安倍对曾经的殖民侵略历史和侵略战争中的罪行采取了"不认罪，不反省，不负责"的极端恶劣态度。

最后，安倍极力赞美天皇统治之下的战前日本的历史，大力宣扬所谓"皇国史观"。安倍的政治思想受到其外祖父岸信介很大的影响。2013年4月28日召开的"主权恢复日"纪念仪式上，安倍带领众多参加者，高举双手，三呼"天皇陛下万岁"。这样的情景让人不禁联想到了战前日本对

---

① 原文为："大戦の総括は日本人自身の手でなく、いわば連合国側の勝者の判断によって断罪がなされた"。

天皇领导的绝对崇拜。安倍在教育上要求学生都会唱歌颂天皇的国歌《君之代》，在外交与军事上，公然使用"国防军""自卫军"等词汇，很容易让人产生好像曾经的那个"大日本帝国"又死灰复燃的感觉。

2. 教育改革观

安倍一贯将修改宪法同修改《教育基本法》看作是"摆脱战后体制"的一部分。《教育基本法》是根据日本宪法精神制定的，安倍曾将占领之下制定的宪法和《教育基本法》比作是战后体制的"骨架"①。安倍认为，对在美军的占领之下"被强加的"旧教育基本法进行修改，是在日本的教育界进行摆脱战后体制活动的一项举措。

安倍在自己的个人网站上声明，所谓"教育再生"是他的三大基本政策之一。2006 年 1 月，安倍在《产经新闻》上发表文章，鼓吹在全球化时代，日本教育要维护本国的历史传统，要对本国的文化传统引以为豪。为此，安倍主张在日本国民的义务教育阶段，将带有"自虐性的偏见"的历史教科书更换为"公平"的教科书②。

安倍在 2007 年 1 月 26 日的施政方针演说中宣称，"要动员社会全部力量来彻底地推进教育改革，开启教育的新时代。"③ 安倍内阁将教育改革摆在内阁最重要的课题之一的位置上，第一步就是要修改被称作"日本教育界的宪法"的《教育基本法》。安倍在《安倍内阁杂志》这一电子期刊上，曾经说明过为何要修改《教育基本法》。安倍首先赞扬了战后日本教育的高质量，战后日本教育所树立起的"个人的权利，自由、民主主义和和平主义"的理念是无可否定的。然而，安倍却认为，在另一方面，战后的日本教育忽视了道德、伦理观以及自律精神的教育。④

---

① PHP 研究所编：『安倍晋三対論集』，PHP 研究所，2006 年版，第 38 页。
② PHP 研究所编：『安倍晋三対論集』，PHP 研究所，2006 年版，第 19—20 页。
③ 原文为："社会総がかりで教育の基本にさかのぼった改革を推進し、「教育新時代」を開いて"。
④ 安倍晋三编：『教育基本法への想い 安倍内閣メールマガジン（第 6 号）』，2006 年 11 月 16 日，首相官邸公式サイト，http：//www.kantei.go.jp/jp/m-magazine/backnumber/2006/1116.html。

（三）外交观

在很多时候，一个国家的外交是由该国的国内政治所决定的。安倍试图"摆脱战后体制"的外交观，将"主张型外交"作为其外交理念，倡导日本应积极谋求联合国常任理事国地位。

1. "主张型外交"

在第一次安倍政权时代，安倍的外交理念主要有两个：一个是"主张型外交"，一个是"价值观外交"。到了第二次安倍政权时代，安倍将其外交政策发展为三个基本理念，即"战略型外交"、"价值观外交"以及维护国家利益的"主张型外交"。其中，"主张型外交"是安倍外交理念中反战后体制色彩最为浓厚的一部分。

可以说，提到安倍政权的外交政策，"主张型外交"是其招牌式的理念。安倍在第165回国会演说中讲到，"我国的外交，终于迎来了可以在新的想法的基础上，向有主张的外交过渡的时代。"在第166回国会的施政方针演说中，安倍提出了"主张型外交"的三大支柱，即"加强同拥有自由、民主主义等共同的基本价值观的国家之间的合作"，"构建开放、创新的亚洲"，"对世界的和平与安定做出贡献"。

安倍为何要如此推崇"主张型外交"？对此，安倍认为，战后日本的外交在国际上的存在感很低，无法堂堂正正地在国际社会中明确地表达自己对亚洲对世界的追求与理想。日本必须告别这种内向型外交，开展"主张型外交"。① 此外，安倍声称，"我们必须摆脱战后体制，从它的束缚中解放出来，我们必须堂堂正正地表明自己对世界的立场，开展主张型外交"。②

也就是说，安倍所推崇的"主张型外交"，体现了日本不甘于二战后长期形成的国际政治地位，为了在国际上维护本国的利益，积极发挥本国

---

① 安倍晋三编：『主張する外交とは』，安倍晋三公式サイト，http://www.s-abe.or.jp/movie/438。
② 安倍晋三编：『平成21年2月11日講演建国記念の日奉祝中央式典における記念講演』，渡辺治编：『安倍政権論』，旬報社，2007年版，第7页。

的领导力，努力成为国际上的领导力量。简单的说，"主张型外交"的出发点是，为了获取政治大国的地位和扩大国际影响力。具体来讲，日本是想通过开展"主张型外交"，在联合国改革、环境保护，以及朝鲜核问题等重大国际地区间问题上发挥更为重要的作用，以此来实现本国利益的最大化。

2 "加入"联合国安理会常任理事国

作为安倍的"主张型外交"的一个重要的具体政策，"加入"联合国安理会常任理事国也被安倍看作是"摆脱战后体制"的一个重要步骤。安倍为了使日本在国际上能够更好地发挥领导作用，积极地推动联合国安理会改革，以成为安理会常任理事国为目标展开外交活动。

在2006年8月末，安倍作为自民党总裁候选人，发表了《政权构想》一文。该文在开头部分就提出了要"制定新宪法"的竞选纲领，在结尾部分，还专门用一章来讲"从战后体制开始新的出航"。为实现上述目的，安倍指出了两个方面的努力方向：一是积极地投入"新宪法的制定"，二是努力早日"成为"联合国常任理事国。不久，安倍在正式当选首相之后，在国会进行的施政演说时表明，为了实现向"主张型外交"的转变，日本应当"成为"联合国安理会常任理事国，切实负起国际责任[1]。安倍还称，"战后建立起来的联合国，已经成了不符合21世纪现状的联合国，我们要以加入安理会常任理事国为目标，积极参与到联合国改革的进程中去。"[2] 成为联合国安理会常任理事国既实现了安倍的所谓"反战后体制"的目标，又在国际社会中提高了日本的影响力，提升了日本在国际规则制定过程中的参与度。

"成为"联合国安理会常任理事国是日本外交最大的夙愿。不论从加盟国数量来讲还是从活动范围的广度来讲，联合国毫无疑问是当今世界最大最具影响力的国际组织。安倍认为，日本通过"加入"联合国常任理事

---

[1] 安倍晋三编：『第165回国会における安倍内閣総理大臣所信表明演説』，2006年9月29日，http：//kamuy.net/Insistence/souri-syosinhyomei/abesouri-syosinhyomei.pdf。

[2] 安倍晋三编：『第165回国会における安倍内閣総理大臣所信表明演説』，2006年9月29日，http：//kamuy.net/Insistence/souri-syosinhyomei/abesouri-syosinhyomei.pdf。

国，利用联合国这一重要平台，更好地提高本国的国际地位。然而，安倍想通过"入常"来实现本国利益的最大化，这种行为被一部分学者批评为是"工具主义"的做法。

从上文可知，安倍的反战后体制的立场是一贯的、坚定的，主要体现在修宪观、教育改革观、历史观和外交观等上面，这些共同构成了安倍的核心政治理念，且已经形成了较为完备的理论体系。

三、安倍反战后体制的实践

安倍把反战后体制的理念标榜为自己的政治信条，并通过各种手段将其付诸实践。安倍通过社会舆论、国家和自民党的政策以及外交活动三个方面，展开自己的反战后体制实践。

（一）诱导反战后体制的社会舆论

至今，日本战败已经经过了70余年的历程，日本国民的意识虽然已经产生了很大的变化，但还有很多日本国民并没有走出当年战败的精神阴影。对于极力鼓吹"摆脱战后体制"的安倍来讲，彻底走出战败的精神阴影，成了当务之急。安倍充分利用现代传媒的宣传作用，大力宣传自己的反战后体制主张，努力改造国民思想。（参见表6—3）

表6—3 安倍反战后体制的演讲、著作

演讲·著作·杂志的题目	类型	日期	演讲者作者	演讲的场所著作与杂志的出处
「全文を書き直す気概をもつべし」	杂志	2005年6月1日	安倍晋三	「諸君！」雜誌第37号，第173—182頁
「美しい国へ」	著作	2006年7月20日	安倍晋三	文藝春秋出版社東京·国会議事堂

续表

演讲・著作・杂志的题目	类型	日期	演讲者 作者	演讲的场所 著作与杂志的出处
第166回国会における内閣総理大臣施政方針演説	演讲	2007年1月26日	安倍晋三	東京・国会議事堂
「日本国憲法施行60周年に当たっての内閣総理大臣談話」	杂志	2007年5月3日	安倍晋三	首相官邸の公式サイト
『お祝いのことば「戦後レジーム脱却」に全力』	杂志	2007年7月15日	安倍晋三	「世界と日本」雑誌 第1095号，第137—182頁
第168回国会における内閣総理大臣所信表明演説	演讲	2007年9月10日	安倍晋三	
「美しい国へ —戦後レジームからの脱却—」	演讲	2009年2月11日	安倍晋三	東京・明治神宮会館
「美しい国へ——戦後レジームからの脱却」	杂志	2009年4月	安倍晋三	「祖国と青年」雑誌 第367号，第22—29頁
「戦後レジームからの脱却」	演讲	2010年1月21日	安倍晋三	清和政策研究会政策委員会（第6回）
「いまこそ戦後レジームを葬送しよう」	杂志	2010年4月	安倍晋三 金美齢	「正論」雑誌 第457号，第76—87頁
『「战后体制」からの脱却なくして国起たず』	杂志	2010年10月	安倍晋三 日下公人	「正論」雑誌 第463号，第62—74頁
今こそ「战后体制（レジーム）」の脱却を	杂志	2011年1月	安倍晋三 伊藤哲夫	「歴史通」雑誌 第10号，第69—77頁
新しい国へ	杂志	2013年1月	安倍晋三	「文藝春秋」雑誌 第91号，第124—133頁
新しい国へ	著作	2013年1月20日	安倍晋三	文藝春秋出版社
「日本を良い美しい国にする責任」	演讲	2013年4月28日	安倍晋三	東京・憲政記念館
第183回国会における内閣総理大臣施政方針演説	演讲	2013年2月28日	安倍晋三	東京・国会議事堂

由表6—3可知，安倍利用大众传媒诱导舆论向反战后体制倾斜的方式，主要有作为日本首相在国会进行演讲、在一些同战后体制相关的重要纪念仪式上发表演讲、出版著作、向右倾杂志投稿等方式。安倍通过这些手段，让更多的日本媒体报道他的政治主张，煽动反战后体制的国民情绪。例如，2006年，安倍作为官房长官参选自民党总裁，出版了《致美丽国家》（有的学者译为《走向美丽的国家》）一书，一时引起轰动。这部著作里充斥着各种奇谈怪论，像"《君之代》是世界少有的非战斗性的国歌""宪法前言体现了美国的意志""对甲级战犯有误解"等，包含着对战后体制的不满和抱怨。被看作是"反战后体制的宣言书"的《致美丽之国》销量突破了50万册，影响巨大。

此外，安倍还在一些有关战后体制问题的纪念日的宣传活动中表现积极。2013年4月12日，安倍内阁决定，在旧金山和约签订纪念日即4月28日，由政府组织进行官方的纪念活动。4月28日被称作"主权恢复之日"，标志着日本从美军的占领之下摆脱出来恢复自主主权，安倍特意安排这样一个纪念活动，就是为了让日本国民认识到那样一段历史，并对战后体制问题有所了解。庆应大学的片山杜秀教授评论道，安倍这样做的目的是为了强调GHQ主导的七年占领期间的负面因素，将4月28日定位为一种类似"解放纪念"的日子。而安倍首相真正暗含的意思就是，"现行的日本宪法是占领时代被美军强加的，我们必须重新制定宪法，否则就不能称得上是真正的独立"。①

另一方面，针对一部分有良知的媒体的报道，安倍不但常常采取批判的立场，有时还会进行直接干涉。2005年1月12日，《朝日新闻》报道称，日本NHK电视台在2001年1月30日播放有关"慰安妇"问题的节目后，受到了安倍等政客施加的压力，被要求节目组更改节目内容。次日，该节目的总编长井晓在记者会上承认了安倍等政客曾经介入NHK的节目

---

① 『平和憲法の廃棄を狙う安倍首相主権回復記念式ショー中央日報日本語版』，http：//japanese.joins.com/article/990/170990.html? servcode = A00&sectcode = A00&cloc = jp | main | inside_ left。

编辑。虽然安倍矢口否认《朝日新闻》的报道，但是我们只要对比一下安倍在"慰安妇"问题上的态度就可知道，《朝日新闻》的报道并非空穴来风。一直以来，安倍以"证据不充分"为借口，否认日军曾强征"慰安妇"。可见，安倍在看到NHK电视台揭露"慰安妇"问题真相的报道后，要求节目组对节目内容进行更改，应该是确有其事。

在现代社会，媒体对于政治的影响力越来越大。媒体在充当国民的信息获得渠道的同时，也将政治家和政党的各种政治主张传播给了国民。因此，称现代政治是媒体政治也不为过。安倍深谙此理，便试图通过媒体的力量向国民扩散自己的反战后体制主张，努力营造有利于自身的社会舆论。

（二）营造反战后体制的氛围

安倍作为自民党总裁，努力将自己的反战后体制政治主张升格为自民党的政治理念。在自民党政策层面，安倍主要从党史、党的选举政策和党员的行为等方面推进反战后体制。

1. 从党史中寻找反战后体制的借口

安倍为了从自民党党史中寻找反战后体制的借口，提出了"摆脱战后体制是自民党建党的理由""修宪和教育改革是自民党的宗旨和夙愿"等反战后体制的口号。借此，安倍想促使自民党转变成为一个反战后体制的政党。

安倍通过宣扬"自民党成立的二大理由论"来为自己的反战后体制主张寻找历史依据，提高自身行为的正当性。1955年5月15日，自由党同民主党合并，结成了自由民主党。从那时起，日本政界开始出现了由自民党和社会党这两大政党领导政坛的体制，被称作"五五年体制"。安倍主张，当初自民党成立的理由有两点：其一是恢复在战争中受损的经济，其二是取得日本真正意义上的独立。安倍看来，"构成战后日本基本框架的宪法和教育基本法是占领时代的产物，在《旧金山和约》签订后，日本并没有获得真正的独立"。① 而安倍所谓的"日本真正意义上的独立",其实就是他所倡导的"摆脱战后体制"。

关于修宪问题,安倍将修宪称作是"自民党的宗旨"。在 2013 年 2 月 15 日第二次安倍政权成立之后首次自民党修宪推进本部的会议上,安倍指出修宪是"我党结党的目的",并鼓动自民党国会议员道:"只有我党的国会议员才具有改变日本的原动力。"② 2012 年 4 月,自民党发表了《日本国宪法改正草案》。对此,安倍在《自民党的政策》(宪法)里面,将自主修改宪法称作"党的使命"。③ 安倍将他个人的反战后体制主张升格为自民党的政策。

关于教育改革问题,安倍将教育改革称作是"自民党的夙愿"。2006 年,第一次安倍政权不顾在野党的反对,在国会强行通过了《教育基本法修正案》。民主党执政后,安倍当初制定的"新教育基本法"的一些理念被搁置。安倍在 2012 年再次就任自民党总裁后,在自民党总部设立了"自民党教育再生实行本部",在全党范围内展开了一场关于教育改革的讨论,下决心要把自己当初的教育改革理念在党内推行。④ 该本部是直属于自民党总裁的机构,可以召开有关教育改革的党内会议,在专门讨论的基础上可以直接向自民党总裁提出报告。⑤

2. 选举政策的反战后体制化

2006 年 8 月末,安倍在竞选自民党总裁期间发表了自己的"政权构想",在其中表明了要"摆脱战后体制,开始新的航程"的目标。安倍通过此举已经向世人表达了自己的反战后体制倾向,同时也间接透露了他当选后的自民党的政治属性。

---

① 安倍晋三编:『美しい国へ』,文芸春秋,第 28 页。
② 『わが党「改正草案」の浸透を 憲法改正推進本部』,自民党公式サイト,http://www.jimin.jp/activity/news/120058.html。
③ The Jimin News H24.4.27。
④ 『党情報告』,自民党公式サイト,https://www.jimin.jp/aboutus/convention/80/120287.html。
⑤ 『自由民主』第 2531 号,『自民党機関紙』,自民党公式サイト,https://www.jimin.jp/activity/colum/119023.html。

安倍在就任自民党总裁之后，将自己的众多反战后体制的政治主张反映到了自民党选举政策中去。在2007年、2013年的参议院选举和2012年的众议院选举中，自民党的政权公约中都不约而同地塞进包含一些安倍的反战后体制的条款。例如，在2007年众议院选举前，自民党的政策集中有这样的表述："大胆地重新审视那些战后以来一直没有得到改变、持续到现在的各种系统和框架"。① 作为具体的措施，安倍列举了例如"新宪法的制定""教育再生"等政策。通过这些举措，安倍成为从自民党首任总裁鸠山一郎以来的首位将修宪写进自民党政权公约的总裁。2012年的众议院选举前，自民党提出"要激活集体自卫权，制定《国家安全保障基本法》"，"通过修改宪法将自卫队定位为国防军"。② 而且，2013年的参议院选举中也明确提出了要将包含有"天皇是日本的元首""明确记载日本拥有集体自卫权"以及"设置国防军"等内容的"宪法修正案"提交到国会审议。③

可以看出，安倍在就任自民党总裁期间，一步步将自己的反战后体制主张升格，使其成为自民党在选举期间对选民的承诺。

3. 助长党员推翻历史观

安倍再次出任自民党总裁后，自民党内掀起了一股妄图推翻侵略历史的风潮。"靖国神社"参拜问题就是一个典型例子（参见表6—4）。2013年4月23日，在"靖国神社"的春季大祭之际，168名国会议员集体进行了参拜。前一年的这个时候，前去"靖国神社"参拜的国会议员仅有81人，而该年人数倍增，达到了史上最严重的情况。产生这种情况的原因是，在该年的春季大祭之前，以麻生太郎副总理为首的4名自民党高层参拜了"靖国神社"，而总裁安倍本人也于4月21日通过代理人以"内阁总理大臣"的名号

---

① 原文为："戦後から変わることなく続いてきた、さまざまなシステムや枠組みを原点に立ち返って大胆に見直していくこと。成長を実感に！『美しい国、日本』に向けた155の約束"，https：//www.jimin.jp/jimin/jimin/2007_seisaku/kouyaku/index.html。

② 自民党編：『第46回衆議院選挙政権公約』，第21頁，http：//jimin.ncss.nifty.com/pdf/seisaku_ichiban24.pdf。

③ 自民党編：『第23回参議院選挙選挙公約』，第42頁，http：//jimin.ncss.nifty.com/pdf/sen_san23/2013sanin2013-07-04.pdf。

向"神社"进贡了"真榊",事实上就是进行了变相的参拜。①

表6—4 2013年"靖国神社"春季大祭相关日本政界的动向

日 期	相关者	官 职	内 容
2013年3月29日	安倍晋三	内阁总理大臣 自民党总裁	称"第一次安倍内阁期间没能参拜（'靖国神社'），痛恨至极",表示将通过代理人向神社进贡"真榊"。
2013年4月20日	新藤义孝	总务相	在2013年"靖国神社"春季大祭期间参拜
2013年4月21日	麻生太郎 古屋圭司 加藤胜信	内阁副总理兼财务相 绑架问题相 官房副长官	在2013年"靖国神社"春季大祭期间参拜
2013年4月23日	168名国会议员	国会议员 政府和自民党要员	在2013年"靖国神社"春季大祭期间参拜

4月23日的大量国会议员集体参拜事件,是由超党派国会议员联盟「みんなで靖国神社に参拝する国会議員の会」幕后操纵的。参加此次参拜的168名国会议员中,132人是自民党议员,占近80%（参见表6—5）。其中,还不乏像财务副大臣山口俊一、农林水产副大臣加治屋义人、首相辅佐官卫藤晟一、自民党政调会长高市早苗等政府或党内高官。

表6—5 2013年4月23日参拜"靖国神社"的国会议员的所属党派②

党派	人数	比率	党派	人数	比率
自民党	132	78.6%	大家党	3	1.8%
民主党	5	2.9%	生活党	1	0.6%
日本维新会	25	14.8%	无党派	2	1.2%

---

① 『麻生氏ら靖国参拝、首相は供物奉納　公明、不快感示す』,『朝日新聞』,2013年4月21日,http://www.asahi.com/politics/update/0421/TKY201304210247.html。
② 『国会議員168人が靖国参拝　87年以降で最多』より作成,朝日新聞の報道,http://www.asahi.com/politics/update/0423/TKY201304230053.html? ref = reca。

对属下的内阁阁僚以及自民党所属国会议员的参拜行为，安倍原本是有足够的制约能力的。然而，安倍作为首相、自民党总裁，实际上采取了默认乃至支持的态度。安倍的这种态度实际上成为了造成25年来最多国会议员参拜"靖国神社"这种局面的一大原因。2012年，安倍在参加自民党总裁选举之际，曾经有过"在前一届首相任期内没有进行参拜（'靖国神社'），痛恨至极"的言论。2012年10月，安倍就任自民党总裁后不久，便亲自前往"靖国神社"进行了参拜。2013年的春季大祭期间，安倍通过代理人向"靖国神社"供奉了"真榊"。安倍一连串不合适的举动和发言，事实上助长了自民党所属政府官员和国会议员参拜"靖国神社"的不良风气。

总之，安倍通过上述政治动作，努力将自民党建设成为具有"安倍色彩"的自民党。受其影响，自民党开始朝着反战后体制的方向转变。

（三）实施反战后体制的国家政策

在国家政策层面，安倍主要通过内阁人事任命、国会立法、外交政策等方面来推行自己的反战后体制实践。

1. 组成反战后体制的内阁

在四次安倍内阁里，安倍重用了不少反战后体制的人（参见表6—6）。在2006年9月组建的第一次安倍内阁里，全部18名阁僚中有12人是"日本会议国会议员恳谈会"的成员，是安倍反战后体制主张的坚定支持者。在2012年再次当选首相后，安倍曾在2012年12月26日的记者会上表示，"此次一定不能仅仅采用和我意见一致的人士，要广泛地邀请各界人士参加本届安倍内阁"，而实际上，第二次安倍内阁所起用的阁僚几乎全部都是安倍反战后体制的同盟者们，在全部19名阁僚中，有13人是"日本会议国会议员恳谈会"的成员，有8人与"新宪法制定议员同盟"有关。在第三次安倍内阁中，75%（共15人，包括安倍在内）的内阁成员为日本最大右翼团体"日本会议"的相关组织"日本会议国会议员恳谈会"的成员，比前一次内阁多了三人。

表6—6　与反战后体制的国会议员组织有关的安倍内阁阁僚[①]

与"日本会议国会议员恳谈会"有关的阁僚	安倍晋三　麻生太郎　谷垣祯一　岸田文雄　下村博文　田村宪久　茂木敏充　小野寺五典　菅义伟　根本匠古屋圭司　稻田朋美甘利明	13人
与"新宪法制定议员同盟"有关的阁僚	安倍晋三　麻生太郎　谷垣祯一　下村博文　林芳正　石原伸晃　山本一太　稻田朋美	8人

"日本会议国会议员恳谈会"成立于1997年5月，在历史问题上认为日本发动的侵略战争"没有错误"，主张"天皇元首化""全面修改宪法第九条"，要求"国民尽国防义务"等。"新宪法制定议员同盟"是以修改宪法为目的的各党议员纠集起来的团体。安倍参加了上述两个议员团体，而安倍内阁中没有参加这两个议员团体的内阁成员仅三人。

2. 推动反战后体制法案的成立

安倍巧妙利用国会这一重要的政治场合，积极宣传自己的反战后体制主张。经过安倍不厌其烦的宣传，"摆脱战后体制"已经成了日本各界的一个流行语，在国会答辩过程中也成了热门话题。尤其是在第一次安倍内阁期间，安倍依照"先易后难"的原则，在国会促成了若干反战后体制相关法案的成立，在法律层面试图寻求对战后体制的突破。

首先，修订《教育基本法》。安倍将修改《教育基本法》等战后制定的政治框架看作是"摆脱战后体制"的一部分。2006年12月15日，《教育基本法改正案》在日本参议院获得通过。旧《教育基本法》是日本战后制定的教育领域的基本法律，标志着日本彻底地否定并改正战前教育体制。安倍利用自民党在国会中的多数地位，在国会强行通过了《教育基本法修正案》，并于同年12月22日公布。2007年6月22日，三部与教育相

[①] 『第2次安倍内閣の閣僚　右翼改憲派ずらり』，http://www.jcp.or.jp/akahata/aik12/2013-01-05/2013010501_03_0.html。

关的法案——《学校教育法》《教职员执照法》《地方教育行政的组织运营相关法律修正案》也在国会获得了通过。《教育基本法》是1947年3月31日制定的，自制定以来的60年来从未修改过。究其原因，《教育基本法》是依据宪法精神，其背景和目的就是要从根本上否定战前的"忠君爱国"式的教育模式，在日本教育界推广民主主义思想。《教育基本法》中有一节内容专门是对战前的军国主义教育的反省，而修改之后的新《教育基本法》将这一节内容删除了，取而代之的是增添了"我国的传统与文化""道德心""爱国心、乡土爱"等内容。① 2009年4月，各个学校和教育机构开始了在新《教育基本法》指导之下的新学期，对教师的授课提出了新的要求，学生不但要知道国歌是《君之代》，还要会唱。

其次，将"防卫厅"升格为"防卫省"。2006年6月9日，旨在将防卫厅升格为防卫省的《防卫厅设置法修正案》被提交至国会。同年12月15日，在安倍政权的积极策动下，该法案在国会获得通过。由此，自1954年7月1日以来一直是日本内阁府的一个外局的防卫厅，于2007年1月9日升格成为防卫省，即成为了内阁直属的一个部级行政机构。原防卫厅长官也升任防卫大臣，拥有在内阁会议上提出有关国防等重大问题的提案权、对财务大臣提出预算要求等国务大臣一级官员拥有的权利。安倍在出席1月9日防卫省成立纪念仪式时讲道："此次通过修改法律，将防卫厅升格为防卫省"是"摆脱战后体制的第一步"。②

再次，通过制定《国民投票法》，使修宪更具可能。《国民投票法》的正式名称是"有关《日本国宪法》修改手续的法律"。如前文所述，日本宪法修改的手续要求首先要经过日本国会众参两院总议员的三分之二以上的赞成，还需通过国民投票获得过半数的投票。关于修改宪法过程中必须的"国民投票"这一关，《国民投票法》中明确了具体的步骤和操作方法。第一次安倍政权选择了更具现实可行性的道路，将《国民投票法》的制定

---

① 中谷彪编：『新·教育基本法の問題点と批判 —教育における「戦後レジームからの脱却」の本質—』，『武庫川女子大紀要「人文·社会科学」』，2007年版，第9—20頁。
② 『防衛省移行記念式典における内閣総理大臣訓示 平成19年防衛白書』。

作为其优先考虑的课题。该法案成立的具体过程是，在安倍政权的鼓动下，第167回国会（2007年）起，众参两院下设"宪法审查会"，在众议院宪法调查特别委员会内设置"《日本国宪法》修改手续相关法律案等审查分委员会"。由此，《国民投票法》的制定正式被提上了安倍政权的议事日程。① 此外，2007年5月11日，众议院通过的自民党提案在参议院的宪法调查特别委员会审议之际，安倍首相及相关内阁阁僚等史无前例地出现在会场，以此给各个审查委员施压。在安倍强力推动下，5月14日，自民党的提案在参议院获得通过，正式成为法律。

关于到底该制定怎样一部《国民投票法》，日本国内一直存在着不少争议。例如，该法律规定，参加国民投票的国民的最低年龄要求为18岁。之前，日本国内一直存在着两种看法，即认为国民投票的最低年龄应该设置为18岁或20岁。结果，此次法案规定，凡是年满18周岁的日本国民均拥有国民投票权。有分析认为，将还不满20岁的年轻人纳入投票者中，目的是企图利用年轻人血气方刚、更倾向于激进地修改宪法这一特点，提高未来修宪在国民公投中的赞成率。《国民投票法》施行后，关于修改《日本国宪法》的问题，有了如何将国民的意愿即通过国民投票展现出来的法律依据。

总之，安倍政权通过修改《教育基本法》，将反战后体制的思想向教育界渗透；通过修改《防卫厅设置法》，将防卫厅升格为防卫省，提高自卫队的地位和权限；通过《国民投票法》的制定，补全了修宪所需的法律依据。这三部新法案的成立，标志着安倍在反战后体制的道路上又扫清了几个障碍。

3. 反战后体制的外交活动——联合国外交的展开

安倍政权将联合国外交作为反战后体制的外交活动的重要部分。

第二次世界大战结束以来，日本从原先的联合国的"敌国"地位起步，竭力提高本国的国际地位，并制定了早日加入联合国安全理事会常任

---

① 户波江二编：『日本国憲法の60年と憲法改正問題』，『政法論叢』，2008年10期。

理事国的目标。战后初期日本的联合国外交，是以从美国的占领阴影之下摆脱出来、重返国际社会为目标而开展的。1956年12月18日，在时任首相鸠山一郎的努力下，日本正式加入了联合国。之后，"以联合国为中心的外交"成为了日本外交的原则之一。在冷战期间，日本首次当选安理会非常任理事国，后来又成为了联合国会费的第二大出资国，日本在联合国的地位逐步获得提升。

以此为背景，冷战结束以来，日本借联合国成立50周年和60周年之机，于1995年和2005年两度提出要求加入联合国安理会常任理事国，但均遭到失败。2006年安倍就任首相后，再度提出将"入常"作为未来日本外交的一个重要努力方向，并为此在国际上展开了猛烈的外交攻势。安倍是首位将"加入联合国安理会常任理事国"写入自己选举前的政权公约中的首相。在165届国会和166届国会的施政方针演说中，他表示要在自己的施政期内，以日本"加入联合国常任理事国"为目标，积极投入联合国改革之中去。

鉴于以往的经验，安倍以日本首相的身份在国际社会上广泛宣传日本的"入常"夙愿，以获得更多成员国的支持。安倍第一次就任首相后，遍访亚洲、欧洲、美洲，四处宣扬日本要求"入常"的愿望，寻求各国的同情与支持。不论访问哪个国家，安倍均不厌其烦地向该国介绍日本的"入常"诉求，通过经济合作等手段换取他国的支持。

在反战后体制观的指引下，安倍在诱导社会舆论向反战后体制转变的同时，也以自民党总裁和日本政府首脑的身份，积极推进反战后体制政策的逐步落实。在其积极政治活动下，反战后体制已经呈现出"社会化""政党化""国家化"的倾向。

第二节 推行"积极和平主义"战略

2012年,安倍晋三再次担任日本首相后,在国际重要场合反复标榜"积极和平主义",主张以"积极和平主义"的理念制定有关日本国家安全战略的方针及外交政策。2013年在出席联合国大会时,安倍向国际社会强调了"积极和平主义"的方针,明确表示通过修改宪法解释行使集体自卫权的用意。"积极和平主义"已经被写入了日本《国家安全保障战略》、2014年日本新《防卫力量大纲》和《中期防卫力量整备计划》,在日本国家安全战略的理论指导及政策实践上都将产生巨大影响。

"积极和平主义"不仅是安倍政权有关日本国家外交和安全政策制定的基本理念,而且体现了当今日本以安倍晋三为代表的执政党政治家对日本国家发展方向以及国家安全战略的思考。"积极和平主义"作为日本国家安全战略的基本理念,不仅决定安倍政权的政略和战略,而且将对东亚地缘政治产生巨大影响。

一、"积极和平主义"的内涵

就"积极和平主义"的内涵来看,它大致包含以下内容:

(一) 修宪主义

日本宪法第九条去除了日本国家政治制度中的军国主义因素,对于防止日本复活军国主义和重走侵略战争具有特别重要的意义。修改宪法第九条一直是日本右翼政党的政治目标。日本右翼政党修改宪法的手段主要有两种,即"解释修宪"和"明文修宪"。安倍第二次担任日本首相后,表现出在其任期内完成修宪的强烈意图，并将修宪定位为需解决的重大课题，明确强调"自主制定宪法是自民党的建党理念"。安倍改变以往传统和平主义的护宪观，确立了制定自主宪法的修宪观，并单方面把护宪立场的和平主义定义为"消极和平主义"。因此，安倍"积极和平主义"本质上就是"修宪主义"。

1. 解释修宪，不断突破和平原则

和平主义是日本宪法的基本原则之一，日本宪法第九条明确规定"放弃战争和武力威胁"，"放弃行使武力，不保持战力"，"否定国家交战权"的原则。从和平学的视角来看，日本宪法第九条倡导的非暴力主义和不保持战力的制约，不仅体现了对侵略战争的深刻反省，而且成了战后日本和平思想的主流，具有日本向国际社会承诺不再发动战争的性质，有十分积极的意义。因此，和平主义原则也成了战后日本外交安保领域的支柱。但是，随着世界形势的变化和日本政权的更迭，日本政府针对宪法第九条的解释也在不断变化。所谓"解释改宪"，就是指不经过宪法改正的正规手续，通过改变宪法条文的解释，达到事实上改变规定内容的目的。日本政府解释改宪的重点始终围绕"行使集体自卫权"是否违反宪法这个主题。

集体自卫权的解释是修宪讨论中的重大课题，日本政府各个年代在国会答辩中针对集体自卫权的解释各有不同，且各具特征。在宪法制定当初，1946年日本吉田茂内阁的解释立场是"不承认一切军备和国家交战权"。这种解释体现出日本政府在战败的冲击和对战争深刻反省的背景下，全面禁止军备，放弃包括自卫战争在内的一切战争，对行使集体自卫权持完全否定的态度。

1950年吉田茂在施政演说中强调"放弃战争并不意味着放弃自卫权"，意味着日本政府对宪法第九条的解释开始发生变化。朝鲜战争爆发后，在麦克阿瑟的要求下，日本设立警察预备队负责维持日本国内治安。《日本国宪法》第九条第二项明确规定"不保持陆海空以及其他战力"。日本国会当时产生了有关警察预备队是否属于宪法第九条所禁止的讨论。吉田茂称，"设立警察预备队的目的完全是为了维持治安"，"警察预备队不是军队"。1952年，日本内阁设置了保安厅。与此同时，警察预备队改组为保安队，军事力量进一步得到了扩充。针对保安队与宪法第九条的矛盾，吉田内阁发表了"有关战争力量的统一见解"，称"宪法所指的战力，是为完成战争目的而装备与编制起来的"，"保安队属于警察组织，实力尚不能称之为战争力量。而且用于防止侵略战争，并不违宪"。①

1954年，保安队被正式改编为自卫队，鸠山内阁认为"为了自卫可以保持军队"，不禁止保持最小限度的军事力量。鸠山内阁的宪法解释称，"在本国遭受武力攻击的情况下，作为防卫国土的手段而行使武力，不违反宪法"，并且明确了"不超过自卫必要最小限度的自卫力量不属于战争力量。因此，自卫队并不违反宪法"。② 这种解释表现了日本政府承认个别自卫权，否定集体自卫权的态度，意味日本自卫队开始可以行使个别自卫权，但是不能够行使集体自卫权。1954年自卫队成立以来，日本一直承认根据个别自卫权行使武力的宪法解释。

2014年7月1日，安倍内阁提出了"有限定地行使集体自卫权"的政府解释，彻底改变了以往日本政府对集体自卫权的限制姿态。安倍提出了日本行使武力的三个必要条件：首先，在发生针对日本武力攻击，以及针对与日本密切相关的他国的武力攻击的情况下；其次，在无法使用其他适当手段的条件下；再次，行使必要最小限度的武装力量。安倍内阁解释修宪，体现出日本"摆脱战后体制"的政治目标，把自卫队维持国内治安的作用扩大到派往海外发挥"积极贡献"。这意味着即使日本没有受到武力攻击，也可以参与到战争中。

由此可见，日本政府解释修宪的姿态，从战败的完全否定到重整军备，从解禁个别自卫权到解禁集体自卫权，经历了一个从量变到质变的变化过程。这种变化产生于政治原因，而不是出于法理原因。日本政府通过解释修宪的手段，在同一宪法情况下，竟然得出了完全相反的解释结果，其中的原因不得不引起亚洲邻国和世界各国的关注和思考。

① 安倍晋三编：『新しい日本へ』，文芸春秋，2013年版，第128页。
② 安倍晋三编：『新しい日本へ』，文芸春秋，2013年版，第129页。

2. "明文改宪"，充分做好修宪准备

第二次世界大战以后，产生了制止战争、维护世界和平和人权等新的国际原则，战后日本的"和平宪法"的制定是在"反对战争、维持和平"的历史条件下产生的。"和平主义"一直是战后日本的国政原则，也一直是修宪争议的焦点。取消宪法对日本军事行动的限制是日本保守政治势力修宪的主要目标，自民党更是将制定自主宪法作为结党的追求。安倍"积极和平主义"自然也把目标对准了宪法第九条。安倍认为，宪法解释"矛盾重重毫无道理的说明，会对日本今后的安全保障造成巨大的障碍"。[1] 这说明安倍已经不仅仅满足于修改宪法解释，体现出他彻底修改"和平宪法"的目标。自民党将制定自主宪法、"摆脱战后体制"作为建党的使命，并在《旧金山和约》签订60周年的2012年发表了"日本宪法修正草案"。一旦时机成熟，就有可能取代现有宪法，完成"明文改宪"。

以安倍晋三为首的战后新生代政治家，普遍抱有消极的宪法观。他们普遍认为，"和平宪法"是美国强加给日本的宪法，没有体现出日本国民的意志，是当时美国意识的强烈体现。安倍认为，宪法第九条放弃战争的条款，充分体现出当时美国对待日本的姿态。他认为宪法草案体现了"美国为了保卫本国和联合国的利益，使日本无法再次对欧美为中心的世界秩序造成挑战"的强烈意志。安倍还认为起草宪法的人抱有理想主义的热情，称宪法草案是年轻的驻日盟军总部军官，在仅仅数十日的短时间内起草的，体现出"美国在日本实现自己理想主义的意志"。[2]

安倍认为"和平宪法"是对日本手脚的束缚，是日本走向"正常国家"的障碍。他称，"联合国军最初的意图是束缚日本的手脚，防止日本再次作为列强崛起"，认为修改"和平宪法"是日本独立的象征，称宪法第九条的规定使日本失去了作为独立国家的必要条件，"战后日本的体制，从宪法到教育基本法，都是占领时代的作品"。他认为"日本制定自主宪

---

[1] 安倍晋三编：『新しい日本へ』，文芸春秋，2013年版，第128页。
[2] 安倍晋三编：『新しい日本へ』，文芸春秋，2013年版，第125—127页。

法"是战后体制终结的标志，主张通过修改宪法把"自卫队升格为国防军"。①

"积极和平主义"不仅体现了他改变战后体制的强烈意愿，也成为安倍第二任期内实现修改"和平宪法"的具体手段。安倍单方面把护宪立场的和平主义规定为"消极和平主义"。按照安倍的逻辑，护宪就是消极的，改宪就是积极的；限制日本军力就是消极的，行使集体自卫权就是积极的。他认为，"日本宪法的制约太苛刻，完全没有政策判断的余地。"② 2012年4月27日，安倍晋三作为"日本宪法改正推进本部"的最高顾问参与推进自民党通过所谓"日本宪法修正草案"。该草案从前言至附则进行了全面修改，对日本现行宪法的"和平主义原则"做出了本质修改，分为11章总计110条。主要修改内容有：修改了第九条的"和平主义原则"，明确了自卫权的行使，新设了国防军的条款，放宽了宪法改正的制约等。日本自民党的宪法修正草案有以下几个特点：第一，自民党为"明文修宪"做了充分的准备，对现行日本宪法进行了全面性、根本性的修改，不仅修改了宪法第九条，而且修改了宪法改正条款，放宽了修宪的限制。第二，自民党草案放弃现行宪法"和平主义原则"，不仅直接明确集体自卫权，而且还增加了"保持国防军"的规定，标志着战后日本"和平主义"道路的彻底改变。第三，自民党草案的重点在于以军事力量为支撑的全面大国化的日本，彻底接触"和平宪法"对行使武力的制约，意味着日本将走向战争国家。日本自民党修宪的重点在于突破和平主义与国防军建设的矛盾，制定自主宪法的目的就是为了改变战后体制。另外，现行日本宪法第96条规定，修改宪法需要通过国会议员三分之二多数通过。为了简化修改宪法的过程，该草案针对有关修宪过程的第九章做出修改，改宪条件进一步放宽，从两院总议员的三分之二变为过半数。

现行的日本宪法是对日本发动侵略战争后作为战败国的秩序安排，目的在于让日本从此走向和平发展的道路。安倍晋三推动"明文修宪"，是

---

① 安倍晋三編：『新しい日本へ』，文芸春秋，2013年版，第250頁。
② 安倍晋三編：『新しい日本へ』，文芸春秋，2013年版，第147頁。

要让日本成为"正常国家"和军事大国，推行强硬防务政策，拥有军队交战权等。修改宪法是对战后国际体制的颠覆、破坏和否定。一旦修改宪法第九条，日本"和平宪法"的根本性质和核心精神将发生改变。一方面，安倍"积极和平主义"的危险性越来越大。不论是"明文修宪"，还是解释修宪，日本突破"和平宪法"的举动越来越明显。日本保守智库明确表示要以"积极和平主义"取代日本现行宪法的"和平主义原则"。2014年5月15日，"日本安全保障法律基础再构筑恳谈会"向安倍内阁提交报告，其中对日本的和平主义做出了新的解释。报告称，"日本的和平主义不是基于本国立场，而应该站在国际的立场解释。'和平主义'不是自身不破坏和平的消极和平主义，而是要求为实现和平采取积极的行动。日本国家安全保障战略倡导，基于国际协调主义的积极和平主义立场，为实现日本安全以及亚太地区和平安定，确保国际社会和平安定繁荣，做出更积极的贡献。这种'基于国际协调的积极和平主义'应该成为日本宪法和平主义的基础。"① 按照这种逻辑，修宪就是"积极和平主义"，护宪就是"消极和平主义"。日本要发挥"积极的贡献"，必须要修改日本宪法。另一方面，日本国内护宪的呼声已经非常虚弱，保护宪法第九条的声音变得越来越重要。日本长期以来修宪不成功的原因是日本有一个强有力的要求护宪的在野党（社会党、共产党等），自民党内部也不乏与护宪理念共鸣的人。20世纪70年代的安保斗争是日本护宪运动的最高潮。但是，现在日本护宪势力已经完全失去了往日的光彩，日本舆论护宪的思潮已经越来越微弱。大多数在野党也主张修宪，这使修改宪法已经没有多少阻碍。由此看来，日本修宪几乎只是时间问题。

（二）大国主义

日本战后以来并没有放弃走向大国的追求，只是把军备扩张放在了经济发展的延长线上。安倍"积极和平主义"实际上体现出日本当今的政治

---

① 『安全保障の法的基盤の再構築に関する懇談会』報告書，http://www.kantei.go.jp/jp/singi/anzenhosyou2/dai7/houkoku.pdf。

家在实现日本经济发展与国家安全的过程中更加重视国家安全。比起战后初期为了确保国家安全依靠日美同盟,不惜"引狼入室",签订不平等的《日美安保条约》,如今的日本争夺的是东亚地区的主导权。安倍"积极和平主义"标榜的"积极贡献",是日本要求改变战后体制,构筑国际新秩序,要求日本在世界拥有主导位置的体现。

1. 标榜国际贡献,追求政治大国

海湾战争后,日本受到美国"出钱不出力"的批评,战后新生代的政治家越来越不甘心日本在国际上继续充当"二流国家"的角色,主张日本应该拥有与其经济实力相适应的国际地位。因此,把日本变为"政治大国"成为以安倍为首的战后新生代政治家的政治追求。

日本经过高速经济成长期的发展,已经成为经济大国。经济上的优势地位,使战后新生代政治家具有更强的自信心,在处理外交关系时往往采取更加强有力的手段。安倍对"重经济轻武装"的吉田主义持消极评价,他认为,"日本战后将安全保障托付他国,采取优先发展经济的策略,虽然物质上得到极大丰富,但是精神上却存在很大缺失。"[①] 安倍标榜"积极和平主义",强调日本追求的和平不是"一国和平",而是"世界和平"。他认为,"积极和平主义"能够使日本在国际社会中发挥积极作用。安倍谋求建设的"积极和平国家",实际上是摆脱战后体制,参与构建国际新秩序、走向政治大国的宣传。

安倍所谓的"和平国家"实际上与小泽一郎所主张的"正常国家"有一脉相承的共同点,是利用"积极和平"的字眼,修改和平主义的内涵,使日本摆脱战后体制,成为政治大国和军事大国。

2. 突破专守防卫,建设军事大国

安倍主张通过改宪把自卫队变成"国防军",体现了安倍建设军事大国的野心,标志着日本的国防方针从坚持"专守防卫"到"先发制人"的转变。"专守防卫"是战后日本军事战略的基本原则,指日本只有在遭受

---

① 安倍晋三编:『新しい日本へ』,文芸春秋,2013年版,第132页。

武力攻击时才能行使防卫力量，防卫力的行使必须限制在自卫的必要最小限度内，且防卫力量的建设必须保持在自卫的最小限度内。在宪法第九条"不保持战力、不承认国家交战权"的和平主义原则下，构成日本自卫队建设发展的战略防御思想。"专守防卫"意味着日本在防卫问题上坚持不进行先制攻击的姿态，而且防卫力的行使也要限制在必要的最低限度内，要求自卫队不能发展攻击性武器。"专守防卫"表明了战后日本不做军事大国的姿态，以及不保持威胁他国军事力量的承诺。安倍"积极和平主义"强调发挥自卫队军事力量的遏制作用和先发制人的主动权，彻底突破了"专守防卫"的基本原则，为日本走向军事大国打开方便之门。安倍标榜的"积极和平主义"是回避将来日本军事行动遭受批判的借口，是日本成为军事大国的权宜之计。如此一来，日本"不做军事大国"的和平主义承诺就成了一句空话。

二、"积极和平主义"的本意与用意

（一）"积极和平主义"的本意

"积极和平主义"的本意是指不仅没有战争，而且也消除了贫困、剥削、歧视等结构性暴力的状态。加尔通指出，积极和平不只是战争或国家间暴力的缺失，它涉及的是一种社会状况，在这种社会里，剥削被最小化或被消除，既没有明显暴力，也没有潜伏在结构暴力之下的更多难以察觉的现象。它关注的重点是社会政治与经济结构中存在的不公平、剥削与压制等问题，以及由此导致的政治权利、经济利益分配上的不公平现象。积极和平主义的支持者普遍认为，"一个压制性的社会，即使没有战争，也只能在非常狭隘的意义上说处于和平"，"一个处于和平的国家，容忍国内暴力的大范围存在，即使它与其他国家没有暴力冲突，这个国家也没有真正处于自我和平之中"。①

加尔通认为"结构暴力"指的是"社会压制的一种严重形式",处于社会、文化和经济制度的结构之中。他认为,"当一个社会强制性阻碍其内部成员的发展和破坏他们的福利时,即使没有子弹发射和棍棒挥舞,一种暴力也正在发生。"② 当现实中存在遏制自我身体和精神实现的潜在影响因素时,就存在结构暴力。结构暴力通常会遏制人的重要权力,比如经济上的富裕,社会、政治和性别上的平等,自我实现和自我价值的感觉等等。加尔通认为结构暴力就是不平等,而且会引发直接暴力。结构暴力具有潜在性,体现在它一般隐藏在日常生活习惯中,不容易被人们察觉,并且具有四个基本特征:第一,暴力主体不明;第二,不伴有流血性冲突;第三,发生缓慢;第四,存在于日常生活中。因为极度的贫困、饥饿、无秩序、政治压制、无政府状态等造成的无数人的死亡和剥夺人们自我实现机会的现实情况是构造暴力的典型例子。加尔通认为,这种潜在性的暴力因素不仅会侵蚀人的价值,而且是导致冲突的深层原因。

"积极和平主义"体现了对和平概念广义的、动态的、发展的认识,包括经济政治的安定、基本人权的尊重、法律公正的执行、政治的民主自由和安全和谐的社会环境等要素。加尔通用一个公式表明了积极和平的完整内涵:和平 = 直接和平 + 结构和平 + 文化和平。和平学中倡导的"积极和平主义",不仅是没有国家间战争和地区间纷争的状态,而且是消除了社会贫困、歧视和不平等的结构暴力的社会状态,还包括积极的生活价值、和平的社会制度的建立。

"积极和平主义"的目标在于创造一种终止暴力行为的条件,构建一个永久和平的环境。加尔通指出了以往以暴制暴的和平建设的弊端,对以暴制暴的打击手段提出了质疑。加尔通认为,所谓的"寻找和消灭恐怖分子"只是一味主张"以暴制暴"的军事武装方式,"反对""打击"恐怖

---

① 大卫·巴拉什、查尔斯·韦伯著,刘成等译:《积极和平——和平与冲突研究》,南京出版社,2007年版,第9页。
② 大卫·巴拉什、查尔斯·韦伯著,刘成等译:《积极和平——和平与冲突研究》,南京出版社,2007年版,第7页。

主义势力是没有意义的，这可能使得恐怖主义活动范围进一步扩大。他认为，要消除恐怖主义，就必须对恐怖主义产生的根源、动因等进行深层次的挖掘，用和平的方式最终消除恐怖主义。它关注的焦点是造成暴力的整体环境和问题根源，以及暴力问题背后的深层文化和深层结构因素。加尔通认为："最主要的问题只是以西方发达国家为主体的社会精英并没有学会如何塑造、调整以及改变几个世纪以来思考方式、谈话模式和政治体制，导致规范和价值的缺失，及社会政治、经济与文化结构的崩溃。正是这些因素导致了暴力、仇恨、恐怖主义的爆发。"[1]

"积极和平主义"主张构建一种更加积极的安全观，提倡通过非暴力主义构筑世界秩序，即通过"和平的手段实现和平"。加尔通认为用暴力实现和平结果会导致暴力的循环，"结束冲突并不是把冲突隐藏起来，而是要用非暴力的手段解决它"。[2] 他认为，只有以和平的方式实现和平，才能保证和平态势的长久和持续。加尔通将提升人的生命尊严与幸福视为"积极和平主义"的建设目标。只有在这种积极和平的状态下，人才具有充分的自由，才能充分发挥自己的主观能动性，人的潜能才能充分得到展现。加尔通认为，中国传统文化中基于阴阳互补的思维方式和强调"和而不同"的和谐理念，与他主张的积极和平更吻合，是实现和平的"更好的途径"。

（二）安倍"积极和平主义"的用意

安倍"积极和平主义"与和平学中的"积极和平主义"具有不同的含义。"积极和平"的本意是指既没有战争等直接暴力，也没有贫困、歧视、压迫等结构暴力的社会状态，英语翻译为"Positive Peace"，而安倍的"积极和平主义"在英语中被翻译为"Proactive Contribution to Peace"。安倍的智囊团队成员之一的伊藤宪一认为，"积极和平主义"是日美同盟的必然

---

[1] 刘邦春："从消极和平到积极和平——后冷战时代西方和平心理学思想管窥"，湖南师范大学，2012年，第68页。

[2] 约翰·加尔通："和谐致平之道"，《南京大学学报（哲学人文社科版）》，2005年第2期。

要求,"为维持日美同盟,必须允许行使集体自卫权"。安倍的"积极和平主义"已经脱离了和平学中积极和平的本意,是在为日本突破"和平宪法"、行使战争暴力创造结构性的条件。日本和平学研究学者坪井主税指出,"Proactive"在军事用语中含有"先制攻击"的含义,表明了安倍"积极和平主义"论先发制人的用意。①

安倍强调通过强化军备、先发制人的手段实现"积极和平主义"。安倍内阁为达到摆脱战后体制、实现日本全面大国化的目的,一方面,积极推动修宪,强化自卫队建设,把自卫队升格为"国防军",为日本行使武力创造内部条件;另一方面,打着"积极贡献"的旗号,通过经济、军事、外交等手段,为自卫队走向海外行使武力创造外部环境,其标榜的建设"积极和平主义国家",其目的就是使日本成为可以行使武力的"正常国家"。

通过对加尔通"积极和平主义"的原意与安倍"积极和平主义"用意的比较,可以看出两者的不同点。首先,两者的内涵不同。前者是指导和平实践的科学理论,后者是安倍政权国家安全战略的基本理念。其次,两者追求的目标不同。前者的目标在于建设没有结构暴力的和平社会;后者的目的在于使日本突破战后体制,走向全面大国。再次,两者实现的手段不同。前者主张用和平的手段实现和平,后者主张把自卫队改编成"国防军",发挥军事力量的作用。最后,两者产生的影响不同。前者的理论有利于和平诊断,化解冲突;后者会制造地区紧张局势,破坏国际关系发展。

时殷弘认为,如果日本把精力集中到拥有大国的军事权利和军事力量上,逐步越出"专守防卫"框架,那么它的国家发展道路就可能出现严重问题。日本学者冈本三夫认为,"战后60年,根植在日本土壤中的和平文化是日本的宝藏和民族的遗产","广岛和长崎的受害体验以及宪法第九条的无军备和平主义应该是日本和平学研究的基点"。他批评打着和平的旗

---

① 纐纈厚编:『反「安倍式積極的平和主義」論』,凯風社,2014年版,第278页。

号发展军力的做法是虚伪的,称"依靠军事力量的安全保障论都是挂羊头卖狗肉"。① 昆西·赖特认为,"当和平设定为一种积极形式时,它就终止了和平,没有什么目的可以证明暴力作为实现和平手段的正当性"。② 由此可见,安倍的"积极和平主义"实际上是伪和平主义。

安倍内阁利用"积极和平主义"的美好字眼,行使集体自卫权,否定侵略历史观,修改《教育基本法》等,对日本政治、历史和思想各个方面进行全面改造。这体现出安倍内阁希望突破"和平宪法"、摆脱战后体制的企图,以及使日本走向"全面大国化"的野心。安倍"积极和平主义",不仅不能消除日本社会的结构暴力,实现加尔通所倡导的积极和平的社会状态,而且会对日本和平主义和民主主义造成破坏。当日本国内舆论逐渐把"和平主义"理解成为一种"积极的"形式时,"积极和平主义"未来就有可能取代日本宪法"和平主义"的原则。这成为"积极和平主义"走向右倾、修宪的根本原因。安倍"积极和平主义"不仅不利于创造和平共处的良好条件,而且会增加地区局势不稳定的风险。

日本在侵略战争和殖民地统治中对受害者负有不可推卸的战争责任。日本要实现积极和平,走向正常国家,就必须从正视历史开始,承担战争责任问题。日本应该"承认历史责任","通过谢罪和补偿积极寻求和解"。虽然战后出生的日本人没有参与战争,不负有政治责任和社会责任,但是历史责任和道义责任是应该负有的。一方面,如何批判性地总结日本近代以来至战败发动的一系列侵略战争和殖民统治,形成"自觉的""主体的"历史认识是战后日本人应该承担的历史责任。另一方面,如何自发地、内省地认识侵略历史,面对过去的"负面历史",通过具体的谢罪和补偿方式清算罪恶是战后日本人应该承担的道义责任。

日本不仅仅负有战争责任,而且还承担战后责任。察觉危险征兆,避免重复错误的历史,通过克服战争责任,确立正确的历史认识,正是日本

---

① 冈本三夫编:『平和学は訴える——平和を望むなら平和に備えよ』,法律文化社,2005年版,第13页。
② 大卫·巴拉什、查尔斯·韦伯著,刘成等译:《积极和平——和平与冲突研究》,南京出版社,2007年版,第9页。

人的"战后责任"。日本要实现"积极和平主义",首先应该从正视侵略历史和反省战争责任做起。日本希望塑造的"积极和平国家"的形象,应该体现在有越来越多的日本人呼吁和平、支持和平、维护和平。因此,"积极和平主义"的历史责任应该是使战后日本彻底"脱离非和平的状态",形成呼吁和平的社会思潮,支持和平的国家体制,维护和平的社会环境。

第三节 实施"自由开放的印度洋—太平洋"战略

2016 年 8 月,安倍在第六次非洲开发会议(TICAD)上提出了"自由开放的印度洋—太平洋"战略,并将其定位为日本外交新战略。这既是日本国家战略转型的一个重要体现,也是日本扩展战略空间的一个重要举措。

一、安倍政权外交政策的演变轨迹

安倍内阁的"印太"战略的形成是一个逐步成熟和明确化的过程,开始于 2006 年提出的"有主张的外交",基本成型于 2016 年倡导的"自由开放的印度洋—太平洋"战略,以"价值观外交"积极推动与各国的双边关系。

(一)第一次安倍内阁时期的"有主张的外交"

2006 年安倍第一次上台后,着力强调"美丽的日本",提出了"有主张的外交"。其对印度洋与"印太"结合地带的重要现实意义的关注,具体体现在安倍的相关言论中。2006 年 9 月的施政演说中,安倍称"在进一步增进与东盟国家合作的同时,日本作为亚洲的民主国家,为将自由社会的范围扩展到亚洲乃至世界,要同澳大利亚、印度等与日本共有基本价值的国家开展首脑级别的战略对话"。① 2007年1月的施政方针演说中,安倍再次称"在与东盟各国和共有基本价值观的印度、澳大利亚等国加强经济合作的基础上,扩大首脑间的交流"。2007年8月,安倍在印度国会上发表了"两洋交汇"的演讲,称"太平洋和印度洋正作为自由与繁荣之海带来富有活力的结合。一个打破地理原来疆界的'扩大的亚洲'正在明确出现"。② 由此可以看出,在安倍第一次内阁的"有主张的外交"中,已经将印度、澳大利亚作为其外交的重要方面,而其手段就是通过"价值观外交"来处理与印、澳的关系。

(二) 第二次安倍内阁时期的"俯瞰地球仪外交"

2012年安倍第二次当选日本首相后,更加明确地提及两洋及"印太"概念,开始将"印太"作为外交战略的概念选项。2012年12月,安倍在印度报业辛迪加网站发表"亚洲民主安全菱形"理论,强调"两洋交汇"的重要性和日本的角色,"太平洋的和平、稳定与航行自由,与印度洋的和平、稳定与航行自由不可割裂","日本需要捍卫以上两个地区共同利益方面发挥更大的作用"。③ 在2013年1月的施政演说中,安倍称,"外交不仅仅局限在与周边国家的双边关系上,而是要像注视地球仪那样俯瞰整个世界,立足于自由、民主主义、基本人权、法制支配等基本价值观,开展战略性外交。"据此,产生了安倍内阁的"俯瞰地球仪外交"战略这一理念。

2013年1月,安倍在阐述"日本外交新五原则"时说"美国的重心开始向印度洋和太平洋交汇的区域转移,日美同盟应该发挥更加重要的作用来保障两个大洋的安全与繁荣,同时加强与印度、澳大利亚等国的关系,建立横跨印度洋和太平洋的关系网络"。此外,在其原则的第一条提到,

---

① 『安倍内閣総理大臣の所信についての演説』,http://www.shugiin.go.jp/index.nsf/html/index_kaigi-roku.htm。
② 『二つの海の交わり』,https://www.mofa.go.jp/mofaj/press/enzetsu/19/eabe_0822.html。
③ 吴怀中:"安倍政府印太战略及中国的应对",《现代国际关系》,2018年第1期。

"在这两洋交汇的地带，必须充分追求人类的普遍价值即思想、行动、言论的自由"。① 同年 2 月，安倍发表了"日本归来"的演说，文中提到"现在的亚太地区，或者印太地区正走向繁荣"，同时表达出"与拥有共同价值观的以美国为首的韩国、澳大利亚等国家共同担负起地区繁荣的责任"。② 这是安倍首次明确使用"印太"这一词语，同时可以看到，与其第一次提出的外交战略如出一辙，都将"价值观"作为其处理国家关系的有力抓手，不同的是，在第二次安倍内阁时期，"价值观外交"已从印度、澳大利亚扩展到美国、韩国等国家，在更大的区域谋求利益最大化。

但是在此期间，奥巴马政府正大力推行"亚太再平衡"战略及"跨太平洋伙伴关系协定"（TPP），将重点放在亚太地区，因此，安倍只能追随美国的脚步，全力打造亚太经济秩序、配合美国的军事"重返"。在 2013 年 12 月日本出台的战后首个国家战略文件《国家安全战略》中，基本没有使用"印太"这一术语。正面无法提议系统的"印太"战略，但日本并没有停止对"印太"地区的研究，包括"日本国际问题研究所"在内的许多日本智囊都已经开始对"印太"这一日趋火热的区域进行研究，如 2014 年日本国际问题研究所就完成了名为『「インド太平洋時代」の日本外交』的报告书，报告中就海洋安全、经济贸易、各地区间的相互作用及大国间的政治进行了详细分析研究。③

（三）第三次安倍内阁时期的"自由开放的印度洋—太平洋"战略

2016 年 8 月，在肯尼亚内罗毕举行的第六次非洲开发会议（TICAD）上安倍正式提出了"自由开放的印度洋—太平洋"战略（简称"印太"，下同）构想，这标志着日本一项新的外交战略正式出台。安倍在演讲中强

---

① 『日・インドネシア首脳会談概要』，http://www.mofa.go.jp/mofaj/kaidan/s_abe2/vti_1301/indonesia.html。
② 首相官邸编：『日本は戻ってきました』，https://www.kantei.go.jp/jp/96_abe/statement/2013/0223speech.html?from=singlemessage&isappinstalled=0。
③ 『「インド太平洋時代」の日本外交』，日本国際問題研究所，平成 26 年 3 月，http://www2.jiia.or.jp/EVNT/。

调"日本有责任,将太平洋与印度洋、亚洲与非洲的交流活动构建成与武力和威慑无缘的,重视自由、法制和市场经济之地,并使其富饶"。① 同年9月,安倍在与印度总理莫迪会谈后发布的公报中,开始使用"自由开放的印太战略"表述。此后,安倍政府开始在各种场合推行其新的外交战略。

从安倍对"自由开放的印太战略"的表述上可以看出,依旧有着诸如"自由""法制"这样"价值观"的影子,这是安倍政府对其既往外交的延续,在更广阔的区域与相关国家拉近关系。其本质目的主要有加强与他国的关系,增进别国对日本认可度,作为其在国际舞台上的政治资本。②但是就日本而言,其自诩的"价值观外交"本身就有自相矛盾的地方,一个时刻谋求修改宪法,对第二次世界大战中所犯的罪恶拒不承认、不知悔改的国家,如何谈自由、民主、法制?

二、"自由开放的印度洋—太平洋"战略提出的背景

进入21世纪后,"自由开放的印度洋—太平洋"这一概念逐渐兴起,尤其是2010年后,美、澳、日等国家都提出了各自的"印太"概念。从地理角度看,日本与印度洋地区并无渊源,也不是最早就对"印太"地区进行研究的国家。但是从对外战略上看,从2006年就开始关注印度洋地区的的重要地位和现实意义,其背景就是日本在"亚太"地区受挫,印度洋地区的战略价值提高,中美战略的变化等。

(一)"印太"概念的起源

"印太"作为一个区域性概念,带有强烈的地缘政治色彩,日益被更多的国家所接受,这反应出了倡导和接受这一概念的国家的战略诉求。

---

① 『TICAD Ⅵ 開会に当たって・安倍晋三日本国総理大臣基調演説』,https://www.mofa.go.jp/mofaj/afr/af2/page4_002268.html。

② 邱静:"两次安倍内阁的'价值观外交'",《外交评论》,2014年第3期。

一般认为,"印太"这一概念率先由澳大利亚学者使用,早在 20 世纪 50 年代就被用于学术研究中,并在六七十年代的讨论会中多次使用。2005 年,迈克尔·理查森在一篇论文中提到,东亚峰会包括了印度、澳大利亚和新西兰,这意味着"印太"地区的浮现。① 至此,"印太"概念开始日益受到人们的关注,而"印太"作为新的地缘政治概念被政界和学界广泛使用则在 2010 年后。2010 年 10 月,美国国务卿希拉里在演讲中公开使用"印太盆地"概念。② 同时,在希拉里的《美国的太平洋世纪》一文中,将亚太扩展到包括印度和印度洋地区,强调了"印太"地区的重要性。而率先使用"印太"一词的澳大利亚,直到 2013 年 5 月发布的《澳大利亚国防白皮书》,才正式将"印太"概念吸收到官方文件中来。

"印太"地区,从地理范围来看,包括连接印度洋与太平洋之间的广阔区域,但是"印太"这一具有强烈地缘政治色彩的概念,却鲜见清晰的界定和大致的基本共识,《美国国家安全战略报告》的"印太地区"开始指的是从印度西海岸到美国西海岸,但在另一节中,又包括了南亚和中亚,报告中并没有指出"印太"地区同南亚与中亚的差异。区域概念本身界定的模糊化,为概念创造者与界定者实现权力与利益的最大化提供了无限可能,而对概念界定本身就是一种权力的体现。

(二)日本极力鼓噪"印太"战略的动因

总体来说,日本构建"印太"战略是基于内外两方面的原因。外部主要就是中国的快速崛起及美国在亚太地区战略不确定性的增加,中美实力对比的变化使日本产生焦虑。同时,随着印度等新兴国家的发展及"印太"地区不断上升的战略价值。内部则主要是安倍再次执政以来,日本政局进入相对稳定期,安倍有条件着眼于长期目标来制定和执行外交安全战

---

① Melissa Conley Tyler and Samantha Shearman, "Australia's New Region: the Indo-Pacific", East AsiaForum, May 21, 2013, http://www.eastasiaforum.org/2013/05/21/australias-new-region-the-indo-pacific.

② U. S. Department of States, "America 's Engagement in the Asia-Pacific", October 28, 2010, https://2009—2017.state.gov/secretary/20092013clinton/rm/2010/10/150141.htm.

略，并且在日本政治右倾及右翼势力的主推下，强烈谋求扩大海外影响，维护对己有利的战略地带与利益，实现政治大国的梦想。

1. 遏制中国崛起

从日本历年的《外交蓝皮书》可以看出，日本总是过分夸大中国实力的提升和南海领土争端以及中国军力的"不透明性"，来渲染日本及太平洋地区乃至国际安全保障环境的恶化。日本学者认为，从太平洋经马六甲海峡穿过印度洋到达中东北非的广大领域是其海上生命线，日本的贸易量99.7%来自海洋运输，80%的石油进口要经过南海航线，由于中国国力的不断增强，日本臆想中国或用军事力量"控制"日本经济生命线，南海会成为日本的痛点，为此日本极力渲染"中国威胁论"。安倍称，为了防止南海被中国"进一步要塞化"，日本必须占据最有利的位置，"日本作为亚洲最古老的海洋民主国家，应该在保护两洋公共产品安全上发挥更大的作用"。①

随着"亚太再平衡"和 TPP 这两个日本亚太战略的核心支柱突遭变故，日本在亚太地区的外交始终难以打开局面。而反观中国，通过亚投行（AIIB）、"一带一路"倡议、远洋海军建设等战略部署，在地区秩序和规则、两洋海上通道安全保障、亚非市场拓展和经济合作上取得了斐然成绩。特别是在特朗普政府宣称"美国优先"，接连放弃 TPP 和"亚太再平衡"战略后，更使日本感到担忧和不安。在这样的格局下，日本迫切需要打开局面，追求自主的外交战略，为争做"国际社会主要玩家"，安倍政府需要积极主动的对外战略，包括面向全球的"战略性外交"即"俯瞰地球仪外交""积极和平主义"，以及面向地区的"印太"战略。

2. "印太"地区战略地位及价值的提升

印度洋和南太平洋地区随着现代航运的发展，已成为连接东西方的重要国际水道，战略地位不断提升，同时二者蕴含丰富的水产和矿物资源，逐渐引起了各国的重视。"印太"海域有着诸多闻名世界的通商航道，亚

---

① 外务省编：『インド国会における安倍総理大臣演説「二つの海の交わり」』（Confluence of the TwoSeas），http：//www.mofa.go.jp/mofaj/press/enzetsu/19/eabe_0822.html。

洲各国的繁荣都依赖这些航道，对这一区域的重视成为大国界定海洋安全和航行安全的一个支点。同时，随着近年印度等南亚国家的崛起，日本希望通过加强与这些国家的联系，借助于印度洋及印度洋地区的经济发展，打造一个新的经济体，共同发展。一方面，将印度洋与西太平洋作为其重要的海上能源和贸易通道，因而为获得航运的控制权加大了海军力量投入，包括军舰的常规演习和巡逻以及打击海盗等。另一方面，由于印度洋和西太平洋海域拥有丰富的矿产资源和水产资源，将成为各国开发和利用的目标。

3. 日本右翼势力的影响

首先，安倍本人深受其外祖父岸信介的影响。安倍的外祖父岸信介（日本战后右翼势力的鼻祖）对安倍的政治理念具有重大影响。安倍写的《美丽的日本》一书中自豪地指出他的"政治DNA"更多地是继承了他外祖父岸信介的遗传，而建立所谓的"美丽国家"即等同于摆脱战后秩序束缚，实现日本国家"正常化"或"普通化"。其次，安倍政权得到了日本国内右翼势力的支持。安倍第二次上台后，内阁成员多为右翼或者极右翼人士，安倍实际上已经成为日本右翼保守势力的总代言人。2014年9月安倍内阁改组了新内阁成员，19名新内阁成员中就有15名是右翼团体"日本会议"的成员，其中就有多次参拜"靖国神社"的高市早苗、支持修改宪法解释的相江渡聪德、否认南京大屠杀和日本侵略历史的稻田朋美等极右分子。"日本会议"是日本最大的右翼组织，"日本会议"的政治主张与日本保守势力的主要"奋斗目标"（如修改宪法、推动首相参拜"靖国神社"、守卫日本"领土领海"等）基本一致。不难看出，安倍政权的施政方向与"日本会议"的奋斗目标基本上是一致的。

自安倍2012年再次上台执政以来，日本不断突破战后体制，通过解禁集体自卫权、修改防卫计划大纲、修改"武器出口三原则"等为谋求"军事大国"不断向前推进，外交方面打着"积极和平主义"的旗号，推行"俯瞰地球仪"的战略外交，通过制定"东南亚外交新五原则"、构建"民主钻石联盟"等，以实现"政治大国"的梦想。

2017年10月举行的日本众议院选举中，自公两党大获全胜，自民党确保了能够主导国会的"绝对多数"（议席数261个以上），"修宪势力"确保了提议修宪所必须的三分之二以上的议席，日本政治右倾化态势加剧。

由此可以看出，安倍政府的执政历程，是通过渲染和夸大日本面临的安全威胁，推动修宪、强化日本军备，这赢得了日本右翼势力的欢迎，而右翼势力的支持又进一步巩固了安倍内阁的执政地位。安倍内阁认为，当前的"印太"地区安全环境正在发生巨变，"如何保卫日本"成为日本需要集中解决的问题。① "仅靠一国保卫不了和平"，需要制定"印太"战略，形成安保联盟，造成让自卫队走出太平洋、进入印度洋的事实，从而突破"和平宪法"的限制。此外，"作为先进国家，日本应该加入制定规则的国家的行列，创造条件开展强势外交"。② 这包括开展"旨在体现日本主体性的参与和主导国际事务的战略性外交"和"重视普遍价值观的、以维护日本国家利益的主张型外交"，扩大日本在参与国际事务方面的作用。

三、"自由开放的印度洋—太平洋"战略的内容

安倍内阁的"印太"战略，是为了应对新形势和新格局而打出的一套融合了政治外交、军事和经济的组合拳。在政治外交方面，以"价值观外交"为导向，打造"民主国家同盟"，维护在"印太"地区的所谓"自由、民主、法制"的国际秩序和规则；在军事上，依旧打着"积极和平主义"的旗号，维护和保障"印太"地区的海洋秩序和海上通道安全，扩展日本在印度洋及非洲的实力和影响；经济领域，抗衡中国的"一带一路"倡议，加大基础设施建设的投资，扩大贸易份额。

---

① 『安倍首相は戦後レジームからの脱却を狙い、日本平和主義の交差点』，共同社，2014年8月18日。

② 安倍晋三、冈崎久彦编：『このを守る決意』，扶桑社，2004年版。

（一）政治外交方面

"价值观外交"起源于麻生太郎的"自由与繁荣之弧"，所谓"自由繁荣之弧"是指"在欧亚大陆边缘地带成长起来的新兴民主国家。必须把这一地带串联在一起，建成'自由繁荣之弧'"。麻生主张，积极开展"重视民主、自由、人权、市场经济等普遍价值"的外交，从东北亚、东南亚、南亚、中东、中东欧到波罗的海各国，形成以"普遍价值"为基础的富裕而稳定的"自由与繁荣之弧"。① 安倍所倡导的"价值观"指的是"民主主义、自由、人权、法治和市场经济"，而在推进外交方面高度重视这些"普遍价值"，开展"价值观外交"。而在实施的"印太"战略中，仍旧是借助"价值观外交"，利用"民主国家同盟"，维护该地区的秩序。

1. 打造日美澳印为主的"民主安全菱形"

早在2006年，安倍就从战略角度出发，打着"价值观"的旗号，倡导日本、美国、澳大利亚和印度四国进行合作，试图构筑"日美澳印联盟"。2012年，再次执政的安倍在世界报业辛迪加发表文章《亚洲的"民主安全菱形"》。在文中，安倍提出"民主安全菱形战略"，提议由澳大利亚、印度、日本和美国的夏威夷共同组成"民主安全菱形"。② "民主安全菱形"构想是对日美澳印战略合作构想的进一步具体化，仍刻着深深的"价值观"烙印，试图围堵遏制中国，扩张其在亚太格局权益。2014年印度新总理纳伦德拉·莫迪上任后，与日本发展成"特殊全球战略合作伙伴关系"，在经济、政治、文化、安保等领域全面加强合作。2016年9月7日和11月11日，安倍晋三两度与印度总理莫迪举行会谈，向莫迪推销其"印太"战略。印度总理莫迪在首脑会谈中，提出重视东亚政策的"向东行动政策"（ACT EAST），与日本一起进行战略对接，呼应"印太"战略。2017年，安倍在施政演说中一边老调重弹，继续强化日美同盟，一边强调

---

① 麻生太郎编：『「自由と繁栄の弧」をつくる―払がる日本外交の地平』，日本国际问题研究所セミナー講演。

② Shinzo Abe, Asia's Democratic Security Dimond, http://www.project-syndicate.org/commentary/a-strategic-alliance-for-japan-and-india-by-shinzo-abe.

携手澳大利亚、印度等国，确保从亚洲、环太平洋地区到印度洋地区的繁荣与稳定，积极推进四国战略合作。① 2017 年 8 月 7 日，日美澳三国外长举行了第七次部长级战略对话，重申三方战略伙伴对于确保基于法制基础之上的"自由、开放、和平、稳定和繁荣的亚太与印度洋及世界"的重要意义，重申持续地深化协调与合作来实现这些目标。2017 年 9 月 19 日在纽约举行了第二次美、日、印三边部长级对话，美国国务卿蒂勒森、印度外长斯瓦拉吉和日本外相河野太郎参加，三方强调作为"印太"地区的伙伴享有"共同的价值观"。2017 年 6 月 5 日澳大利亚外交部长毕晓普、国防部长马里斯·佩恩与美国国务卿蒂勒森、国防部长马蒂斯举行了特朗普上任以来的首次美澳部长级磋商，会议除了重申要扩大联盟下的防务、安全和情报合作外，还强调要协同加强建设一个安全、稳定和繁荣的"印太"地区。2017 年 10 月 25 日，日本外相河野太郎在接受《日本经济新闻》专访时提议，与美、印、澳进行战略对话，以亚洲的南海经印度洋至非洲这一地带为中心，四国共同推动自由贸易。截至 2017 年 12 月，日、印、澳共举行了四轮三边对话。在这两个三边对话机制中，都有日本参与，从中可以看出，日本对推动"印太"战略的急迫心态。

日美澳印战略合作是以日本、美国、澳大利亚、印度四国为支点，日美、美澳、日澳、日印、美印、澳印六对双边关系为纽带，日美澳、日美印、日澳印、美澳印四个三边关系为角，日美澳印四方对话为平面和机制组成的一个点、线、角、面完整结合的框架。经过十多年的发展，日美澳印战略合作不断增强，不仅强化了日美、美澳同盟和日澳、日印、美印、印澳双边关系，而且推动了日美澳、日美印两个战略三角的构建，彼此之间形成了不同程度的双边关系模式。

2. 加强与东盟及印度洋沿海国家的合作

日本综合海洋政策研究本部在《海洋基本计划》中提出，日本的海洋战略目标是："以日美同盟为基础，重视海上通道安全，利用国际机制，

---

① 『第百九十三回国会における安倍内閣総理大臣施政方針演説』，日本首相官邸网，http://www.kantei.go.jp/jp/97_abe/statement2/20170120siseihousin.html。

强化与海洋国家之间的合作。"① 2013 年 2 月 22 日,安倍访美时在战略与国际研究中心发表演讲《日本归来》,提出"志同道合的民主国家和海洋国家联合"等概念。主要内容是:"以维护自由开放的国际秩序为目标的亚洲民主国家组成保护海洋权益的菱形结构。日本作为古老的海洋国家,要与其他重要海洋国家联合,在保护太平洋和印度洋的和平安全及航行自由方面发挥重要的作用,东盟和印度包含其中"。②

2016 年 12 月,日本与印尼建立部长级对话机制"日本—印尼海洋论坛"。2018 年 1 月河野外相访问马尔代夫,日马两国同意在推进"印太"战略上展开紧密合作。2018 年 2 月日本外相河野太郎访问文莱和新加坡,表示东南亚和东盟各国在日本的"印太"战略中占据着重要地位。河野外相表示,日本将推动"印太"战略,并相信这一地区会成为"自由的和开放的,不仅将成为日本的、也将成为全世界和平和繁荣的基石"。这些言论显然是针对南海形势,直接指向中国。日本认为,作为印度洋与太平洋连接点的南海是重要的通商要道与海上交通要道,南海的稳定与否,直接影响到印度洋的稳定。

3. 积极与非洲各国开展交流

安倍晋三 2013 年上台后就积极与非洲加强交流。2014 年年初安倍首访非洲科特迪瓦、莫桑比克以及非洲联盟(AU)的总部所在地埃塞俄比亚。安倍在非盟总部发表演讲称,日本对非洲外交的中心放在为非洲年轻人和女性提供职业培训上,这一做法意义重大。这表明其深化日非关系的战略意图。同时,日本力图通过和非洲各国强化关系以及在资源丰富的非洲完善日本企业的投资环境,与中国相抗衡。为达成 2016 年第六届非洲发展国际会议的战略意图,日本执政的自民党向非洲派遣了"北部及东部组""西部组"和"南部组"三个组的议员代表团,访问了肯尼亚、埃塞俄比亚、阿尔及利亚、塞拉利昂、利比里亚、几内亚比绍、马达加斯加、

---

① 综合海洋政策本部编:『海洋基本计』,http://www.kantei.go.jp/jp/singi/kaiyou/kihonkeikaku/130426kihonkeikaku.pdf。

② 首相官邸编:『日本は戻ってきました』,https://www.kantei.go.jp/jp/96_abe/statement/2013/0223speech.html?from = singlemessage&isappinstalled = 0。

安哥拉等 13 个国家，旨在与非洲各国相关人士建立信赖关系，深化日非合作。

　　日本对非洲政策的变化，一方面是日本自身谋求大国化，扩大国际影响力，谋求"入常"；另一方面也是看中非洲所拥有的巨大能源、资源及大量的廉价劳动力。

（二）军事安全方面

　　安倍于 2013 年 12 月 17 日通过了日本战后首份《国家安全保障战略》白皮书。在这份长达数十页的文件中，明确提出了以"基于国际协调主义的积极和平主义作为基本理念"。文中提到："我国将继续坚持和平国家的道路，作为国际政治经济的重要主体，实现我国的国家安全及亚太地区的和平与安定。为确保国际社会的和平、安定和繁荣，做出比现在更加积极的贡献。"① 这是在日本国家安全战略中首次对"积极和平主义"做出明确表述，并将其提升到国家战略层次。在推进"印太"战略的过程中，日本依旧打着"积极和平主义"的旗号，扩展军事存在，维护海上交通安全。

　　1. 重启日美澳印四边安全对话机制

　　2016 年 3 月，美国太平洋司令部司令哈里斯在印度"瑞辛纳对话会"（Raisina Dialogue）上强调，要将"印日澳三方对话"提升为包含美国在内的四方对话，以维护地区航行自由。2017 年 11 月 12 日，在日本的推动下，美国、印度、日本和澳大利亚四国外交部的司局级官员在越南亚太经合组织领导人非正式会议期间举行了四国会议，就"印太地区的共同利益议题"展开讨论。这次会议是美日印澳四国安全对话时隔十年之后的重启。2018 年 5 月 30 日，美国太平洋司令部正式更名为"印度洋—太平洋司令部"，美国在 2018 财年增加的军费开支，将有很大一部分用于"印太"地区。这一四方安全对话机制重启的直接诉求，不仅是应对核扩散问题、恐怖主义、海上安全和互联互通问题，更是四国对"印太"战略的利

---

① 内阁官房编：『国家安全保障戦略』，http://www.cas.go.jp/jp/siryou/131217anzenhoshou/pamphlet_jp_en.pdf。

益追求。

日美澳印四国安全对话机制的重启，归功于四国之间多种双边关系的不断提升。2015年6月美国防长卡特访问印度，双方正式签署新版《美印防务合作框架协议》，确定两国防务合作的新领域，简化美国对印防务技术的转让程序，并加强两国在联合军工生产上的合作。2016年6月莫迪任期内第四次访美，被安排在美国国会两院联席会议上发表演讲，声称要让印度成为美国的"主要防务伙伴"，目标是要在防务合作上达到美国最紧密盟友和伙伴的程度，宣告印度对美外交要走出过去"犹豫不决"的情势。2016年8月，两国结束12年的谈判，正式签署《后勤保障协定》，实现了军事基地的共享，印度一步步地朝着美国"准盟友"的方向发展。2017年7月，美、日、印举行了一次大规模的联合军演，日本海上自卫队的护卫舰首次从印度补给船获得燃料补给。三国舰船首次在孟加拉湾展开反潜战演习，而反潜科目历来是各国海军保密最严格的演习内容，一般不和他国进行交流，这反映了三国互信程度的加深。①

今后日本还将继续以深化双边关系、拓展三边合作空间为主要形式，加强四边协调，尽管四国之间没有形成正式的军事同盟，但战略合作已经塑造出一个"战略利益共同体"。

2. 强化与"印太"周边海洋国家的防务合作

日本国际问题研究所提交的一份报告进一步提出："海洋民主国家在安全保障和经济领域内进行合作，联合包括韩国、东盟各国、澳大利亚、印度在内的国家，组成'印太海洋安全保障联盟'。"② 为加强"印太"地区沿岸国家海上防务力量建设，日本成立专门的海上安保机构小组，设立人才交流和能力支援组织帮助完善沿岸各国的海上安全机构，加强对海上执法人员的培训，提高其海洋安全领域的信息收集和警戒能力。以提供海

---

① Department of Foreign Affairs and Trade, Australian Government, "Joint Statement AUSMIN 2017", June 5, 2017, http://dfat.gov.au/geo/united-states-of-america/ausmin/Pages/joint-statement-ausmin-2017.aspx.

② 日本際问题研究所编：『守る海、繋ぐ海、恵む海——海洋安全保障の诸课题と日本の対応』，http://www2.jiia.or.jp/pdf/resarch/H23_Sea/09_Report.pdf。

上巡逻艇等方式，提高沿岸各国海洋装备水平并推进海上警备力量的技术合作。2014年6月，日本政府支持菲律宾就南海争端提请"国际仲裁"，并承诺向菲律宾新提供10艘海上巡逻舰，而菲律宾政府答应为日本海上保安厅提供一处港湾基地。通过提高相关国家海上防御能力，加大与这些国家的安全联系，为确保在南海和马六甲海峡的所谓"航行自由"，日本强化了与东南亚各国（特别是菲律宾、越南、马来西亚、印尼）的合作。

2018年5月15日，日本政府通过了新版《海洋基本计划》（以下简称《计划》）。新版《计划》作为日本关于未来五年海洋领域政策方针和措施的顶层文件，较以往有了不小改变。新版《计划》从"海洋资源开发保护"转而着重关注海洋权益维护和海洋安全保障，表示将把加强海洋安全作为国家繁荣与经济发展的基础。新版《计划》首次提出"综合性海洋安全保障"的概念，并从"维护海洋权益""维护航道畅通""维护国际海洋秩序"等方面做出了规划。具体措施主要有：强化领海军力部署、提升海上执法能力，建立自卫队与海上安保情报共享系统，加强重要离岛及周边海域巡逻，扩大船只监视范围；向东盟及海上交通要道国家出口基础设施、加强国际合作，确保海上交通线流畅；逐步提升向联合国、国际海事组织等各类涉海国家组织增派人员的层级和规模，积极利用多边国际场合宣扬"日本海洋价值观"。[①]

3. 加大在非洲地区的军事存在

2011年11月，以维护在苏丹内战后独立的南苏丹稳定的名义，日本决定向南苏丹派遣自卫队参加联合国维和行动（PKO）。从2012年初开始向南苏丹派出陆上自卫队的工程部队，负责援助当地基建。在2016年第六届非洲发展国际会议上，安倍对日本的非洲维和行动予以肯定，并表示"稳定的非洲"意味着需要维护和平、建立更加安全的基础。依据2015年日本国会确立的《安全保障相关法》相关规定，参与海外联合国维和行动的自卫队可以行使基于集体自卫权的"驰援护卫"职能，即海外维和的自

---

① "日本敲定新版《海洋基本计划》安全保障成重点领域"，环球网，2018年5月15日，http://world.huanqiu.com/exclusive/2018-05/12031471.html? qq-pf-to=pcqq.group。

卫队可使用武器营救遭武装团伙袭击的联合国维和人员。鉴于日本向南苏丹的联合国维和行动派遣了自卫队，安倍政府于 2016 年依据《安全保障相关法》赋予其适时行使"驰援护卫"职能的新任务。这一规定是日本政府凭借《安全保障相关法》落实行使集体自卫权的重要举措。日本要为自卫队走向海外寻找突破口，选择在非洲维和过程中行使集体自卫权的"驰援护卫"相关功能，力图将其在非洲携轻武器的维和人员在"驰援护卫"过程中变身为"作战部队"，实现自卫队海外动武的目的。

日本借"反海盗"之名，在非洲东部战略要冲吉布提建立首个海外军事基地。东非的吉布提地处连接地中海和印度洋海运重要航道苏伊士运河的红海入口，是亚太各国通往世界主要产油国中东地区的必经之路，战略位置十分重要。日本前防卫大臣稻田朋美在 2016 年 8 月访问吉布提时称："海上交通安全形势依然不容乐观，今后也必须切实打击海盗活动。"①

无论是实现非洲吉布提自卫队基地多功能化，还是在南苏丹维和力图行使"驰援护卫"，日本的最终目的是要凸显在非洲大陆的军事存在，参与非洲的反恐、联合国维和等活动，借机实现海外用兵甚至海外动武的图谋。

（三）经济投资方面

通过日本的高质量基础设施出口扩大计划及"亚非发展走廊计划"，最大限度地追求经济利益，抗衡中国的"一带一路"倡议，扩大日企参与基础设施建设、贸易和投资份额。同时，日本努力挽救 TPP，努力促成"全面且进步的跨太平洋伙伴关系协定"（CPTPP），积极参与日欧经济伙伴关系协定（EPA）和"区域全面经济伙伴关系协定"（RCEP）谈判。

1. 积极参与经济规则的制定

近些年，日本大力推动与其他国家开展 FTA 合作，并同时加入了由东盟主导的 RCEP 以及美国所主导的 TPP。

虽然特朗普政府宣布退出 TPP，但在日本的不懈努力与多方协调下，

---

① "日防卫相访问吉布提，鼓舞打击海盗活动的自卫队员"，日本共同社网站，http://china.kyodonews.jp/news/2016/08/125552.html。

2018年3月澳大利亚、文莱、加拿大、智利、日本、马来西亚、墨西哥、新西兰、秘鲁、新加坡和越南11个国家在智利首都圣地亚哥举行了CPTPP的签字仪式。尽管目前CPTPP还处于各成员国国内立法机构批准后方能最终生效的阶段，但作为亚太地区首个大型经济一体化协议，CPTPP自签署以来，其影响力和关注度与日俱增。据世界贸易组织（WTO）和联合国贸发会议（UNCTAD）公布的统计数据计算，这11个国家的进出口总额和对外直接投资流出与流入规模在世界总值中的同期占比已分别达到约28.77%和34.81%。庞大的经济总量、巨额的对外贸易和投资规模，为CPTPP奠定了较强的经济投射力。目前已经有韩国、印尼、泰国、菲律宾、斯里兰卡、哥伦比亚、中国台湾，以及英国等亚太域内外经济体明确表达了对加入该协定的兴趣。

日本还大力推进EPA，希望借日欧EPA拓展经济影响力，并促使美国"重新考虑参与多边经济框架"。除与西欧各国协调外，日本还谋求借日欧EPA强化与中东欧国家的经贸关系。由于中东欧在"一带一路"的陆路上具有重要战略地位，这一举措也被认为是对中国的牵制。再次，日本积极参与"区域全面经济伙伴关系协定"（RCEP）谈判，试图主导其规则制定过程。在大多数谈判国希望尽快达成协议的情况下，日本经济产业大臣世耕弘成在2017年9月RCEP部长级会谈中呼吁"应当达成高质量的协定"，"即使用更长时间，也要坐下来好好谈"。①

不管是日本与其他单个国家间所签订的双边FTA，还是日本主导的TPP，抑或是东盟主导的RCEP，都反映出日本近年来在推动国际经济贸易方面多管齐下的政策方针，通过经济加强与世界其他国家的联系，充分利用好这张战略牌，为其国家大战略服务。

2. 加大对"印太"地区海洋国家的投资开发

日本通过政府开发援助（ODA）、国际协力银行（JBIC）、国际协力机构（JICA）和经团联等组织，以官民合作方式，加入对这一地区基础设施

---

① 『RCEP年内妥结、各国步み寄り焦点あす、比で阁僚会合』，『朝日新闻』，2017年9月9日。

的投资和建设。未来日本 ODA 的大多数预算增额将用于为安倍提出的"自由开放的印太战略"相关基础设施项目提供资金。日本政府表示，截至 2019 年，在三年时间内，将向"印太"地区沿岸国家提供 5 亿美元的资金援助，提高这些国家的海洋安保能力。①

2015 年 5 月，安倍宣布面向亚洲国家的"高质量基础设施合作伙伴关系"计划。日本强调自身基建项目的"高质量公共产品特性"。② 同时，动用各种资源，扩大对向海外出口基建项目的资金支持，包括运用 ODA 贷款援助亚洲重点基建项目，强化日本与亚开行的合作，设立新的融资框架，利用公私合作（PPP）模式扩大资本来源，修改政策法规、简化融资程序，解禁高风险基建项目融资等。

制定"亚非增长走廊"。"亚非增长走廊"是在"印太"战略框架下，通过在亚非地区建立保障工业和运输的基础设施，促进该地区经济上的融合，从而形成一个具有全球竞争力的经济集体。该计划是对"印太"战略的补充和支撑，可以进一步拓展"印太"战略的影响力。其总体目标是，通过重新探索古老的海路，创造新的海洋走廊，将非洲大陆与印度以及南亚和东南亚国家连接起来，建立一个"自由开放的印太地区"。2017 年 5 月，印度总理莫迪在印度举行的非洲发展银行大会上力推印日版的"亚非增长走廊"。2017 年 9 月安倍访印时，两国再次强调日印联手推动"亚非增长走廊"计划，通过项目上的发展与合作，在东亚、大洋洲、非洲等区域建立一系列连接城市和其他生产中心的跨区域的"海上经济大三角"，并使其成为世界未来的经济增长中心。③

3. 强化在非投资机制

安倍出席 2016 年第六届"非洲发展国际会议"时，特意带了 75 位日

---

① "日本将对外援助 5 亿美元加强海洋安保"，日经中文网，2017 年 8 月 18 日，http：//cn. nikkei. com/politicsaeconomy/politicsasociety/26594-2017-08-18-11-17-50. html。

② 外务省编：『「質の高いインフラパートナーシップ」のフォローアップ策』，http：//www. mofa. go. jp/mofaj/gaiko/oda/files/000112659. pdf。

③ 外务省编：『日印首脳会談』，http：//www. mofa. go. jp/mofaj/s　sa/sw/in/page3_001879. htm。

本商界领袖，意在提高日企向非投资力度。在日本政府的促导下，这些企业与非洲方面签署了73份合作备忘录。为了加强日非合作的可持续性，加大对非基础设施建设和投入力度，日本和非洲国家还设立部长级的"日非官民经济论坛"，旨在支持日本企业投资非洲大陆，加强对非洲基础建设投入规模。同时，为支持日本企业进军非洲，日本贸易振兴机构在会议召开地肯尼亚首都内罗毕举办展览会，约有百家企业及团体参展，向非洲宣传日本的"高品质的技术"及雄厚的经济基础与实力。

日本政府决定，从第六届"非洲发展国际会议"开始，改变此前每五年举行一次的惯例，更改为三年一次，足见日本对非洲的"重视程度"。安倍承诺，日本在未来三年内向非洲投资300亿美元，以制造业及保健领域为主培养1000万名人才，表明了日本对非洲各国实施人才培养的规模和对基础设施建设等的投资力度。①

近年来，日本从经济到安全合作等多层次深化日非关系，力图将非洲大陆打造成为"自由开放的印度洋—太平洋战略"支点。尤其是日本加大对非援助力度，有着深层次的政治动机，即日本想通过加大经济援助力度，赢得非洲国家的政治选票，支持其成为联合国常任理事国，实现日本追求的"政治大国"战略目标。

第四节　推进宪法修改进程

安倍上台后，一直将修宪作为自己的政治核心。安倍政府为摆脱"和平宪法"的制约，积极推动修改安保系列法案，解禁集体自卫权，提出"积极和平主义"，渲染周边环境恶化及"中国威胁论"，利用美国的"印

---

① "安倍在TICAD称日本将向非洲投资300亿美元"，日本共同社网站，http://china.kyodonews.jp/news/2016/08/126202.html。

太"战略，企图摒弃"专守防卫"的战后体制，重新构建战后国际秩序。日本修改"和平宪法"不仅将改变日本本国的国家走向，而且会对亚洲邻国带来深刻影响。因而，绝不能将安倍政权的修宪政治视为简单的内政问题。安倍政府推动修宪的一系列举动，已经给亚太地区带来了消极负面的影响，导致亚太地区局势的紧张，加深了周边国家对日本的心理戒备。

一、"修宪"的背景

安倍执政不久，就表达出了强烈的修改宪法的意愿。这既受历史根源的影响，也受到国际秩序变化的影响。

（一）东亚国际秩序的改变

冷战结束后，东亚的国际秩序发生剧变，日本也加快了修改宪法的脚步。从2006年安倍第一次执政到2012年12月再次执政的短短六年间，中国经过数十年的改革开放，综合国力超过日本，于2010年成为继美国后的世界第二大经济体。对于中国急速的发展，日本政府感到不安，在亚太地区散布"中国威胁论"。

安倍在第二次执政后，为了抑制中国海洋战略，用英文发表了《亚洲民主安全之钻》的论文，提出了"菱形包围网"（"安全保障钻石构想"）。[1] 日本与美国夏威夷、印度、澳大利亚构成"菱形"，形成封堵中国的"钻石形状"。日本还提出一个由日本、菲律宾、越南、印尼等国构成的"小型菱形包围网"。

（二）安倍政权的新保守主义

安倍继承了外祖父岸信介的政治理念。岸信介是右翼战后首相，1941年担任东条英机内阁工商大臣，直接参加了对中国的侵略战争。1945年日

---

[1] http://www.sankei.com/politics/news/140902/plt1409020009-n1.html.

本战败后，岸信介作为甲级战犯被收监，三年后被释放，1957年在美国的扶持下被选为首相。1957年成立宪法调查会后，岸信介致力于宪法的修改和教科书的修订，试图掩盖和美化侵略历史。

安倍坚定地认为，如果不修改宪法，日本就无法从战败国中走出来，无法成为一个"正常国家"。首先表现在安倍频繁参拜"靖国神社"。他对第一次执政期间没去参拜表示"悔恨之极"，[1] 于2013年12月26日公然参拜"靖国神社"。此后，每年以总理大臣的身份供奉了"玉串料"进行参拜。另一个表现是推进教科书的修订。他认为，"现在的日本宪法是被占领国强迫制定的"，并且要在教科书中记述钓鱼岛（日本称为"尖阁诸岛"）、独岛（日本称为"竹岛"）是"日本固有的领土"，要把这种观念教授给学生。

可以明确地看出，安倍新保守主义的意图是通过暧昧地改写历史，从而培育国民从精神上忠实地实施日本新宪法，脱离战后"和平宪法"。

二、"修宪"的动机

安倍政权修改宪法的动机，既有表面的因素，也有隐藏在深层次的因素。表面上看，安倍政权的直接目标是削减宪法第九条，改自卫队为"国防军"，使武力行使合法化，将日本构筑成与"经济大国"相适应的政治大国。其背后隐藏的因素是想要重建战后国际秩序，获得在东亚的主导地位。

（一）战略动机

安倍政权有着清除"战败国体制"的目标，从战略上恢复作为战败国"受伤的自尊心"。为此，他强烈希望能够"脱离战后体制"，突破武力行使的限制，重建战后的国际秩序。

---

[1] 『安倍首相、靖国神社を参拝』，https：//www.nippon.com/ja/genre/politics/l00054/。

1. 脱离战后体制

日本作为第二次世界大战的战败国在国际社会的监督下，进行了政治体制改革，制定了"和平宪法"。宪法第九条规定了"绝不保有陆军、海军、空军和其他战争力量。同时国家不拥有交战权"。战后日本实行经济增长优先的战略，以宪法第九条为盾牌抑制军备，将该部分预算用于经济复兴。实行了轻武装、重经济的政策，制止了军事力量的整备，形成了战后体制。但是，20 世纪 60 年代经历了高度增长期，成为经济大国后，日本想要脱离战后体系，成为"正常国家"。

"脱离战后体系"是安倍政权的一个战略目标。2006 年 9 月，安倍第一次执政后，提出了"脱离战后体制"的主张。"所谓的战后体制，是以《日本国宪法》为核心的战后体制，是战胜国单方面强加给日本的价值观、体系和国家体制，因此日本要想成为真正独立的国家，日本人有必要重新建立体制。"① 这正是其主张的根本所在。

2013 年 2 月 28 日，安倍晋三在第 183 回国会的施政方针演说的开头提出要建立"强大的日本"这一目标，而构建强大日本的前提是成为"正常国家"。同时，安倍向日本国民呼吁"一身独立一国独立"，而独立的前提条件是制定独自的宪法，创建独自的军队，承认"交战权"。这是安倍深层次的想法。在 2015 年 3 月 30 日的参议院预算委员会上，安倍将自卫队称为"国防军"，这一敷衍的政治手段是安倍的拿手方法。

在战后体制的框架下，日本采取"专守防卫"的防卫方针，将自卫力量的整备维持在能够自卫的最小限度，不允许集体自卫权的行使。因此，对于想要变为"可以战争的国家"的安倍政权来说，宪法第九条是最大的障碍，其最不能容忍的是其中的第二项。值得注意的是，安倍政权修改宪法的短期动机是"脱离战后体制"，在军事方面和其他国家一样可以使用武力，使日本成为"正常国家"；长期动机是成为联合国安理会常任理事国，拥有与经济大国相适应的军事实力，也就是成为"能为构建国际安

---

① 『戦後レジームからの脱却って何？ 右も左もない基本の解説』，https://trendripple.jp/21448.html。

保障环境做贡献的"经济大国。

2. 武力行使合法化

在战后体制的框架下，日本一直走和平的道路。长期以来，日本政府把经济增长作为优先课题，采取"轻武装、重经济"的国家战略，20世纪五六十年代经济急速恢复，70年代确立了经济大国的地位，成为仅次于美国的世界第二大经济大国。但是，日本的右翼政治家不满足于仅仅是经济大国的地位，追求拥有正规军事力量的"正常国家"，构筑与日本"经济大国"相适应的军事大国、政治大国。其突破口之一便是"解禁集体自卫权"。

安倍政权以朝鲜的"挑衅"行为和中国的海上活动为借口，有意夸大其"威胁"，声称"在周围的国家拥有大规模的军事力量"，"不稳定因素更加不断地明显化、尖锐化、深刻化"，为日本行使武力的合法化寻找理由。通过"迂回"修改宪法，改变其解释，能够回到战前可以自由对外行使武力的状态，因此，日本努力地全方位推进军事力量的整备。

安倍内阁在2014年7月强行通过的"允许行使集体自卫队内阁决议"，使日本"行使集体自卫权"成为可能，即日本虽然没有受到武力攻击，但可以行使集体自卫权，用武力排除他国的攻击。这在历代内阁宪法上都是不允许的。2015年7月对于安全保障关联法案，安倍声称是为了"有备无患"，但其真正的动机绝对不是防卫，而是放弃"和平宪法"和"专守防卫"政策，做到攻击和守卫兼备。2015年9月随着新安保法的通过，日本不断地增加本国的防卫预算，扩充军备。为了实现改变自卫队的性质，扩大其规模，赋予自卫队"驰援警护"的任务，将自卫队定位于"国防军"，让其参加超越和平维持活动（PKO）框架的多国部队，参加联合国和平维持军（PKF）。这样一来，自卫队的行动范围没有了地理的限制，可以到世界上任何地方行动。在安倍政权下，日本将军事"触角"延伸海外，追随美国，强行介入地区和世界性问题。

3. 重建战后国际秩序

日本对于战后东亚地区、亚太地区战后国际秩序的重建有着强烈的愿望。

在第二次世界大战中，反法西斯同盟国打败日本，瓦解了日本的殖民地和殖民政治，缩小了其领土范围。日本不仅丧失了在海外的殖民地，本国的领土也被压缩。在《联合国宪章》的"敌国条款"中，因日本属于战败国，理论上反法西斯同盟有权利抑制日本的军备政策。因此，日本竭尽全力重建战后国际秩序。

第一是废除《联合国宪章》的"敌国条款"，使日本成为安理会常任理事国。进入常任理事国，消除战败国的历史，是日本外交的夙愿。常任理事国有着《联合国宪章》无法更改的永久地位，拥有否决权。为此，修改《联合国宪章》是日本联合国外交战略的重要目标。

日本曾在20世纪90年代和2005年先后两次试图加入联合国常任理事国。但是这一提案与美国和中国等多国意见相左，遭到反对，最终不得不以失败告终。但是安倍政权并没有放弃其政治目标，不断积蓄力量，静待时机。随着新防卫计划大纲的发布，乘着修改宪法的势头，日本正在走上依靠军事力量的政治大国。安倍政权需要更广阔的国际舞台。当与周边诸国发生军事摩擦和冲突的时候，日本想要通过特权获得在联合国的更多支持。

2014年安倍在"四国集体"①的主导下，企图在2015年的联合国常会上提出将常任理事国"扩大到十一国"的安理会改革方案。安倍政权的目的是牵制中国，并将这些国家拉进自己的阵营，以在2015年实行的联合国安理会非常任理事国的选举中获得支持。

第二是要改变战后的领土配置。战后，日本接受了《波茨坦公告》。1945年8月29日至9月5日，苏联军队进攻日本，占领了千岛列岛。日本知道，想要千岛列岛全部返还的可能性很小，因此努力想要收回南千岛也就是"北方四岛"。日本的努力在1956年取得了稍许突破。双方发表了共同宣言，即在先返还四岛中的齿舞、色丹两个小岛的基础上缔结和平条

---

① 指意图加入联合国常任理事国的日本、巴西、德国和印度四国。

约，剩下的择捉、国后两岛的归还问题继续谈判。但是，日方执着于四岛一并"返还"，这与主张两岛"转让"（并非"返还"）的俄罗斯意见相左，双方的主张至今仍有较大差距。

第三是介入南海纷争，在牵制中国发展的同时，试图将南亚各国拉进自己的阵营。随着中国的快速发展，安倍政权开始积极地介入南海纷争，"搅局"南海。2013 年的日本《国家安全保障战略计划》中明确指出，"特别是在'南支那海'（即南海——笔者注）围绕着领权的沿岸国家与中国之间发生了纷争，这为海洋法的管辖、航行的自由和东南亚地区的稳定带来悬念。"① 日本打着维持、发展"开放稳定的海洋"的旗号，质疑中国在南海行使权力、守护利益的正当性和合法性。

日本前海上自卫官、第 36 代自卫舰队司令官香田洋二在南海问题上提出，"日本在支持美军部队存在的同时，有必要构建一个自卫队可以进行全面支援的体制，要同美军共同强化这一体制。在出现危机和有事之际，自卫队可以同参与作战行动的美军联合行动。""日本要做的是提高对中国有有效作用的自卫队国土防卫能力和在西太平洋上海上交通保护作战能力。"② 目前，日本的外交战略是利用主张领权的 ASEAN 诸国，通过强化国家经济军事的支援，来提高日本的影响力。

为此，安倍政权以日本周边的安全保障环境"恶化"为由，制定了新的安保法制，强化了离岛防卫，加快了修改宪法的步伐。

总之，日本在国内推进宪法修改，在国外重建战后国际秩序，两者相辅相成：修改"和平宪法"促进了战后国际秩序的重建，战后国际秩序的重建也促进了宪法的修改。

（二）现实动机

安倍的梦想是要使日本成为"美丽国家"，让日本成为引领世界的强

---

① 日本内阁官房编：『国家安全保障戦略について』，http：//www.mod.go.jp/j/approach/agenda/guideline/pdf/security_strategy.pdf。
② 香田洋二编：『中国の南シナ海環礁埋め立てと日本の安全保障』，https：//www.nippon.com/ja/currents/d00190/。

国。因此，在现实中，安倍政权为推进能够构筑本国称霸的宪法修改进程，借助美国的"印度洋—太平洋战略"，牵制经济迅速发展、军事力量不断增强的中国。

1. 渲染中国军力增强

日本把快速发展的中国看作是战略的、潜在的竞争对手，不断散布"中国威胁论"。在21世纪日本外交的基本战略中宣称："中国军事力量的增强给日本和周边各国带来巨大威胁，对于中国军事预算的增加，应该强烈地要求中方公开透明。"[1] 日本在2017年版的《防卫白皮书》中反复强调"中国威胁"。[2] 日本之所以故弄玄虚，制造紧张空气，其意图有三个：第一个是调整外交战略，支持美国的"印度洋—太平洋战略"，强化日美同盟，提高军事同盟的战略地位。同时，在国内外煽动日本的安全保障环境受到中国的"威胁"，意欲把韩国、澳大利亚和东南亚国家拉入自己的阵营，延缓中国的发展。第二个是巩固自民党和公明党联合政权的地位，强化保守势力。并且诱导舆论，尽可能讨好右翼分子，使宪法修改获得更多的支持，实质性地架空宪法第九条，甚至将其废除。第三个是以"中国威胁论"为借口，刺激民众的"民族主义"，以此使更多的年轻人对自卫队抱有亲切感。他声称，如果不强硬应对"中国威胁论"，将无法维持日本的"和平"。这样可以最大限度地扩大自卫队武力行使的地理范围，成为军事大国。

2. 契合美国的"印度洋—太平洋战略"

在奥巴马政权时代，2015年美国在《亚洲太平洋地区海上安全战略》中提出了"亚洲太平洋战略"。当今的特朗普政权，把这一构想正式置于国家安全保障战略和国防战略中，旨在"印度洋—太平洋地区的同盟国中形成安全网，阻止侵略，确保在全球公开海空领域拥有自由航行的权利"。目前，美国正在积极构筑美国、日本、澳大利亚、印度的安全网，从"亚

---

[1] 『21世紀日本外交の基本戰略』，http：//www. kantei. go. jp/jp/kakugikettei/2002/1128tf. pdf。

[2] 『平成30年版防衛白書』，https：//www. mod. go. jp/j/publication/wp/wp2018/html/n13301000. html。

洲太平洋"扩大到"印度洋—太平洋"。

无论是奥巴马政权的"亚洲太平洋战略",还是特朗普政权的"印度洋—太平洋战略",其目的都是维持美国在亚太地区的主导地位。

在亚洲拉拢日本、抑制中国是美国的战略选择。日美同盟是日本外交、安全保障的基轴。安倍政权积极地推进"印度洋—太平洋战略",可以说是因为日美的利益有很大重叠。因为在强化同盟关系的同时,也能加快自卫队向"国防军"升格的进程。

第一,安倍政权利用美国国内亲日保守政治势力发表的对日有利言论,如赞成修改宪法、解禁集体自卫权等,来加速政策调整的进程。安倍政权突破日本军事力量的框架,在安全保障政策上,从被"和平宪法"严格限制的专守防卫型的"一国和平主义",转换为从"战后体制中脱离",拥有强大攻击性的军事力量,可以在一定程度上行使武力,积极地介入国际安保的"积极和平主义"。

第二,日本利用日美同盟的"全球化"和美国希望日本在国际事务上扮演更重要的角色,想要缓和"和平宪法"中对日本军事力量的发展和防卫活动的限制,调整防卫政策,积极地介入国际纠纷,在更多地区获得影响力。从安倍政权采取的行动看,只要美国不反对,日本将最大限度地缓和对军事力量的限制。2014年4月1日,在日本国家安全保障战略的基础上通过了"防卫装备转移三原则",来代替原有的"武器出口三原则"。"武器出口三原则"是日本政府根据宪法的和平主义精神制定的,1981年由参众两院国会通过,遵守了"日本宪法的和平理念和和平国家的立场",并一直被视为国策。

毫无疑问,新通过的"防卫装备转移三原则"将会废除武器出口的原则,彻底践踏宪法的和平原则和精神,大幅放宽防卫装备的出口、军事技术的出口和参与国际共同开发武器的条件。[①] 2014年7月1日,在日本国家安全保障会议和内阁会议上做了新的宪法解释,规定可以限制行使集体

[①] 「「戦争する国」づくりと不可分新「武器輸出原則」山下書記局長が談話」,http://www.jcp.or.jp/akahata/aik14/2014－04－02/2014040201_04_1.html。

自卫权，这加快了以"和平宪法"为核心的战后体制的转变。2015年4月再次修改了《日美防卫合作指针》，同年9月国会通过了和平安全法制关联二法（也可以称为"战争法案"）。由此，日本满足了美国的战略需求，能够在地球的任何地方开展对美军的支援活动。另一方面，日本利用日美同盟，在其框架内能够进一步推进军事力量的整备、自卫队职能的扩大以及自卫队在海外的作战行动。这是放弃了近半个世纪作为国策的原则立场，是一次翻天覆地的转变。

通过这一系列举措，安倍政权一步一步地放宽了对军事力量的法律限制。

第三，中国是其共同的战略目标。近年来，随着中国国力的增强，全球的力量平衡发生了变化，美国感到自己在亚太地区的影响力相对下降。在最新的"国家防卫战略"中，美国将中国和俄罗斯并列定位为挑战国际秩序规范的"修正主义国家"，认为中国会带来严重的安全保障上的隐患。其国防战略指出，"中国将来会在全球确立起优势地位，取代美国"。[①]

坦率来讲，在对华政策上美日两国都在施行"两手策略"，中美日三角关系本质上不是美日对中国这样一种简单的"二对一"关系。美国对日本的策略是"利用+限制"，是一种典型的实用主义；日本有时会担心美国与中国搞"越顶外交"，所以表面上对美国"言听计从"，但借美国"羽翼"而坐大的心思一直存在。这在安倍首相的"和平宪法"修改企图中也可看出端倪。

三、"修宪"的措施

安倍刚刚上台就开始着手准备宪法的修改（下文简称"修宪"）。首先是"修宪"的理念准备。这是"修宪"的必要准备阶段。其次是放宽宪法修改的规制。这是宪法修改的具体实施阶段。作为宪法修改的核心阶段，

[①] 『中国の海洋侵出を抑え込む「4+2」構想』，http://jbpress.ismedia.jp/articles/-/53400。

其主要目标是修改宪法第九条，摆脱对军事力量的限制，承认交战权，最终成为"政治大国"和"军事大国"。

（一）宪法修改的理念准备

修宪是安倍的"夙愿"和"梦想"。参议院的选举胜利后，安倍的修宪愿望更加强烈。修宪最大的障碍是"民意"。如果得不到大多数国民的支持，就不可能成功修宪。因此，安倍在经济上提出了"安倍经济学"，在军事上捏造了"外部威胁日益加剧论"，政治上提倡"积极和平主义"，通过这套组合拳法，为修宪做准备。

1. 出台宪法修改相关政策

安倍政权在修宪的道路上遇到重重阻碍，既有国际社会的质疑、防备，也有国内民意、政治和法律等的限制。为此，安倍在经济、军事上费心拉拢民心。

在经济上提出了一系列政策。作为经济恢复的重要政策，安倍提出了"安倍经济学"。该政策由"三把剑"组成，分别是"大胆的金融政策""机动的财政政策"和"唤起民间投资的成长策略"。安倍认为，只要恢复了经济，就能获得国民的支持，能够长期执政。

"第一把剑"首先是通过提高日本政府发行国债的日本银行的保有额，扩大对市场的通货供给量；其次是通过日元贬值的外汇政策，增加出口；再次是扩大对养老金和备用金等政府基金股票市场的投入量，刺激股价的上升。在这一系列的措施下，日经平均股价时隔七年再创高峰，市场恢复了活力。

安倍政权用"安倍经济学"隐藏"政治野心"，拉拢民意，从而获得众议院选举的胜利。此后，其施政中心立即转换为以解禁集体自卫权为核心的安保法的修改，试图动摇"和平宪法"的根基。现在看来，"安倍经济学"并没有达到既定的目标，富裕阶层依旧富有，中小企业和贫困阶层依旧贫穷，贫富差距还在扩大。这之后提出的"新三把剑"也没有达到"强大的经济"这一目标。安倍常用的政治手段就是在选举时谈经济，取得政权后专心搞政治。

在军事上，安倍政权再三夸大"周边威胁"，激化地区摩擦。日本虽然为南海域外国家，但以"中国威胁论"为借口，试图升级、激化南海问题，使其复杂化。日本想要在局势混乱的情况下以强化友好关系为名，向相关国家强行出卖武器装备，既可扩大国防产业，同时还可增强对南海周围诸国的影响力。

通过夸大外部威胁日益严峻的事实，使人们产生"战争迫近"的幻觉，向国民传达修宪是必须的，只有修宪才能缓和局势，才能应对"外部威胁"这样的虚假信息。

2. 倡导"积极和平主义"

2013年12月7日，日本国家安全保障会议和内阁会议通过了"国家安全保障战略"。这是安倍政权安全保障战略的基本理念，称作"安倍安全学"。其中加入了"积极的和平主义"。但是，本来意义的"积极的和平"与安倍的"积极和平主义"，意义大相径庭。①

"积极和平主义"是"安倍安全学"的关键点，其目的是日本长期追求的战略目标——使日本成为"正常国家"。

日本外务省对日本的安全保障政策的表述是："基于国际协调主义，站在'积极和平主义'的立场，在与以盟国美国为首的关系国合作的同时，积极地为地区及国际社会的和平与稳定做出更大的贡献。"② 其言外之意是，日本在"和平宪法"之下无法对世界和平与稳定做出"有效的贡献"，今后将转换政策，运用自卫队，积极参与国际纷争的解决。直接"修宪"是不现实的，必须适当地转换策略。

安倍政权在"积极和平主义"的名义下，有意制造出日本周边形势紧张的气氛，宣称："日本周边安全保障环境日益紧张。各种课题和不稳定

---

① 详见本章第三节。
② 外务省编：『日本の安全保障と国際社会の平和と安定』，http：//www.mofa.go.jp/mofaj/gaiko/page22_000407.html。

因素更加突出化、尖锐化，形势更加严峻。"① 在安全保障方面，通过强调领土、主权、经济权益等"灰色地带"事态的增加以及周边国家军事力量现代化、强势化和军事活动活跃化，来蒙骗国民，以此来夯实肩负美国世界战略一环的重任，为重新审视禁止在海外行使武力的宪法、行使"集体自卫权"铺平道路。即从"外部"向"内部"传达压力，在"不知不觉"中将日本舆论和民众引导到修宪的轨道上来。

（二）放宽修宪限制

修宪的道路上有很多障碍和困难。安倍政权对修宪是分阶段、有步骤，渐进、有序进行的。

1. 修改宪法第96条

日本宪法的修改，其程序在第96条第1款有着严格的规定："本宪法的修订，必须经各议院全体议员三分之二以上的赞成，由国会提议，向国民提出，并得其承认。此种承认，必须在特别国民投票或国会规定的选举时进行投票，必须获得半数以上的赞成。"② 日本宪法称为硬性宪法，自制定以来从未修改过。这是因为第96条对修改宪法的程序设立了"高墙"。要想修宪，首先需要参议院、众议院两院三分之二以上的议员赞成，还需要进行国民投票，必须获得半数以上国民的赞成。

安倍最想优先修改的是宪法第九条。但是，如果直接修改宪法第九条，会引起国内外激烈的争论。于是，先绕过棘手的部分，从容易的地方着手。也就是说，从降低修宪的门槛开始。安倍在2012年众议院总选举后举行的首次记者招待会上，就修宪一事表示："首先进行的是宪法第96条的修改。如果超过三分之一的国会议员反对，那么连讨论都不行。难度太

---

① 『平成30年版「防衞白書」第Ⅰ部第1章第1節アジア太平洋地域の安全保障環境』，http://www.mofa.go.jp/mofaj/gaiko/page22_000407.html。

② 『日本国憲法』，http://www.shugiin.go.jp/internet/itdb_annai.nsf/html/statics/shiryo/dl-constitution.htm。

大了。"① 他表示将从修改第 96 条开始着手修宪。另外，安倍在 2013 年 1 月 30 日的众议院全体会议上表示，首先致力于修改多党派都主张修改的第 96 条，暗示将以放宽宪法修改的提议条件为方向进行调整。自民党 2012 年 4 月发表的《日本国宪法修正草案》中，对于宪法修改由现行的需要参众两院议员三分之二以上赞成的规定，放宽为需要过半数赞成。如此一来，修宪的门槛就会大大降低。

2. 修改宪法第九条

安倍政权"修宪"的最大目标是修改宪法第九条。宪法第九条第一款有"放弃战争"、第二款前段有"不保持战斗力"、第二款后段有"否认交战权"三个规范要素。②

自民党 2012 年 4 月发表的《日本国宪法修正草案》对日本的军事力量、军队的作用、指挥权进行了修正。将宪法第九条第一款"永远放弃以国家权力发动的战争，武力威胁或行使武力作为解决国际争端的手段"变为"不将其用作解决国际纷争的手段"，同时加入了"前项之规定不妨碍自卫权的发动"。对第二款也进行了较大修改，加入了"国防军"的内容。具体如下："（1）为了维护我国的和平与独立及国家和国民的安全，拥有以内阁总理大臣为最高指挥官的国防军。（2）国防军在根据前项规定执行任务时，须依法服从国会的承认和其他管制。（3）国防军在执行第一项规定任务的活动以外，为依法确保国际社会的和平与安全，可以从事国际协调活动及维护公共秩序，并可从事旨在保护国民生命或自由的活动。"③

很显然，该草案大胆地删除了规定放弃国家交战权和战斗力的表述，明文规定了自卫权。此外，还增加了三项（领土的保全等），规定"国家为了维护主权和独立，必须与国民协作，保护领土、领海、领空，确保其

---

① 『危機突破内閣・憲法 96 条改正に意欲…安倍総裁』，https：//blog.goo.ne.jp/dxo186556_001/e/caa4d6d9e10a7fe26a09fa1c606be90a。
② 法学协会编：『註解日本国憲法（上）』，有斐閣，1953 年版，第 210 頁。
③ 自民党编：『日本国憲法改正草案』，2012 年 4 月，https：//www.jimin.jp/policy/pamphlet/pdf/kenpou_qa.pd。

资源"。① 这无疑为日本"行使集体自卫权",在海外行使武力提供了法律依据。

(三) 宪法修改步伐的加速化

2012年12月安倍第二次上台之初,就提出了解禁集体自卫权。在2013年9月安保法恳谈会上,安倍强调为承认集体自卫权的行使,必须正式地对宪法解释进行修改,指出:"弹道导弹等的威胁很容易越过国境瞬间到达我国的时候,我国难道不需要同别国一起守护的自卫权吗?"② 此外,还重申了考虑参加联合国决议下的多国部队和积极地向联合国维和行动(PKO)派遣自卫队。

2014年7月1日,安倍内阁在临时会议上通过了改变宪法解释、允许"行使集体自卫权"的内阁决定,规定在满足"新三要件"的情况下允许有限定地行使自卫权。所谓"新三要件",是指:"(1) 当与我国有紧密关系的他国受到武力袭击时,这将对我国的生存构成威胁,对国民的权利存在彻底颠覆性危险。(2) 除了这一手段,没有其他适当手段可保卫我国的生存,保护国民。(3) 武力行使限于必要最小限度。"③ 内阁决议通过的这一新"武力行使三条件",推翻了日本历届内阁遵守的"自卫权发动三条件",意味着日本能够以"关系密切"的友好国家遭受攻击为名义,主动参与军事行动。比如,日本可以帮美国"反击"第三方的"进攻"。

2016年3月29日,安全保证法开始实施,"集体自卫权"的行使成为可能。同时,自卫队被赋予了诸如联合国PKO活动使用武器的"驰援护卫"、平时美国舰船的防护等多种职责。2016年11月15日,决定对南苏丹PKO派遣的自卫队赋予"驰援护卫"的任务,从12月12日开始正式实

---

① 自民党编:『日本国憲法改正草案』,2012年4月,https://www.jimin.jp/policy/pamphlet/pdf/kenpou_qa.pd。
② 安倍晋三编:『集団的自衛権の必要性を強調』,テレ朝,news/http: news.tv-asahi.co.jp/news_politics/articles/000018128.html。
③ 『平成29年版防衛白書』,http://www.mod.go.jp/j/publication/wp/wp2017/html/n2312000.html。

施。此外，2017年5月自卫队护卫舰开始护卫美军舰船等，推进了自卫队和美军的合作。

安倍虽然辩解说解除集体自卫权与修宪没有任何关系，但实际上却是修宪重要的一步，通过宪法解释，逐步地架空"和平宪法"。

四、"修宪"的影响

在安倍第二次上台几年后的今天，"修改宪法"的目标丝毫没有动摇，在任期内实现"和平宪法"的修改是安倍最大的政治梦想。一旦修改成功，修改的将不仅仅是宪法第九条的内容，甚至有很大可能将其全部删除。

实现修改宪法，使自卫队变成真正的国防军，这不仅对亚洲乃至美国也不一定有利，更有可能给亚太地区各国带来严重影响。

（一）安倍政权修改宪法的动向

安倍在2016年3月的参议院预算委员会上对于修改宪法表达了"任期内实现"[1]的想法。2016年7月安倍在参议院的选举中，获得了三分之二的议席，确保了修改宪法所需票数。这意味着既巩固了政权，也确保了修宪需要的议席数。2017年5月1日，安倍在超党派的"新宪法制定议员同盟"（会长为前首相中曾根康弘）主办的"新宪法制定推进大会"上表示："向着修改宪法这一宏伟目标，在这关键的一年（实施70周年），必须迈出历史性的一步。"表达了2017年向修改宪法行动的决心。2017年5月3日，迎来日本宪法实施70周年。安倍表示以举办东京奥运会和残奥会为目标，修改宪法第九条中对自卫队设定的限制。2017年10月，安倍提前举行了众议院选举，大获全胜。他谋求在日本宪法中正式承认军队，旨在改变日本在第二次世界大战后一直高举的和平主义防卫政策。

---

[1] 『なぜ安倍首相は憲法改正を目指すのか』，https：//president.jp/articles/-/20426。

围绕着宪法的修改，日本各政治势力持续角力。安倍明确了修改宪法的日程表，即在 2020 年公布新宪法。虽然自民党内部有质疑的声音，但是政界内部没有阻碍修改宪法的力量。修改宪法的脚步是放缓还是停止，关键还是取决于民意。但是民意对安倍能起到多大的抑制作用，现在还无法确定。

（二）安倍政权修改宪法的影响

安倍政权上台以来，进行了修改宪法的一系列活动。如果修改宪法得以实现，必将引起一系列的连锁反应。曾经遭受过日本军国主义侵害的亚洲各国，必须时刻关注安倍政权的一举一动。

1. 对美国的影响

日本修改宪法对美国来说是一把双刃剑。短期来说对美国是有利的。日本发展军事，会成为美国牵制中国的道具。但长期来看，日本有很大可能会超出美国控制的范围。

近年来，随着中国影响力在亚太地区的提高，美国担心亚洲"远离美国""接近中国"，为此，企图借用日本的力量，在亚洲地区牵制中国的发展。在牵制中国这一点上，可以说日美的立场是一致的。从日美关系来看，在修改宪法前，美国为日本提供安全保障，日本为美国提供军事基地。冷战结束后，随着美国经济萧条，实力相对下降，在亚太地区安全保障方面，要求日本承担更多的任务。一旦修改宪法成功，日本将更多地参与到亚太地区的事务中，对于实施霸权政策的美国来说，将会是最合适的助手。这不仅能够降低美国在海外军事行动的成本，还会维持在太平洋地区的长期主导权。

2. 对亚太地区的影响

亚太地区一直是日本主导的地区。近代以来，日本为了将势力延伸到亚洲大陆，建立了强大的海军，想通过侵略占据亚太地区。现在，安倍政权以"周边的安全环境日益严峻"为理由，在"积极和平主义"的名义下，意欲取得国民对"解禁集体自卫权"的支持，以最终达到修改"和平宪法"的目的。同时，日本尽全力扩大海空军军事力量。因为亚洲多国遭受过日本的侵略，所以国际社会和亚洲邻国必须警戒日本的军事动向。

如果宪法修改成功，可以预想到日本将在国际安全保障环境构建中更多地使用军事手段。一旦与中国、俄罗斯、朝鲜、韩国等周边国家发生纠纷，日本可能会在军事背景下强势出击。在修改宪法后，日本会在更广泛的范围内开展军事活动，会研发和购买更多的新型先端武器。其结果不仅可能给亚太地区带来不稳定因素，也会影响世界安全保障的框架，可能造成地区的军备竞赛。

安倍政权打着"积极和平主义"的旗号，着力开发和购买武器。在2018年度的预算中，日本政府防卫预算连续六年增加，达到约97.7万亿日元，成为过去最高的防卫预算。使用这样庞大的预算，计划导入"宙斯盾"舰、F-35A战斗机、远程巡航导弹。另外，日本在武器装备方面，不仅注重硬件，更注重实践技术和经验，致力于"软件"的整备。随着各种武器装备的完善，日本的武器本身大大超过了本土防卫的范围。借着防卫的名义进行军备扩张，从防卫转换为进攻。

如修改宪法后，自卫队变成"国防军"，在国内外可以无限制地进行军事行动，因此日本多了介入朝鲜半岛纠纷的选项。一旦用军事手段进行干预，那么半岛形势将会复杂化，进一步激化紧张感。

总之，修改宪法将会突破"和平宪法"的框架，不仅会增强日本本土的防卫能力，还会提高在海外的攻击性。这将会给亚洲周边国家和国际社会带来不安。虽然修改宪法属于日本的内政，但由于第二次世界大战期间其给亚洲各国人民带来巨大灾难，且日本政界保守派人士没有彻底反省军国主义的侵略历史，有的甚至否认侵略历史，美化侵略罪名，这种扭曲的历史观和心态尤其显得危险。

第五节　解禁集体自卫权

所谓"集体自卫权"是指：一个联盟中所有成员在其中一个成员遭受他国攻击时进行相互武装援助，也就是说，与本国关系密切的国家遭受其他国家武力攻击时，无论自身是否受到攻击，都有权利使用武力帮助该国。

2014年7月1日，日本内阁抛却一直坚守的"禁止行使集体自卫权"的共识，正式通过了"解禁集体自卫权"的决议。解禁集体自卫权是日本蓄谋已久的企图，是日本致力于"摆脱战后国际秩序"的重要一步。日本解禁集体自卫权后，将对中国、韩国，乃至整个东亚地区造成一定的消极影响。

一、推动解禁集体自卫权的策略手段

（一）解禁集体自卫权的环境准备

为使日本摆脱战败国"阴影"，右翼势力把突破战后体制束缚，推动日本成为"正常国家"即政治军事大国，重现"大日本帝国昔日辉煌"，作为长期坚持的政治目标。右翼势力利用民众对政府的"失望"和国家前途的"迷茫"情绪，煽动、欺骗民意，加速推动国内政治右倾化。美国推动"亚太再平衡"战略遏制中国，对日本姑息纵容，是日本政治右倾化的外部推手，助长了日本突破和平理念、依美示强、抗衡中国的决心。社会土壤和外部因素使右翼势力不断壮大，自民党赢得执政后一直保持"一党独大"态势，安倍晋三据此建立了右翼色彩浓厚的政权。

（二）推动解禁集体自卫权的手段

鉴于修改宪法难度大，必须获得众、参两院三分之二多数通过，安倍政府便绕过修宪门槛，改而采用修改宪法解释的手段来解禁集体自卫权，名正言顺地发展军队，实现向海外派兵。安倍2006年第一次上台后，一年内做了三件事：（1）修改素有教育宪法之称的《教育基本法》——这是修改宪法的前奏，意在"重振"大和民族精神。（2）将"防卫厅"升格为"防卫省"，逐步建立军事大国的组织建构。（3）强行通过《国民投票法》，将拥有投票权公民的年龄由"20岁以上"降低到"18岁以上"，把缺乏历史认知的年轻群体作为支持修宪的生力军，为修宪公投做准备。安倍2012年第二次上台后，明确将中国作为主要安全威胁，更加坚定地在推行其"强国"战略。2013年安倍又提出所谓"积极和平主义"，表示日本要在东亚乃至全球政治舞台上扮演大国角色，甚至领导者角色。安倍的这些举动都是为日本突破战后体制束缚、走向政治军事大国制造舆论声势，创造政治、外交环境。

（三）解禁集体自卫权的过程

众所周知，日本作为主权国家本应拥有国际法规定的集体自卫权，但是由于以和平主义为基本原则的《日本国宪法》中有"禁止对外行使武力"这一条款，应该说日本不具有集体自卫权。宪法所能允许的武力行使，"仅限于应对针对我国的紧急、不正当侵害，所以，以阻止施加于他国的武力攻击为内容的集体自卫权，在宪法上是不允许的。"[1] "在宪法第9条下所许可的自卫权行使，应限制在以防卫我国为目的的必要最小限度范围内，行使集体自卫权则超出了该范围，为宪法所禁止。"[2] 也就是说，按照宪法的规定，日本放弃了集体自卫权，然而，出于自卫的需要，在自

---

[1] 西川吉光编：『集団的自衛権解釈の再考と日本国憲法』，『国際地域学研究』，2008年3月。
[2] 鈴木尊紘编：『憲法第9条と集団的自衛権——国会答弁から集団的自衛権解釈の変遷を見る』，『レファレンス』，2011年11月。

身安全受到威胁且没有其他解决办法的情况下,可以在必要最小限度内使用武力。反过来说就是,如果日本没有受到他国直接侵害,就不能行使武力。这一法理逻辑一直持续了近70年的时间。

然而,2014年5月15日,日本首相私人咨询机构"重建安全保障法制基础恳谈会"提交报告,建议"通过修改宪法解释,有限度地解禁集体自卫权"。安倍深知解禁集体自卫权后会面对来自自民党内部、联合执政的公明党、部分在野党、国内民众等各界人士的反对,所以为了蒙混反对势力,安倍借口称"要限制性解禁集体自卫权,不会让自卫队在别国领土参与作战"。为了"确保"行使集体自卫权的限制性,安倍授意相关人员拟出今后自卫队武力行使的范围及具体事例。2014年5月27日,在"关于安全保障法制整备的执政党协议会"上,为自卫队列出的拓展武力行使范围的15项事例中,三项是有关应对介于军事冲突与和平状态之间的"灰色地带"事态,四项是有关"参与联合国维和行动与集体安全保障",八项是有关"行使集体自卫权"。7月1日,在没有经过国会充分讨论的情况下,安倍政权以内阁决议的方式,通过对宪法进行重新解读,解禁了集体自卫权。决议将原有的武力行使的三项限制性条件改为:"(1)当与我国有紧密关系的他国受到武力袭击时,这将对我国的生存构成威胁,对国民的权利存在彻底颠覆性危险。(2)除了这一手段,没有其他适当手段可保卫我国的生存,保护国民。(3)武力行使限于必要最小限度。"①

尽管该内阁决议并不具备法律效力,但其作用在于对宪法进行重新解读,为自卫队今后扩大武力行使的范畴提供法理依据,即便保持宪法内容不变,自卫队也能行使原本宪法所禁止的机能,从而导致"和平宪法"被彻底架空。

---

① 『平成29年版防衛白書』,http://www.mod.go.jp/j/publication/wp/wp2017/html/n2312000.html。

二、解禁集体自卫权的战略意图

（一）拓展自卫队职能

2015年7月15日，日本国会众参两院不顾民众和在野党的激烈反对，强行通过了《国际和平支援法》；9月19日，再次强行通过总称为《和平安全法制整备法》的十部法案的修正法案。新安保法案在法律上解禁了战后日本宪法禁止的集体自卫权，修改了日本自卫队行使武力的条件，彻底改变了日本战后一直奉行的"专守防卫"政策。

解禁集体自卫权后，自卫队将被赋予新的机能。安倍政权杜撰的自卫队行使武力的15项事例，其基本内容如下：（1）他国武装力量伪装后乘坐民间船只接近日本离岛，并在离岛登陆；（2）自卫队在公海上进行军事训练时，日本民间船只遭受他国武装力量的攻击；（3）美国军舰在日本周边地区遭受弹道导弹攻击；（4）目前，自卫队对联合国部队的作战支援被限制在"非战斗区域"，今后应修正相关法律以确保自卫队能够更加积极地支援联合国维和部队；（5）目前，日本的非政府组织人员在联合国救援行动中遭受攻击时，自卫队在联合国维和人员受到攻击时使用武力进行反击；（6）自卫队在执行联合国维和任务时，虽然没有受到攻击，但却遭到了武装力量的封路阻碍时，自卫队可以使用武力进行反击；（7）在某一遭受恐怖袭击的国家或地区内，自卫队被别国政府请求保护或救出该国国民时，自卫队能够保护或救助处于危险状况下的外国人；（8）防护运送日本人的美国军舰；（9）日本周边发生战争，在判断日本也可能遭受攻击后，防卫正在遭受武力攻击的美国军舰；（10）日本周边发生战争时，强制可疑船只停船并对其进行搜查；（11）拦截朝向美国、飞过日本上空的弹道导弹；（12）在预测到美国军舰将遭受弹道导弹攻击时，日本对美国军舰进行防护；（13）美国本土遭受武力攻击时，对在日本附近进行作战的美国军舰进行防护；（14）参与国际扫雷行动；（15）与其他国家武装力量或国际组织一起在全球防护民间船只。①

仔细分析作为日本自卫队拓展武力行使职能方向的 15 项事例可以发现，其中所列举事例均是以钓鱼岛问题、朝核问题、台海问题等为假想事件。可以想见，日本今后在应对上述事件中，其警备态势将更加完善，作战机制将更加完备，作战能力将更加强化。

"解禁集体自卫权"是日本在追求"摆脱战后秩序"中的关键一步，伴随着形势的发展与舆论的放松，日本必将继续打破一系列限制其对外行使武力的束缚。届时，日本将再次成为一个名符其实的可以战争的国家。

（二）加强与同盟国的联合作战能力

通过对日本解禁集体自卫权带来的自卫队职能拓展进行分析可以发现，日本所列举的事例大部分与防护美国军舰、对美国进行战争支援有关。

美国军政要员均表示支持日本推动解禁集体自卫权的举措。2014 年 4 月 5 日，美国防长哈格尔访日时表达了对日本推动解禁集体自卫权这一举措的欢迎；4 月 21 日，美国总统奥巴马访日期间也表达了对日本解禁集体自卫权的支持；7 月 1 日，日本通过"解禁集体自卫权"的内阁决议后，美国政府再次对这一举动表达了赞赏。可以发现，伴随着美国"再平衡"战略的持续推动，其愈加需要借助日本的力量来增强对亚太地区的控制能力；日本则企图借助美国对其的依赖，努力引导美国在其摆脱武力行使束缚的行动中给予容忍与支持。由此，日美同盟在军事合作上的强化已成为必然趋势。

日本推动解禁集体自卫权，是其追求以国权发动战争的权利这一过程中的重要步骤。这一过程必然离不开美国的默许与支持。因此，以支援美国作战、强化日美同盟为权宜之计是其能够选择的最简便道路。

---

① 『安保法制：与党協議　提示された15 事例　集団的自衛権が過半数』，『毎日新聞』，2014 年 5 月 28 日，http：//mainichi.jp/graph/2014/05/28/20140528ddm010010039000c/001.html。

（三）强化在西南诸岛的作战力量

日本在为行使武力极力松绑的同时，也为自卫队的体制编制进行了调整，其中一个重要目的就是强化在西南诸岛的作战力量。

为了能够高效、快速地应对该地区可能发生的突发事态，日本不断强化其在西南诸岛的军事力量。为了强化"西南防御"态势，日本采取了一系列举措：2014 年 4 月 20 日将驻扎在青森县三泽基地的预警机 E-2C 部队的一部分调往冲绳那霸基地，并组建新的预警机飞行队；将驻扎在其东北地区、原本用来监视俄罗斯军机的预警机部队调往其西南诸岛；5 月 18 日，日本决定在奄美大岛、宫古岛、石垣岛①分别新设 350 人规模的警戒部队；将海上保安厅 2017 年度预算经费从 2016 年度的 1877 亿日元提高至 2100 亿日元，继续扩大拥有 10 艘大型巡逻船的"尖阁岛警备"专队，增加额定人员约 200 人，进一步强化对东海海域监视。

日本"解禁集体自卫权"的一系列举动打破了东亚安全均势，加剧了该地区的紧张态势，增加了发生战争的概率。

三、解禁集体自卫权后的主要动向及影响

日本解禁集体自卫权必将严重危害中国国家安全。从新安保联法通过到 2016 年 3 月正式生效以来不到两年的时间，安倍政府加快了推动日本走向政治军事大国的步伐。

（一）提升军事装备和作战能力

安倍内阁 2014 年通过新的"防卫武器转移三原则"，以"小步突破"

---

① 宫古岛和石垣岛分别距离钓鱼岛 210 公里和 170 公里，其在该地区不断强化军事力量的目的同样是为了应对钓鱼岛争端问题。

的方式使日本成为军事大国。2016财年《日本防卫项目及预算》大幅提升军事装备和军事能力，主要包括旋转翼运输机、巡逻直升机、"先进鹰眼"预警机、"全球鹰"无人机、"宙斯盾"驱逐舰、地空导弹、弹道导弹等。2017财年的预算再创新高，达5.1万亿日元，计划在下个《中期防卫力量整备计划》（2019—2023年度）引进"萨德"防御系统，海上自卫队增加部署具有拦截系统的"宙斯盾"系统，形成海上、中空、高空三级导弹防御系统，与美国联手形成对中、俄战略导弹的拦截网络。购买美国F-35战机等新一代装备，争取美国容忍其发展大型驱逐舰等大型武器平台等。强化西南诸岛防御力量，扩建那霸等兵营，整修佐世保海军基地，修建边野古美军综合基地，在西南岛链上构建了一条长达1400公里的导弹防御线。其计划从2018财年开始，用四年时间建造8艘5000吨级具备扫雷和反潜能力的濒海战斗舰队。

（二）加大"搅局"南海力度

插手"南海仲裁案"，打压中国南海立场主张。为南海争端相关国家培训海上巡逻执法人员，如向菲律宾出租教练机和转让装备技术，同越南商讨潜艇合作和水下监视问题，拉拢印度在南海问题上发声。2017年，安倍首访东南亚，竭力推出日本版海洋合作方案，"慷慨撒钱"，拉拢有关国家，每场会议必提"南海问题是直接关系地区和平与稳定、国际社会普遍关注的事情"。

（三）赋予自卫队海外使用武力的权限

日本政府2016年11月15日内阁会议决定，赋予派往南苏丹参与国际维和的陆上自卫队使用武力的权限。防卫装备厅新版《中长期装备发展评估报告》决定为维和部队研发专用装备，全面提升海外执行任务能力。海上自卫队在泰国参加美国盟友"金色眼镜蛇"演习中，私自第一次演练"海外武装撤侨"。

总之，"解禁集体自卫权"这一举措集中体现了安倍政府的施政理念和政策主张，展现了其政治、军事、外交等多领域的强势姿态，使其"政治军事大国"进程进入加速阶段。日本军力发展和日美军事同盟进一步深化，增加了中国维护东海主权的军事压力；日本配合美国在南海"搅局"，增加了中国捍卫南海领海主权和海洋权益的军事、外交成本。

参考文献

一、中文文献

（一）著作

大卫·巴拉什、查尔斯·韦伯、刘成等：《积极和平——和平与冲突研究》，南京出版社2007年版。

段廷志：《日本结盟战略与实践研究》，军事科学出版社2013年版。

冯梁：《亚太主要国家海洋安全战略研究》，世界知识出版社2012年版。

高金虎等：《迷雾深处的情报王国——二十世纪情报机构揭密》，东方出版社2007年版。

李际均：《论战略》，解放军出版社2002年版。

李玉、汤重南：《21世纪的中国与日本》，北京大学出版社1996年版。

刘天纯：《日本对华政策与中日关系》，人民出版社2004年版。

刘宗和、高金虎：《外国情报体制研究》，军事科学出版社2003年版。

鲁思·本尼迪克特：《菊与刀》，商务印书馆1990年版。

吕耀东：《中国和平发展与日本外交战略》，社会科学文献出版社2010年版。

情报与国家安全课题组：《情报与国家安全——进入21世纪的各国情

报机构》，时事出版社 2002 年版。

升味准之辅：《日本政治史第一册》，商务印书馆 1997 年版。

王志坚：《战后日本军事战略研究》，时事出版社 2014 年版。

吴寄南：《新世纪日本对外战略研究》，时事出版社 2010 年版。

武寅：《近代日本政治体制研究》，中国社会科学出版社 1997 年版。

夏应元：《中日关系史资料汇编》，中华书局 1984 年版。

肖传国：《近代西方文化与日本明治宪法》，社会科学文献出版社 2007 年版。

肖季文等：《日本：一个不肯服罪的国家》，江苏人民出版社 1998 年版。

肖伟：《战后日本国家战略的历史原点》，新华出版社 2009 年版。

信夫清三郎、周启乾：《日本政治史：第 1 卷》，上海译文出版社 1982 年版。

徐万胜等：《战后日本安全保障》，南开大学出版社 2015 年版。

薛君度、陆中伟：《颠簸的日本》，时事出版社 2001 年版。

俞存华、付明华：《国际军事合作研究》，军事科学出版社 2011 年版。

张卫娣、肖传国：《21 世纪日本对外战略研究》，军事科学出版社 2012 年版。

张卫娣、肖传国：《近代以来日本国家战略的演变》，时事出版社 2013 年版。

（二）期刊与论文

高增杰："近代初期关于日本未来前景的两种探索"，《日本学刊》，1999 年第 4 期。

和云强："简析美日军事情报合作的现状与走向"，《外国军事学术》，2008 年第 7 期。

江新凤："日本安全战略面临区全面调整"，《日本学刊》，2004 年第

6 期。

林永亮："冷战后美国东亚安全政策研究"，山东师范大学，2008 年。

刘江永："论日本的'价值观外交'"，《日本学刊》，2007 年第 6 期。

吕耀东："日本'价值观外交'背后的海权图谋"，《瞭望》，2013 年第 31 期。

邱静："两次安倍内阁的'价值观外交'"，《外交评论》，2014 年第 3 期。

屈彩云："中国崛起背景下'日美澳印'民主同盟的构建"，《国际展望》，2015 年第 3 期。

全圣兴："'中国的崛起'与国际秩序的变化"，《现代国际关系》，2005 年第 2 期。

王坤："美国战略东移背景下的中美日三角关系互动研究"，南京师范大学硕士学位论文，2014 年。

刘邦春："从消极和平到积极和平——后冷战时代西方和平心理学思想管窥"，湖南师范大学，2012 年。

吴怀中："安倍'战略外交'及其对华影响评析"，《日本学刊》，2014 年第 1 期。

吴怀中："安倍政府印太战略及中国的应对"，《现代国际关系》，2018 年第 1 期。

武寅："论明治宪法体制的内在结构"，《历史研究》，1996 年第 3 期。

项焱："论明治宪法宪政模式选择的内在原因"，《法学评论》，2001 年第 6 期。

肖传国："近代日本启蒙思想的转向及其动因"，《解放军外国语学院学报》，2005 年第 6 期。

信强："'次轴心'：日本在美国亚太安全布局中的角色转换"，《国际政治》，2014 年第 4 期。

邢立军："当前美国的安全政策分析"，外交学院，2012 年。

徐万胜：“安倍内阁的战略取向与中国周边安全”，《新视野》，2013年第5期。

徐湘林：“以政治稳定为基础的中国渐进政治改革”，《战略与管理》，2000年第5期。

杨文静：“美国亚太盟友三边化趋势”，《国际资料信息》，2012年。

袁胜捷：“从新时期日本的亚太外交战略看中日关系”，南京大学硕士学位论文，2015年。

约翰·加尔通：“和谐致平之道”，《南京大学学报（哲学人文社科版）》，2005年第2期。

张伯玉：“安倍'地球仪外交'：意在'遏制'而非'围堵'中国”，《世界知识》，2014年第3期。

张东顺：“当前日本在美国印度洋—太平洋战略中的战略调整”，《战略决策研究》，2017年第2期。

张卫娣：“浅析近代日本'尚力'对外战略理念的成因”，《日本研究》，2013年第2期。

张卫娣：“日美军事一体化下情报共享机制及其影响”，《日本学刊》，2017年第1期。

张卫娣：“日本'实力主义'对外战略理念评述”，《南京政治学院学报》，2014年第3期。

张晓刚、张昌明：“安倍晋三新政权在外交与安保领域上的变化及其对中国的影响”，《大连大学学报》，2014年第2期。

张勇：“日本外交的选择：概念、议程与方向”，《外交评论》，2016年第6期。

张勇：“韬晦之'鹫'：安倍晋三人格特质与对外政策偏好”，《外交评论》，2017年第6期。

赵政原：“从安倍外交政策看日本保守主义的独特性和延展性”，《世界经济与政治论坛》，2015年第9期。

钟海:"新世纪日本情报政策的调整",《情报杂志》,2001年第7期。

二、日文文献

(一) 论著

安倍晋三:『美しい国へ』,文艺春秋2006年。

安倍晋三:『新しい日本へ』,文芸春秋2013年。

安藤昌益,佐藤信淵:『日本思想大系(45)』,岩波書店1969年。

坂村健:『21世紀日本の情報戦略』,岩波書店2002年。

坂元一哉:『日米同盟の絆』,有斐閣2000年。

春畝公追頌会:『伊藤博文伝』,中原書房1940年。

大津淳一郎:『大日本憲政史』,第二巻原書房1969年。

飯田耕司著:『国家安全保障の基本問題』,三恵社2013年。

福沢諭吉:『福沢諭吉著作集第3巻』,岩波書店1959年。

福沢諭吉:『福沢諭吉全集:第4巻』,岩波書店1969年。

福沢諭吉:『条約改正論.福沢諭吉選集』,岩波書店1981年。

岡崎久彦:『情報戦略のすべて』,PHP研究所2002年。

岡崎久彦:『日本外交の情報戦略』,PHP新書2003年。

古川万太郎:『近代日本の大陸区政策』,東京書籍1991年。

谷内正太郎:『日本の安全保障と防衛政策』,株式会社ウェッジ2013年。

黒井文太郎:『日本の情報機関—知らざる対外インテリジェンスの全貌』,講談社2007年。

家永三郎:『日本近代思想史研究』,東京大学出版会1980年。

江畑謙介:『情報と国家 —収集・分析・評価の落とし穴』,講談社2004年。

金子将史:『官邸のインテリジェンス機能は 強化されるか』,PH総合研究所2008年。

金子将史：『日本のインテリジェンス体制―変革へのロードマップ』，PHP総合研究所2006年。

落合信彦：『最強情報戦略国家』，の誕生株式会社小学館2007年。

明治文化研究会：『明治文化全集（第4、5巻）』，日本評論社1992年。

南山淳：『国際安全保障の系譜学』，国際書院2004年。

斉藤義明：『危機に対する国家的情報能力の強化』，2002年。

橋川文三：『近代日本国家の構想』，岩波書店1996年。

山本吉宣：『国際秩序の史的展開』，国際問題2018年（1—2月）。

石田雄：『日本近代政治思想史における法と政治』，岩波書店1976年。

石田雄：『日本近代政治思想史中的法与政治』，岩波書店1976年。

松村昌広：『軍事情報戦略と日米同盟』，芦書店2004年。

太田文雄：『情報と国家戦略』，芙蓉書房出版2005年。

田村重信、丹羽文生：『政治と危機管理』，内外出版社2006年。

田畑忍：『加藤弘之の国家思想』，河出書房1939年。

土山實男：『安全保障の国際政治学』，有斐閣2004年。

西川吉光：『日本の外交戦略』，晃洋书屋2012年。

小西四郎，遠山茂樹：『明治国家の権力と思想』，吉川弘文館1979年。

小野梓：『小野梓全集第1巻』，早稲田大学出版部1978年。

植手通有：『日本名著34「西周・加藤弘之」』，中央公論社1988年。

中西輝政．小谷賢：『世界のインテリジェンス―21世紀の情報戦争を読む』，PHP総合研究所2007年。

佐藤優：『国家情報戦略』，講談社2007年。

（二）主要网站资料

日米、宇宙防衛を強化中朝データ共有し海洋・ミサイル監視首脳会談合意へ［EB/OL］. 産経ニュース. http：//www. sankei. com/politics/news/140422/plt1404220035 – n1. html。

米海軍作戦本部に日本の自衛隊連絡官が常駐［EB/OL］. 東亜日報. 2014. 7. 10. http：//japanese. donga. com/srv/service. php3？biid=2014071017088。

南シナ海に潜る中国の核を日米で抑える！新日米防衛ガイドラインの肝は「一体化」［EB/OL］. 日経ビジネス. 2015. 5. 1. http：//business. nikkeibp. co. jp/article/interview/20150430/280640/？rt=nocnt。

平成29年外交青書［R］. https：//www. mofa. go. jp/mofaj/gaiko/bluebook/2017/html/index. html。

平成30年外交青書［R］. https：//www. mofa. go. jp/mofaj/gaiko/bluebook/2018/html/index. html。

平成26年1月24日第百八十六回国会における安倍内閣総理大臣施政方針演説［R］. http：//www. kantei. go. jp/jp/96_abe/statement2/20140124siseihousin. html。

第百九十三回国会における安倍内閣総理大臣施政方針演説［R］. 日本首相官邸网, http：//www. Kantei. go. jp/jp/97_abe/statement2/20170120siseihousin. html。

安倍内閣総理大臣の所信についての演説［R］. http：//www. shugiin. go. jp/index. nsf/html/index_kaigi – roku. htm。

二つの海の交わり［R］. https：//www. mofa. go. jp/mofaj/press/enzetsu/19/eabe_0822. html。

日・インドネシア首脳会談概要［R］. http：//www. mofa. go. jp/mofaj/kaidan/s_abe2/vti_1301/indonesia. html。

日本は戻ってきました［R］. https：//www. kantei. go. jp/jp/96_abe/statement/2013/0223speech. html？from=singlemessage&isappinstalled=0。

「インド太平洋時代」の日本外交［R］. 日本国際問題研究所、平成26年3月、http：//www2. jiia. or. jp/EVNT。

TICAD VI開会に当たって安倍晋三日本国総理大臣基調演説［R］. https：//www.mofa.go.jp/mofaj/afr/af2/page4_002268.html。

安倍首相は戦後レジームからの脱却を狙い、日本平和主義の交差点［J］．共同社、2014年8月18日。

安倍晋三、冈崎久彦．このを守る決意［M］．扶桑社、2004年。

麻生太郎．「自由と繁栄の弧」をつくる―払がる日本外交の地平［R］．日本国際問題研究所セミナー講演。

第百九十三回国会における安倍内閣総理大臣施政方針演説［R］．日本首相官邸网，http：//www.kantei.go，jp/jp/97_abe/statement2/20170120 si-seihousin.html。

海洋基本計画［R］．綜合海洋政策本部，http：//www.kantei.go.jp/jp/singi/kaiyou/kihonkeikaku/130426kihonkeikaku.pdf。

日本は戻ってきました［R］．https：//www.kantei.go.jp/jp/96_abe/statement/2013/0223speech.html? from = singlemessage&isappinstalled=0。

国家安全保障戦略について［R］．http：//www.mod.go.jp/j/approach/agenda/guideline/pdf/security_strategy.pdf，2013。

自民党、「我が国のサイバーセキュリティ体制の強化に向けての提言」、2［4］衆議院．サイバーセキュリティ基本法［EB/OL］．（2014-11-06）https：//law.e-gov.go.jp/htmldata/H26/H26HO104.html。

サイバーセキュリティ戦略本部．サイバーセキュリティ戦略［EB/OL］．https：//www.nisc.go.jp/active/kihon/pdf/cs-senryaku-kaugikettei.pdf。

自民党、「情報セキュリティに関する提言」、2012年2月24日，https：//www.jimin.jp/policy/policy_topics/pdf/seisaku-096.pdf。

防衛省：http：//www.jda.fo.jp/j/defense/policy/17taikou/cyuuki.pdf。

「防衛白書2007年」、http：//www.clearing.mod.go.jp/hakusho_data/2007/2007/index.html，http：//www.gyoukaku.go.jp/siryou/index.html。

「防衛省・自衛隊における情報通信技術革命への対応に係る総合的施策の推進要綱」［R］．http：//www.mod.go.jp/j/approach/others/security/it/youkou/youkou. pdf。

日米安全保障協議委員会「日米防衛協力のための指針」［R］. 2015. 4. 27. http：//www. mod. go. jp/j/approach/anpo/shishin/shishin_ 20150427j. html。

「より深化し、拡大する日米同盟にむけて：50 年間のパートナーシップの基盤の上に」［R］. 2011. 6. 21. www. mod. go. jp/j/approach/anpo/201106_ 2plus2/js1_ j. html。

日米防衛指針軍事一体化が加速する［EB/OL］. 信濃毎日ニュース. 2015. 4. 29. http：//www. shinmai. co. jp/news/20150429/KT150428ETI090006000. php。